以学为中心的课堂教学研究

汪建红 马锦绣 主编

ZHEJIANG UNIVERSITY PRESS
浙江大学出版社

图书在版编目(CIP)数据

以学为中心的课堂教学研究/ 汪建红，马锦绣主编. —杭州：浙江大学出版社，2017.9(2024.5 重印)

ISBN 978-7-308-17036-9

Ⅰ.①以… Ⅱ.①汪…②马… Ⅲ.①中学—课堂教学—教学研究 Ⅳ.①G632.421

中国版本图书馆 CIP 数据核字（2017）第 147134 号

以学为中心的课堂教学研究

汪建红　马锦绣　主编

责任编辑　陈静毅

责任校对　杨利军　陈思佳

封面设计　续设计

出版发行　浙江大学出版社

（杭州市天目山路 148 号　邮政编码 310007）

（网址：http://www.zjupress.com）

排　　版　杭州林智广告有限公司

印　　刷　浙江新华数码印务有限公司

开　　本　710mm×1000mm　1/16

印　　张　20.75

字　　数　340 千

版 印 次　2017 年 9 月第 1 版　2024 年 5 月第 3 次印刷

书　　号　ISBN 978-7-308-17036-9

定　　价　65.00 元

编 委 会

序

近年来，随着科学技术的飞速发展，智慧经济、信息经济已经日益成为世界许多国家和城市发展的重要战略。在智慧经济、信息经济“风起云涌”的今天，“创新”无疑是其中巨大的推动力，未来社会的发展将越来越强调人的创造力，创造力的竞争将成为国家竞争的本质。

然而，今天的学校教育体系仍是工业革命的产物，这种体系满足了当时大量未成年人对获得阅读写作等基本知识技能的需求，有效促进了当时教育及社会经济的发展。但同时，这种教育体制遵循的是“效率优先”的原则，以工业化生产的方式来对学校教育教学进行统一规范，它是划一的、标准化的、讲求全面绩效的。在这种工业生产模式下，学生成了“批量生产”的商品。在这一过程中，学生的个性、兴趣、特长被“束之高阁”，急功近利的应试导向更催生了教育的“目中无人”。显然，这种教育体系已经无法满足当今经济社会发展对教育的要求，创造力的本质是拓展的、开放的、个性化的，学校教育改革势在必行，刻不容缓。

那么，如何改革学校教育，在教育中培育学生的创造思维和创造倾向？我认为学校至少可以在以下几个方面做出努力：

一是教育的改革与创新必须坚持以人为本，必须树立以人为本的教育观。教育的主体是人，教育的对象是人，教育的目的是塑造人，在教育活动中，人无疑处在中心位置。强调“以人为本”实质是指“以人的发展”为根本，特别是作为教育对象的具体个人的和谐发展。如果说，人的本质力量是人的自觉自为，教育则对这个自觉自为生命体的不断成长与和谐发展起着重要推动功能，这一功能要求传统教育必须实现从知识技能传授型教育转向促进学生个性成长及潜力挖掘的发展型教育。

二是在课程设置上为学生创造更多空间，鼓励他们根据自己的特长、兴趣和爱好选择相应课程，进行“个人化”“定制化”的学习。浙江省义务教育课程改革提出选择性教育理念，选择性的意义在于尊重学生成长的多样化诉求，在于个性化教育。理论上说，越是个性化的教育，越有可能培养出知识结构独特、特长和兴趣鲜明的孩子，孩子的创造力越有可能被激发。在互联网时代，学生的学习也将不再局限于学校，移动学习正成为未来学习的重要模式，学生可以运用互联网对在线课程进行“私人订制”。

三是转变教师教学方式，在课堂教学上不因循守旧，创设开放、包容、有趣的解决问题的课堂环境，“呵护”学生创造性思维的火花。教师在课堂教学中能容忍学生出现的偏差和错误，允许并鼓励学生在完成任务或回答问题时选择多种途径，不拘泥于教科书及所谓的“正确答案”，保护学生的好奇心和求知欲。当孩子对任何事物“小题大做”，表现“幼稚”时，教师不可嘲笑，因为嘲笑对学生创造力的发展极具杀伤力。儿童精神哲学告诉我们：“对成人无意思者，未必对儿童无意思。儿童觉得有趣，觉得满足了他幻想的需要，此可谓大有意思，有大意思，对于儿童必然具备丰富的教育性，对于儿童的发展具有重大意义。”

四是建立促进学生知识建构的学习共同体，提供多种平台促进学生自主学习、积极思考、自觉探究。学习的本质是“再创造”“再建构”的过程，因此，教师的职能理应是学生探究“真理”的导师、引路人、启发者，而不是“真理”的宣讲者、复述者。现今，国内外的教学模式改革已经越发注重与学生的互动。在学习共同体中，学习是主动思考、探究和解惑的过程，学生与辅导者进行交流，同时又与同伴进行交流和合作，共同建构知识、分享知识。在沟通交流中，他们可以听到不同的见解，看到理解问题的不同角度，而这又会促使他们进一步反思自己的想法，重新组织自己的理解和思路，引发其对各种理解的批判性思考。

都说儿童天生就是诗人、哲学家，幼儿园的小朋友想象力、创造力最丰富，然而，随着年龄的增长，孩子的想象力、创造力变得越来越弱，小学"差强人意"，初中"不如人意"，想象力、创造力的"翅膀"在无形中"折断"了。不可否认，"流水线式生产"的教育体制对此负有不可推卸的责任。每年的中考似给初中教育戴上了"紧箍咒"，压抑着校长、教师的智慧，束缚着他们的手脚，并禁锢了学生巨大的学习潜力与求知动力，挤压着学生创造力发展的空间。

素有杭城初中教育"航空母舰"之称的杭州市十三中教育集团，一直以来站在初中教改前沿，即使戴着"镣铐"，仍在为学生的个性化发展而努力"跳舞"。这本书给我的最大感受就是该校真正贯彻了"以生为本"的教育理念，他们通过多种途径来促进学生主体发展，如：改变教育管理体制，建构基于"孩子想象"的现代学校；以"三自"（自信、自强、自立）精神为指引，架构学校"鹰课程群"，开设多种课程供学生进行多样化的选择；建立学习共同体，开展学生小组合作学习，培育学生的探究、反思能力；积极融入智慧社会，引入微课助学，开展"翻转课堂"，创建数字校园及数字教学资源等，他们的这些自觉做法正是我们培养学生创造力所需要的，是对传统教育体系做出的一系列变革。

本书不仅涉及学校管理、课堂教学、校本课程群架构、合作学习的实践和研究，还收录了杭州市十三中教育集团众多优秀教师的教学研究与实践成果、公开课的优秀教学设计与反思，几乎囊括所有学科。我相信广大教育工作者定能从此书中获得裨益和启示。

朱永祥

2016年11月3日于杭州

前　言

杭州市十三中教育集团努力构建“团结、和谐、宽容、大气”的校园文化，强调“学生第一”和“教师第一”的理念。集团营造适合教师发展的氛围，创造适合学生发展的教育。集团强调“学生第一”，即突出“学生想象、学生参与、学生提升”，突出“学生的学”，全力推进课程改革，在各种教育教学活动中真正确立学生的主体地位，尊重学生的学习权利，让学生获得充分、全面、多元发展和个性发展；强调“教师第一”，即突出“教师想象、教师参与、教师提升”，突出教师的个性发展，给教师提供更为广阔的活动空间，为教师的专业发展搭建舞台，全体教师在和谐的氛围中获取营养，茁壮成长。

从 2012 年 4 月开始，集团正式启动“基于学生自主合作学习的课堂教学改革”，广泛借鉴国内外“自主合作学习”的教学理念，并努力完善与之相配套的学校教学管理机制改革，先后开展了课改动员报告会、理论学习会、现场实践学习观摩、课堂教学模式实践交流、专家引领、论坛活动、课题研究等一系列富有成效的课改工作，全面推进新一轮课堂教学改革。课改是富有成效的，也充分体现了时代的发展要求。

当前集团的沟通文化由“单向型教学”向“多向型教学”转变；课堂文化由“接受型教学”向“质疑型教学”深刻转变；管理文化强调针对学习困难生与优秀生进行分层设计，因材施教，人人有目标，人人有发展；团队绩效既鼓励个人奋斗，又强调整体合作；评价文化突出尊重与激励，突出学生发展和潜能开发。

特别值得一提的是，我们的课堂已经发生很大的变化，实现了课堂教学的五大解放——理念解放、时空解放、形态解放、课堂解放、评价解放。2015 年 9 月，浙派名师教学艺术研究中心和浙江电子音像出版社联合策划，展示集团“自由灵动，适性发展”的课堂教学风格。2015 年 11 月，集团承办“浙派名师”第三届“名校 · 名师 · 名课”活动，从周一到周五，全面推广集团的教学改革成果，成果涉及校长论坛、课堂演绎、校本教研展示，得到全国各地专家和 3000 多名教师的肯定和赞赏。在广大教师的建议下，我们把这一批课改成果汇集出版，让更多教师可以借鉴学习。

十年树木，百年树人！我们以基于孩子想象构建现代学校为核心理念，真正把孩子作为教育的核心，确立“基于学生核心素养、促进学生适性发展”的教育实践，使集团无论在教育理念、教学实践，还是课堂生态方面，都有了新的变化、新的发展。

汪建红

2017 年 1 月

CONTENTS
目录

第一篇　孩子的学校

第二篇　小组合作学习

第三篇　多元创新

第四篇　多元学习

第五篇　孩子的课堂

第六篇　"三名"课堂

第一篇

孩子的学校

基于孩子想象构建现代学校的实践研究

汪建红　陈苍鹏(执笔)　屈　强　徐社东　陈　超

【摘　要】 现代学校应是关注生命并能够让生命充满活力,让智慧之花尽情绽放的地方。我们应按孩子想象构建现代学校,尽可能地尊重学生的意见和建议,充分体现学生主体地位,发挥学生的主动性。

我们按照“孩子想象—提炼元素—形成蓝图—要素实施—达成目标”的逻辑思路,找出基于孩子想象建设现代学校的关键要素,设计实施路径,形成操作元素:建设基于孩子想象的美丽、舒适的校园文化,基于孩子自主学习的自主管理、公正评价、教学改革、自主社团活动。根据孩子想象来规划、设计、建设一所现代学校,给学生自主管理学校的空间和权利,学生可以在学校设计、展开自己的群体性活动等。

【关键词】 现代学校　孩子想象　实践研究

2005 年,我们开始思考如何建构一所现代化学校。

这是一项耗时漫长的田野研究,更是一次自我提升。我们想建设孩子喜欢的学校,一个让所有孩子都感到幸福快乐的园地。

一、问题提出:构建基于孩子想象的现代学校研究之缘起

随着社会经济文化的不断发展,优质教育已经成为学校赢得家长青睐和求得生存与发展的关键。现代学校建设已成为学校发展战略中的一个重要课题,因此学校必须树立现代意识并认真审视其现代学校建设与管理的策略。

(一) 聚焦现状：构建基于孩子想象的现代学校研究之现状

山东教育厅副厅长张志勇在博客上说："'知识决定命运'的意识，把中国教育逼进了'只要学校教育''只要应考科目''只要课堂教学''只要知识训练'的'死胡同'。与此不直接相干的学习、活动、实践，都被视为'不务正业'。"

1. 日夜补课——孩子撕掉书本

【案例 1】 2012 年 3 月 30 日，中央电视台著名主持人白岩松在《新闻 1+1》报道了 2012 年 3 月 9 日湖南湘潭湘机中学在一次晚自习中的意外停电，引发学生集体烧书、丢书、撕书(见图 1)，学生称把心里积累很久的怨恨都发泄出来。调查发现，湘潭多所学校都存在不同程度的补课现象。

学校为了提高升学率和增加教师的福利，要求教师不断地为学生补课，这样一来苦了学生，致使他们厌恶读书(见图 2)。

图 1　2012 年 3 月 9 日晚，湘机中学学生集体烧书、丢书、撕书现场

图 2　补课压力下的学生撕书漫画

2. 关系恶劣——孩子憎恨教师

【案例 2】 据《三晋都市报》报道，2008 年 10 月 4 日，山西朔州市第二中学教师郝旭东被人刺倒在血泊里，案件凶手是郝老师班上的学生，一个只有 16 岁的孩子。这是一起有预谋的事件，这个 16 岁的孩子在杀老师之前留下了一页 300 余字的"死亡笔记"，自称要用

杀老师的行为，“唤醒人们对学生态度的改观，使社会、国家认识到老师是混蛋，让教育业可以改变……”

【案例3】 2008年10月21日，浙江丽水盘溪中学一名31岁的女教师，在做家访时被自己的学生掐死……

教育部指出：“我们的课改进行了这么多年，但是我们的课堂并没有发生根本性的变化……”朱棣文说：“中国教育是‘教师讲，学生听’。”教师的教学枯燥乏味，学生不会学习，挑剔教师；学校“以分数论英雄”，学生缺乏自信，自暴自弃，厌学恨学。师生冲突事件屡屡发生。

3. 苦学苦教——孩子厌恶学校

【案例4】 2010年3月2日，江苏省扬州市瓜洲镇一名17岁初中生因学习压力大溺水自杀身亡！这个女孩平时成绩很好，在自杀前成绩有些下降，她最终因承受各方压力太大，想不开便寻了短见。

【案例5】 据统计，上海中小学生每年自杀死亡人数呈上升趋势，2010年全年自杀死亡学生8人，其中初中生2人，高中生6人，比2009年增加2人。

这些案例告诉我们，教育者把学生当作整齐划一的“产品”来“加工”，把学生当作存储知识、信息、技能、规范的容器来对待，把学生当作带有“原罪”的人来提防、控制、管理，把学生当作以奖励相诱惑、以惩罚相威胁来训练的对象，这种教学是在泯灭人性。

（二）调查研究：构建基于孩子想象的现代学校研究之需求

本调查以学生教育需求为分析视角，以“我心目中的好学校”为主题，对集团各校初一到初三的学生进行征文，总共收到征文421篇，我们对其进行分类提炼，提取了15个关注度高的要素。

调查分两步进行：首先对第一轮的调查进行统计分析，选出学生公认度高的前15个要素，分别对各要素选项进行排序；然后计算出每一个“要素选项”的总分值，以此分析“现代学校”的主要内容及若干要素，为学校的办学实践提供实证依据。基于孩子想象的学校要素排序如图3所示。

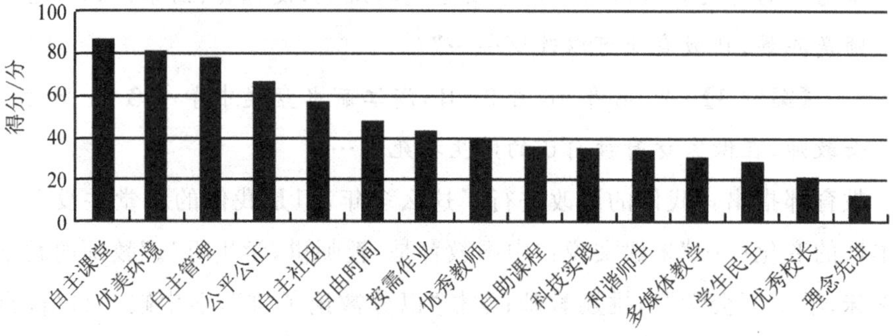

图3　基于孩子想象的学校要素排序

我们邀请专家学者进行论证,根据集团的办学特点,选取前五个要素进行重点说明,并重点实践推进。

(1) 自主课堂。自主的课堂高居第1位,充分体现以学生为主体、以教师为主导、以课堂实践为主线的课堂教学原则,充分激发学生的学习兴趣,发挥学生学习的主体地位。

(2) 优美环境。整洁优美的好环境被学生排在第2位,显示出学生对优美环境的执着追求。在优美的环境中,学生沐浴着阳光,汲取着营养,畅想着未来。校园中林木参差,自由地生长。每年春天,花儿含苞待放,草长莺飞。优美的环境可以陶冶学生的心情,开阔学生的视野。

(3) 自主管理。学生作为一个被管理者和自主教育实施者,通过自我体验、自我约束、自我评价、自我激励等方式,可以达到改变自我思想品德结构、提高自我思想境界、改变自我言行、提高自身素质和能力的目的。

(4) 公平公正。学校办事公平公正得到学生高度重视,排名为第4位。学校应该不为私利所诱,公正公平办事,尽心尽职为人服务。看来当代中学生的民主意识已经非常强烈。

(5) 自主社团。自主管理的社团活动得分有570分,的确,同学们在社团活动中有智慧的放飞,有技能的展示,有毅力的体现,有体魄的强壮,有艺术的熏陶,有青春的旋律,有思想的翱翔,有感情的抒发,有诗意的飞扬。可以说,社团活动已经成为校园内一道极其亮丽的风景线。

二、研究设计：构建基于孩子想象的现代学校之构想

（一）概念界定

1. 现代学校

现代学校是关注生命并能够让生命充满活力，让智慧之花尽情绽放的地方，为学生的幸福人生奠基，为一个好的社会培养好的公民，促使学生形成阳光的心态和健康的人格，增强学生的自尊和自信，使学生的内心越来越充实和富有力量。

现代学校具有以下几个特点：①现代性，主要指教育理念、教育内容、教学设施现代化；②自主性，主要指学生学习及生活的自主性、自律性、自为性；③合作性，主要指人与人促进自主发展的合作学习；④创新性，主要指学习方法、科技、实践、教学等不同维度的创新。

现代学校能够提供促进学生自主发展、和谐发展、有个性的发展和可持续发展的教育。

2. 基于孩子想象的现代学校

在建构现代学校的过程中，一般学校总是根据校长个人、学校领导班子成员、家长、专家、政府官员等意见来办学，致使现在许多学生的好奇心、想象力非常缺乏。这不是学生本身的问题，而是现代教育本身造成的后果，教育思想、教育方式，包括教学的具体规定，严重地压抑了学生，挫伤了学生。

基于孩子想象的现代学校能够为学生提供适宜的教育，充分体现以学生为中心的理念，尊重学生的意愿，让学生主动参与学校管理，使活动多元、平台多样，可以发挥学生的主动性和创造性，每一位学生都能从中得到多元化的发展。

基于孩子想象的现代学校具有以下几个特征：①充分尊重学生；②学生独立自主开展学习、生活与管理；③学生主动参与各类活动。

（二）研究目标

1. 形成基于孩子想象的校园

当我们踏进校园时，我们每个人都能感受到校园的洁净和美丽，一株株绿树为我们提供新鲜的空气，一棵棵小草、一簇簇灌木为我们装点校园，处处体现了基于孩子的想象来装点校园的理念。

2. 完善基于孩子想象的制度

为了培养学生的自主意识，使学生进行自我教育，实现自我管理，学校积极探索建立以开展社团活动为载体的学生自主管理模式，鼓励每个学生参与自律活动，激发每个学生的自律意识，使自律成为每个学生提高个人修养的内在需求，努力构建新的学生自律机制，增强学生的自治能力。

3. 构建自主合作的学习方式

学校通过课堂教学改革，转变教师教学观念，合理安排教学内容，创新导学案，优化教学过程，构建新的课堂模式；打造学习大课堂，创造学习新平台，凸显自主合作学习方式变革。

4. 形成自助课程社团生活

学校积极探索建立以开展社团活动为载体的学生自主管理模式，把握学生的成长规律，培养具有自尊、自强、自信、自立精神，具有健康情感和正确的人生观、价值观及道德观的高素质的学生。

5. 提升学校自主管理的水平

为了构建基于孩子想象的现代学校，学校积极提升管理水平，改革各种管理制度，充分发挥学生的主体作用，充分调动教师的积极性，促使师生更加自觉地参与学校管理。

（三）研究路径

“基于孩子想象构建现代学校”的设计依托先进的教育理念、厚重的校园文化、民主的教学管理，通过“学为中心”的教育教学改革，围绕学生、教师、学校三个主体，本着科学管理、民主开放、以人为本和多元评价的原则，以在继承中创新、在创新中发展、在发展中提升为设计支点，促进学生和谐、全面发展。研究路径如图 4 所示。

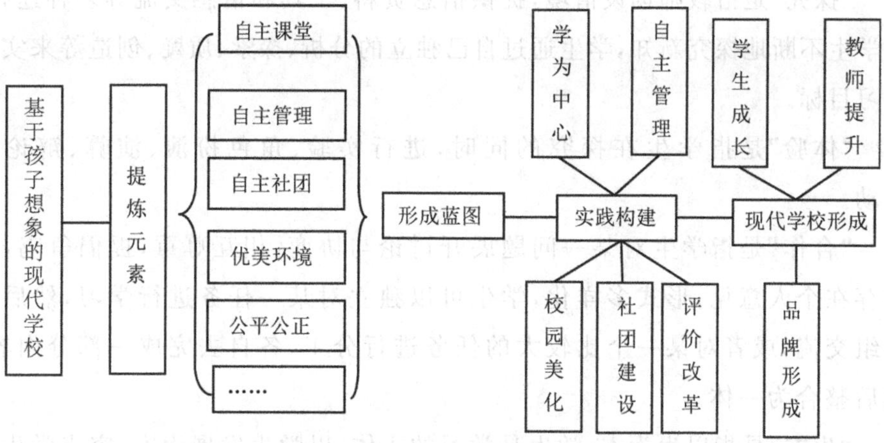

图 4 研究路径

三、行动研究：构建基于孩子想象的现代学校之实践

（一）基于孩子自主学习的新课堂改革

在以素质教育为目的的新一轮课改的推进和深化过程中，教师的教学方式与学生的学习方式的变革成为课改的重点。叶圣陶先生说："尝谓教师教各种学科，其最终目的在达到不复需教，而学生能自为研索，自求解决。故教师之为教，不在全盘授予，而在相机诱导。必令学生运其才智，勤其练习，领悟之源广开、纯熟之功弥深，乃为善教者也。"传统的课堂教学侧重于"如何教"的预设，新课堂呼唤"怎样学"的指导。导学案教学模式就是在这种大背景下产生的，并在全国范围内得到推广。

1. 新课堂主要内涵

（1）自主课堂六元素

自主课堂的主要元素有六个：自主、探究、体验、合作、生本、愉悦，如图 5 所示。

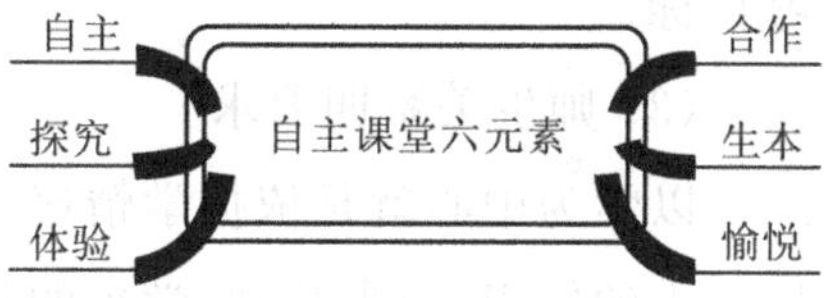

图 5 自主课堂六元素

"自主"是指学生自立、自为、自律地学习，学习的主体是学生自己，学习归根结底是由学生自己主导和完成的。

“探究”是指教师创设情境，提供信息资料、工具和情感交流等多种途径，使学生不断地探究新知，学生通过自己独立的分析、探索、质疑、创造等来实现学习目标。

“体验”是指学生在探究的同时，进行实验、角色扮演、演算、辩论等活动。

“合作”是指学生对某一问题展开讨论与协商，相互尊重，提倡争鸣，允许存在个人意见；形式多样化，学生可以独立对某一任务进行学习，然后与小组交流，或者对某一个比较大的任务进行分工，各自去完成一部分内容，然后整合为一体。

“生本”是指以生为本，学生是学习的主体，以学生发展为本，突出学生的主体地位。

“愉悦”是指教师为学生营造自由、平等、和谐、生动、无拘无束的教育氛围，在这种氛围里，课堂教学是轻松愉悦的。

“自主探究”与“小组合作”是对学生在课堂中最基本的要求，成为课堂上学生探索知识、交流情感、提升能力的主要实践形式，也是课堂教学改革的一个亮点。

(2) 教师主导五明确

学生不是盲目地自学，而是在教师指导下自学，教师的指导有“五明确”要求：提示内容、提示时间、提示方法、提示要求、提示目标。“提示内容”是指在学生学习某一个模块的时候，教师提供学习的内容及相关的资料；“提示时间”是指在给定的学习内容下，老师提示学生在一定的时间内完成任务，让每一位学生都有足够的时间学习与思考，以提高其学习效率；“提示方法”是指根据学习的内容，教师尽可能多地提示学习方法，帮助学生尽快掌握学习要领、提高学习效率；“提示要求”是指教师在给定的内容下，提示学习要求，并根据学生情况给出分层要求；“提示目标”是指教师提供一定的学习目标。

(3) 师生关系四要求

以学为中心就是依据学情确定教学的起点、方法和策略。这里的学情包括学生的知识、能力基础，学生的年龄段和认知水准，学生课前的预习程度，学生对新知的情绪状态等学习主体的基本情况。而“定教”，就是确定教学的起点不过低或过高，在恰当的起点上选择最优的教学方法，运用高超的教学艺术，让每一位学生获得最优化的发展。

2. 新课堂主要特点

（1）自主学习

自主学习是与接受学习相对应的一种现代化学习方式，是指以学生为学习的主体，通过让学生独立阅读、分析、质疑、探究、体验等方法来实现其学习目标。①自发性：指自觉意识和能动作用，在学习中表现为自律与主动；②选择性：让学生根据自己的需要、兴趣、个性特点，积极主动地选择适合自己的学习内容和学习方法；③调控性：学生对于自己学习的支配和控制能力；④自评性：学生对学习过程及结果进行评价。

自主学习范式：导学案—自主学习—微课助学—知识理解—自我评价。其中学生主体体现在自主探究，小组合作，质疑答疑；教师主导体现在导学案引导，组织课堂，维护秩序，质疑答疑，激励评价。

（2）小组合作

①组建合作学习小组

小组分组的原则：因为课堂教学活动是以小组为单位完成的，所以各班将班级所有学生组建为8个合作学习小组，每组5～6人。在遵循"同组异质，异组同质"原则的同时，还提出了"竞选组长，双向选择"原则。

行政组长的选拔：有较强的责任心；成绩比较优秀；有较强的语言表达能力。行政组长由小组成员选举产生。

学科组长的选拔：学科成绩占优势；有带头意识；责任心强；有一定的组织协调能力。学科组长由小组成员选举产生。

②小组合作学习平台

小组组建后，课前任务，课堂展示、讨论、交流、评价等环节，都是以小组为单位完成。

小组成员能大胆地将自己的见解通过语言表达出来，通过交流，进行充分的语言、思维及胆量的训练；小组内的明确分工强化了学生的责任意识，与他人的合作培养了学生善于倾听、善于互助的优良品质。

我们充分借助了网络资源的优势，学生之间借助小组QQ群，学生与教师之间通过电子邮件，建立了一种新型的不受时间、空间限制的网络化合作互动、交流指导模式。小组交流模式如图6所示。

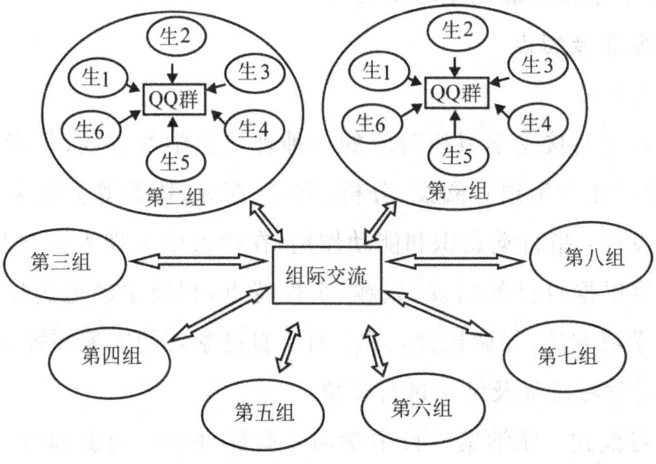

图6　小组交流模式

③小组管理制度

在进行合作学习时，学生要明白为什么进行小组合作学习，调动和发挥学习积极性，解决个别差异，缩小两极分化，有效提高学习质量，提高小组合作学习的有效性要求。小组合作学习要处于有序状态，学生之间进行实质的互动合作，学生必须要有良好的小组合作学习的常规习惯，要注重独立思考、认真倾听、有序表达、积极参与合作等习惯的培养。

展示积分：在各组黑板的醒目位置画出小组合作学习评价记录表(见表1)，各组组长及时(每节课后、每天放学前)统计小组积分。

表1　杭州市十三中教育集团________班小组合作学习评价记录表

姓名	20____年____月____日						20____年____月____日					
	先学	小展示	大展示	交流	规范	点评	先学	小展示	大展示	交流	规范	点评

（3）适时点拨

教与学是构成教学过程的两个基本要素。在以学为中心的教学中，教与学是相互依存、对立统一、密不可分的整体。在以学为中心的教与学的关系中，教师要发挥主导作用。教师引导点拨即为“搭桥、铺路和导航”，体现以学为中心的教学理念，让学生不断获得成功体验，产生积极效应。

（4）以学定教

“学”是“自学”之意，指学生进行自主学习。自主学习能力成为一堂课的重要因素，是课堂教学高效性的基本保证。例如一些教师的导学案主要给学生预习的方向、深度和模式。自主学习可以充分体现学生的自主、合作探究精神，发挥学生的学习主体作用。“教”是“引导”之意，不是老师系统地教，而是老师根据学生自主学习的情况，对其中个别不懂的问题进行指导。

3. 新课堂运行范式

新课堂运行范式（见图 7）鼓励教师结合学科特点，以学生的学习为基点，进行课堂教学改革的创新，打造高效率的个性化课堂。

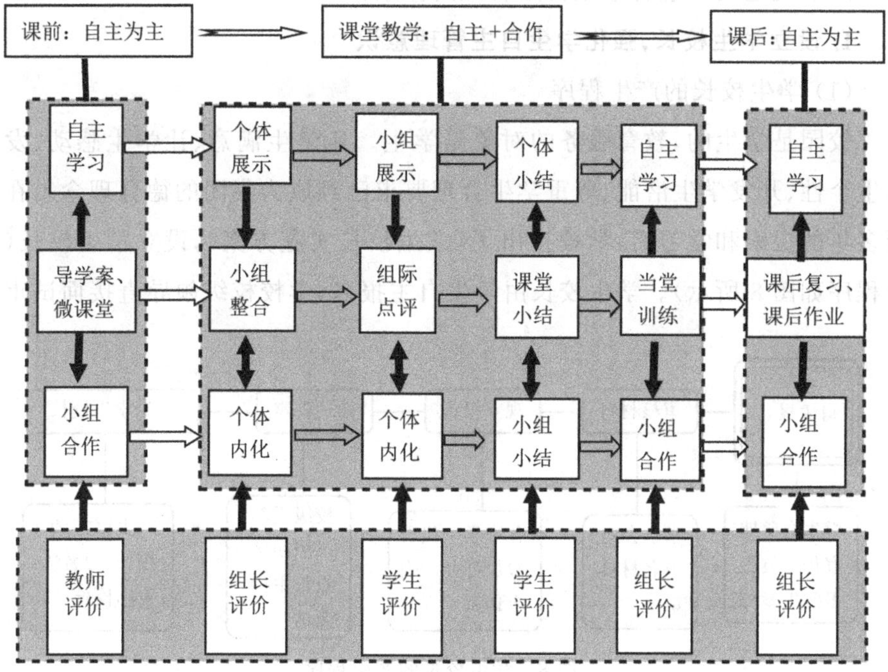

图 7　新课堂运行范式

这种范式体现减负的精神。要减轻学生过重的课业负担,课业负担主要是作业。当堂布置的作业要求老师自己精选并先做,否则不能下发,并且每堂课学生做练习的时间不能少于10分钟,这样就逼着教师精讲、少讲。一开始学生自学中遇到问题是由老师解决,到后来则由老师引导学生讨论来解决。

在新的教学设计中,老师通过学生的展示、交流、讨论、点评等一系列课堂活动来落实一个又一个教学目标,只在必要时进行点评,凸显了课堂上学生的"学",淡化了教师"教"的痕迹。

(二)基于孩子共同参与的自主管理

学生自主管理作为一种自觉自愿、启发引导式的管理方法,是指在有统一目标和共同价值规范的前提下,坚持以人为本的管理理念,尊重人,相信人,依靠人,通过教师的有效指导,依靠学生主体自身的力量进行自我教育和发展,注重发挥学生的自主精神,使学生建立主人翁责任感,鼓励学生自我管理、自我完善。

以下就是集团进行学生自主管理的探索:

1. 设立学生校长,强化学生自主管理意识

(1) 学生校长的产生程序

校园是学生的,教育服务的对象是学生。让学生满意、让学生感动、发展学生个性、开发学生潜能、尊重学生合理要求已经成为集团的德育理念。在经历多年的探索和学习后,学校推出了《学生校长实施方案》,设立学生校长(产生程序如图8所示)。学生校长由学生自主报名,学校校级领导直接面试审核

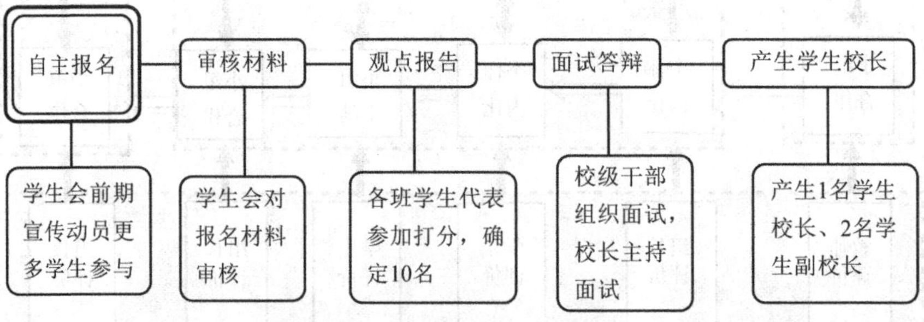

图8 学生校长的产生程序

并颁发聘书，享受校长权利。作为沟通校级领导与学生的桥梁，学生校长参与学校日常事务管理工作，参与学校决策工作，参加全校教职工会议，列席教代会，监督学校各职能部门的工作。

（2）学生校长的权利

学生校长的设立是学生广泛参与学校管理中的一个方面，在校园管理的卫生、纪律仲裁、权益保障等方面都活跃着学生积极参与的身影。通过亲身实践，体验和理解这些工作的复杂艰辛，学生的主人翁感得到加强，学生积极参与学校事务的热情大大提高。学生校长的权利如图 9 所示。

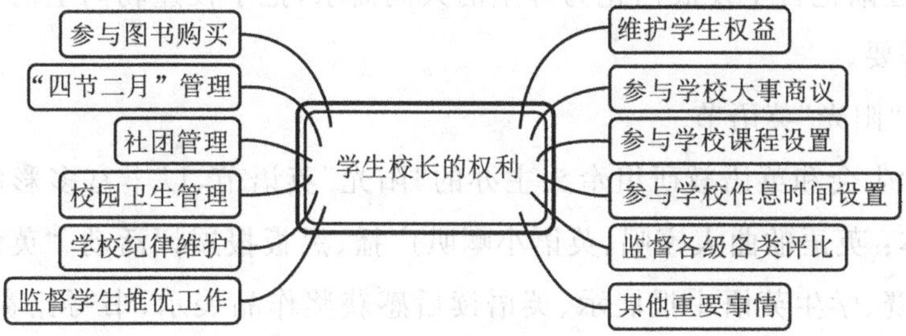

图 9　学生校长的权利

2. 依托学生组织，形成学生自主管理基础

本着“服务同学、锻炼自己”的理念，学生会的干部能真实地收集到同学们对学校的意见、建议和要求。同时他们也有能力把学校的通知、要求更及时有效地传达给同学，并且起到执行的模范作用。学生会每学年都会根据工作的需要，向团委提出招聘成员的人数和条件，在团委审核后，自行组织新成员的招聘工作。学生会主要干部组成针对应聘人员的资格审查小组、面试小组，按照学生自愿应聘、学生会公平选聘、择优录用的原则，形成学生会干部的自主管理基础。

3. 小组当家制度，树立公民公共空间意识

集团课改后实行了小组当家制度，如图 10 所示。该制度指由一个小组来负责一周班级事务，小组长担任周班长，组员担任值日班长，值周小组负责管理早读、作业登记、自修纪律、午休纪

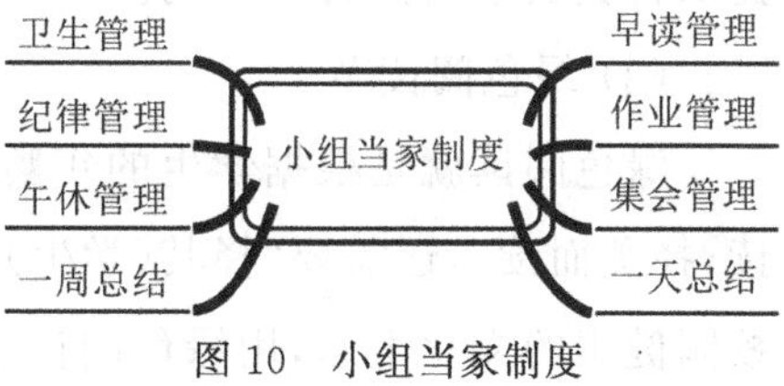

图 10　小组当家制度

律、班级卫生、外出排队纪律等。每天由一名组员进行一天小结，每周由组长对一周班级情况进行总结，并对本组的值周情况进行总结反思，再由其他同学对值周小组进行评价。在这个过程中，教师要进行实时的指导和监督。这样的制度实行后，学生切身体会了管理班级的不易，从而可以更好地配合其他同学的管理，同时也增强了他们的责任心。

4. 自主四节活动，提升全体学生的综合素养

在进行自主管理教育的基础上，我们必须努力创设一个有利于学生全面主动发展的、个性得到尊重的校园文化环境，并且通过这种校园文化活动的不断熏陶，逐渐把自主发展内化为师生的共同需求，把学校蓬勃向上的气氛内化为个体需要。

(1) “阳光”英语节

由学生会和英语教研组牵头主办的“阳光”英语节，以丰富多彩的英语活动为载体：英语歌曲大家唱、英语小喇叭广播、黑板报展评活动、“英语知识知多少”竞赛、学生英语小报展示、英语读后感获奖作品展示、书写比赛、才艺大转盘、课本剧比赛、英语节闭幕式会演等，营造良好的英语学习氛围，激发同学们学习英语的兴趣。集团的英语节以学生为本，突出学生的参与意识，力求做到“全体参与、快乐协作、主动实践、乐学其中”，让同学们在英语实践中体会学英语和用英语的快乐，个个成为阳光下的英语小使者。

(2) 社团文化节

为进一步推动学生社团的健康发展，以传承、弘扬文化为目标，将文化教育、文化建设与学生社团活动相融合，集团于每年五月举办社团文化节。在社团文化节上，校团委将各社团优秀活动进行收集，并做成展板在现场展示，让学生和各个社团在交流中展示自我、展示成效，形成良好的氛围。社团文化节让学生社团以其自身的特色展示当代中学生的艺术、文化和科技才能，为学生提供自我展示的舞台和空间。

(3) 绿色阅读节

绿色阅读就是根据学生的年龄特点和个性特点，提倡“择真而读，择善而读，择美而读”，还需要“择其(学生)不足而读”，用“真、善、美”的绿色阅读营造校园健康的文化生态，用绿色阅读来弥补学生知识、个性、人生观等方面的不足，用绿色阅读提升学生人文素养，实现文本向实际生活的迁移，完成有字书向“无字书”的过渡，使从绿色阅读吸收的精神营养成为学生改造主客观世界的能量，实现人文阅读的终极目标，提高学生的生命质量，提升学校的文化含量，使学校浸润在绿色、清新的书香中。整个绿色阅读节从开幕式到闭幕式都是由学生组织策划的。

(4) 科技体育节

科技体育节共设科技和体育两大类、十几个活动比赛项目，充分利用黑板报、班会等形式在学生中宣传发动，校园内有横幅、标语，营造浓厚的活动氛围，活动内容丰富并有创意，比赛形式多样，大家乐于参与，整个活动异彩纷呈，成果显著。开展科技和体育系列活动是为了进一步增强同学们的身体素质和科技意识，培养积极创新和实事求是的科学精神，丰富学生的校园文化生活，激发学生对体育运动的热爱和学习科学的兴趣，促进学生健康、和谐、全面的发展，充分体现学生学科学、爱科学、用科学，勇于探索的科学品质，以及热爱运动、青春、阳光和永远向上的精神风貌。科技体育节所有的活动比赛项目都由承办班级组织负责，这样既增强了班级的凝聚力，又培养了学生的自主管理能力。

(三) 基于自助课程的社团活动

集团在“以人为本”“无为而治”的管理理念的指引下，对现有的综合实践活动中心的课程种类和时间进行改善，逐渐改变原有的教师负责制，指导学生自主管理社团，让学生自己来创建心目中的社团。活动的策划、组织和管理都由学生负责，教师只作为指导者和参观者参与活动。“自建·自治·自助·自评”型学生社团已经初具雏形。

1. 自建

“自建”，就是指自我创建。社团的组建由学生自己来完成，学生享有创建社团的所有权利。如图 11 所示，社团自主权利包括社团组织的产生、社团章程的制定、社团岗位的确定、社团管理团队的成立等，教师只是从旁指导。

图 11　社团自主权利

《杭州市十三中教育集团社团章程和管理条例》第一章第二条指出，集团学生社团是由各校区范围内学生自发组织的有利于学生全面、健康发展的学生团体。学生社团活动是课堂教学的补充和延伸，是学生"自我教育、自我管理、提高能力"的一种重要组织形式。

《杭州市十三中教育集团社团章程和管理条例》第二章第十条指出，各社团由社团理事会负责管理，社团理事会由会长、副会长、理事组成，如图12所示。会长、副会长、理事均由上届社团各级负责人提名，经社团会员投票通过，由校团委负责监督和批复。学生社团干部的任期均为一年。

图12　社团机构设置

社团干部在任期间如果违反社团章程，指导老师有权对其予以警告、撤职或经半数以上会员同意予以撤职处分。

2. 自治

"自治"，就是指自我管理。社团的管理由学生自己来执行，学生享有管理社团的一切权利，这些权利包括社团成员招新、成员考核与评价、活动策划和组织、聘请指导教师等，教师以管理顾问和被聘老师的身份参与。

《杭州市十三中教育集团社团章程和管理条例》第一章第四条指出，"学生社团受集团领导，集团委托各校区团委负责具体工作，根据学校规章制度和本章程，独立自主地开展活动"。

3. 自助

"自助"，就是指自我选择，有两个含义：一是学生可以自主选择课程，二是学生可以自由选择自己喜欢的社团或者自由退出社团。但是，这种自由也并非是学生个体的绝对自由。参加或退出的决定权在于学生和社团委员会，一切根据社团章程的相关程序要求。

《杭州市十三中教育集团社团章程和管理条例》第一章第八条指出，"凡杭州市十三中教育集团在籍的学生，承认并遵循杭州市十三中教育集团社团章程，不分民族、性别、年龄和宗教信仰均可自由加入某个社团。学生加入社团，必须向该社团提交书面申请，经审查决议并征得同意，方可吸收为该社团的正式会员，一名学生在一个学年内只参加一个社团"。

4. 自评

“自评”，就是指自我评价。校团委将定期组织学生社团指导教师、社长进行培训和考核。团委在对学生社团预留经费及其他经费进行核查的过程中，每学期将对全校范围内正式登记注册的学生社团根据《×××社团考核奖励条例》进行量化考核，针对社团活动开展情况，对有活动成果或形成良好社会影响的优秀社团、优秀社团指导教师进行表彰。

四、结论与思考

（一）研究结论

集团自 2005 年调查研究开始，经过多年不断实践探索，取得显著的成效。集团对自主课堂建设、优美环境建设、学生自主管理、自主社团全力推进，采取公平公正的评价改革等措施，有效地激发学生和教师的内驱力，有效地推进现代学校建设。

1. 现代学校应把孩子作为教育的核心

“面向全体学生”“重视培养学生的创新精神和实践能力”“为学生全面发展和终身发展奠定基础”“引导学生积极主动学习”，我们可以这样理解：每个学生都有发展权；人的创造性应该得到尊重；人的发展潜能应该受到重视。

2. 现代学校倡导自主学习

引导学生自主管理，必须为学生自主管理提供保障。班级、年级、校级三级自主管理制度为学生自主管理提供了制度保障。为了引导学生积极地参与自主管理，学校应为学生搭建特长展示、自我表现的舞台，从而调动起学生自主管理的积极性、主动性，并从中培养学生自主管理的意识和能力。

（二）研究思考

学校要遵循学生的身心发展规律，规范办学行为，还给学生自主学习的时间、自由活动的时间、正常交往的时间，循序渐进地设计综合且多元的校园活动。这不但能丰富学生的课余生活，更有意义的是，能拓展学生的思维，沟通了学生课堂、社会和生活三者的联系，使学生积累知识，锻炼技能，拓展视野，为学生提供知识、能力综合运用的平台，且使其在活动的过程中习得学习和思考问题的方法。

参考文献

[1] 斯特林费儿德，罗斯，史密斯.重建学校的大胆计划——新美国学校设计[M].窦卫霖，等译.上海：华东师范大学出版社，2003.

[2] 时殿辉，霍汉强.现代学校特征分析[J].当代教育科学，2011(18)：47-48.

[3] 叶澜.实现转型：新世纪初中国学校变革的走向[J].探索与争鸣，2002(7)：10-14.

[4] 张伟.论现代学校的学习型管理[J].四川师范大学学报(社会科学版)，2011，38(5)：87-94.

[5] 韩骅.20世纪美国普通教育中的质量问题[J].湖北大学学报(哲学社会科学版)，1999(6)：83-88.

以“鹰品质”为核心的教育系统的创建研究

沈鹿韵

一、研究缘起

杭州市十三中教育集团(以下简称集团)在“以学为中心、以学定教”的课堂教学改革、教学过程评价制度的改革、小组合作学习模式的研究方面都做出了积极的探索和实践,并获得了专家及同行们的认可。《孩子创造的学校》《孩子心目中的社团》《我们在做教育》等专著已经出版,《中国教育报》《教学月刊》等知名报纸杂志也报道了集团的课改成果。集团“按孩子的想象构建现代学校”的省级重点规划课题成果获得浙江省课题成果评比一等奖;“自主合作课堂实践”课题成果获得杭州市课题成果评比一等奖。

集团每个学期借学术节的机会组织师生问卷、访谈调查,收集信息和数据,并进行统计和分析,发现实践中的具体问题,对现阶段的课改实践和研究进行反思,再调整策略继续实践。有些问题可以通过教学这一渠道寻找解决的策略,而有些问题却已经属于德育、教师专业发展、后勤等范畴。这让我们看到,任何一项实践和研究的推进都不是孤立的,都需要系统、全面地推进。因此,集团借杭州市美丽学校创建这一契机,申报了“五美共举”的美丽学校创建项目,希望通过对“美丽学校”这个整体的推进,创建集团和谐的教育生态系统,实现传承与创新并举、内涵与形式兼修的“美丽教育集团”。

二、理论基础

(1) 多元智能理论:美丽是形式多样的。

(2) 建构主义理论：美丽是由内而外的。

(3) 人本主义理论：美丽是以人为本的。

(4) 终身教育理论：美丽是持续发展的。

(5) 学习共同体理论：美丽是合作共生的。

三、操作定义

(一) 对“美丽”的界定

“美丽”一词在这里就不再简单是好看的意思，它的定义变得更为复杂，它所指的范畴也更为广泛。学校是一个复杂的组织机构，这个机构里有性格各异的学生、身怀各技的老师、各种各样的学科、丰富多彩的活动，当然还有各种设施设备和丰富的文化做支撑。

(二) 对“新常态”的界定

新常态，顾名思义就是既有创新又有常规的状态。“新”与“常”看似对立却存在统一性，我们无论是管理一个学校、管理一个班级，还是管理一堂课，都会面对“新”与“常”的问题。一味追求“新”，只会让管理陷入混乱化与形式化，缺少文化的传承与积淀；一味追求“常”，只会故步自封，不思进取，最终被时代所淘汰。学校的建设应追求“新”与“常”的结合，本课题的实践目标是探索出一条“教育新常态”创建的路径，将集团前辈们所积淀下来的文化进行传承的同时，找到发展的创新点，即传承与创新并举。

四、研究设计

(一) 研究目标

1. 总目标：“五美共举、系统推进”

“五美”是指“美丽校园”“美丽班级”“美丽课堂”“美丽教师”“美丽学生”，是学校这个教育生态系统中不可或缺的五个组成部分。校园、班级、课堂、教师和学生分别指的是学校建设中的环境、组织、活动和人等因素。因此，集团将系统推进创建举措，实现“五美共举”。

2. 具体目标

“五美共举”的具体目标如图 1 所示。

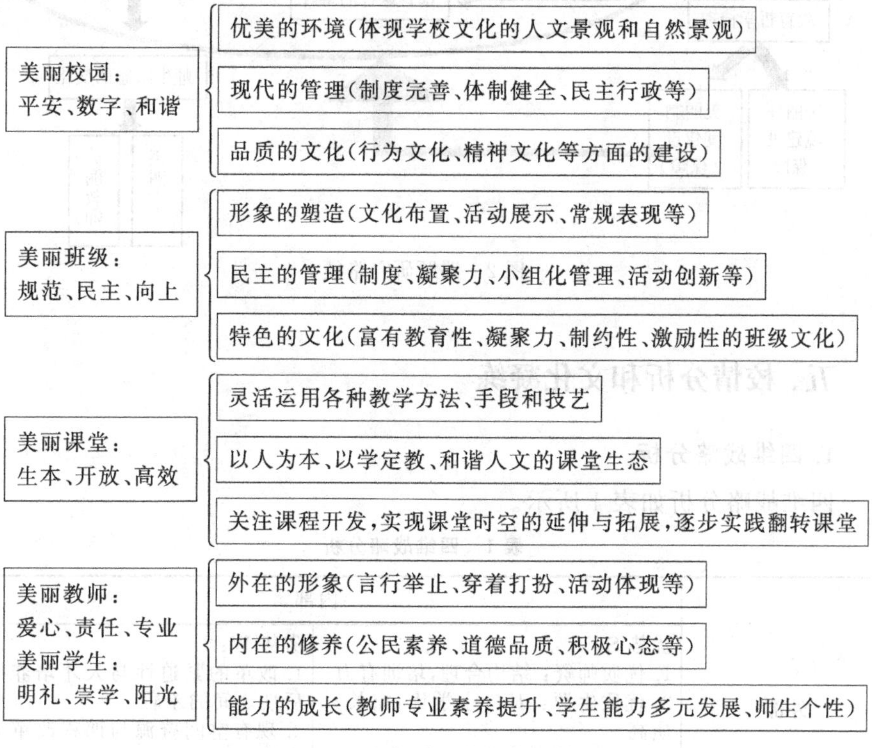
美丽校园：
平安、数字、和谐
优美的环境（体现学校文化的人文景观和自然景观）
现代的管理（制度完善、体制健全、民主行政等）
品质的文化（行为文化、精神文化等方面的建设）
美丽班级：
规范、民主、向上
形象的塑造（文化布置、活动展示、常规表现等）
民主的管理（制度、凝聚力、小组化管理、活动创新等）
特色的文化（富有教育性、凝聚力、制约性、激励性的班级文化）
美丽课堂：
生本、开放、高效
灵活运用各种教学方法、手段和技艺
以人为本、以学定教、和谐人文的课堂生态
关注课程开发，实现课堂时空的延伸与拓展，逐步实践翻转课堂
美丽教师：
爱心、责任、专业
美丽学生：
明礼、崇学、阳光
外在的形象（言行举止、穿着打扮、活动体现等）
内在的修养（公民素养、道德品质、积极心态等）
能力的成长（教师专业素养提升、学生能力多元发展、师生个性）

图 1　“五美共举”的具体目标

（二）研究思路

所谓研究思路，就是课题研究的理性思考线索。从最初的注重五美五个“点”的建设，到五美共举的五个“面”的联系，最后到“教育生态系统”的构建，本课题的研究思路进行过两次调整。

最终我们将课题的研究思路确定为：遵循教育规律和学生的认知发展规律，立足学校实际，面向全体学生，综合梳理教育哲学和集团文化，顶层设计课程结构，优化课程体系，完善学校制度；转变育人模式，推进特色发展，将核心素养落实到课堂的每一个环节，落实到每一个学生；注重发展的整体性，处理好环境、教师、学生、课程四要素之间的关系；挖掘和培养每一位学生的学习潜能和综合素养，使师生共同获得适性发展。课题研究路径如图 2 所示。

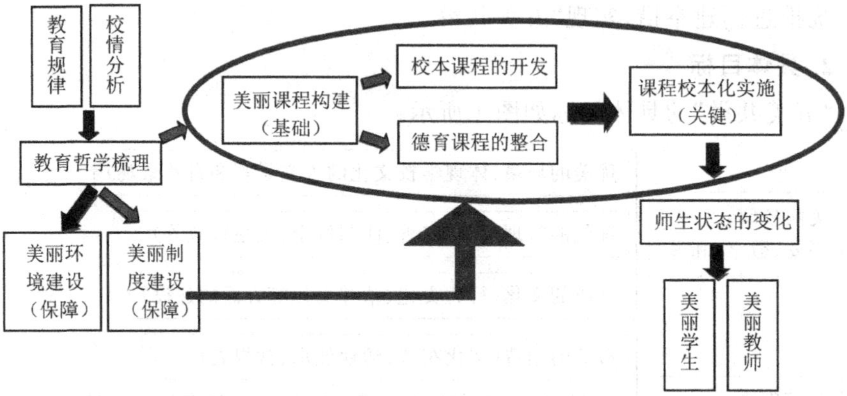

图 2　课题研究路径

五、校情分析和文化凝练

1. 四维战略分析

四维战略分析如表 1 所示。

表 1　四维战略分析

外部	内部	
	优势 S： 1. 优质师资：结构合理，培训有力 2. 优质生源：对口小学优，家长素质高 3. 新校区的开辟壮大集团的力量 4. 集团具备一定的课程开发基础（资源、人才等）	劣势 W： 1. 改革的紧迫性与人才培养的滞后性之间的矛盾 2. 现有空间资源与课程改革要求之间的矛盾
机遇 O： 1. 我国现处于改革转型期 2. 教育改革处于深水期 3. 专家资源丰富，学术氛围浓厚	SO 战略：发挥优势，利用机会 1. 抓住改革的机会，积极汲取全社会改革经验 2. 利用师资、生源、课程、校区优势的基础，不断扩大影响力 3. 抓住一集团多校区发展契机，拓宽学校发展机遇 4. 利用好集团内外的专家资源，重视学术引领	WO 战略：利用机会，改变劣势 1. 借助改革大背景，用“请进来、走出去”的方法尽快培养改革人才 2. 借助上级支持，争取政策，高效利用有限空间资源 3. 梳理学校育人目标，顶层设计课程，优化体系 4. 不断完善管理机制和教师培养机制
威胁 T： 1. 社会环境制约，社会对于学校和教师的期望值及要求越来越高 2. 民办教育的发展，给公办学校带来挑战	ST 战略：发挥优势，规避威胁 1. 搞好综合素质培养和动态走班分层培养，增强亮点、吸引力 2. 完善家校合作机制，加强与社区的联系，利用各种资源，开发学校的德育课程和特色课程	WT 战略：克服劣势，规避风险 1. 学校管理层高度重视课程设计 2. 改革评价机制，促进学生多元发展，促进学校特色发展 3. 通过特长生和优秀生的培养、拓展性课程的开发，增强学校在社会中的吸引力，保留更多的优秀生源

2. 教育哲学的梳理与提炼

(1) 集团文化传承

校训：

精(精益求精　励志创新)　进(求实奋进　力争上游)

敬(敬长爱幼　敬业奉献)　捷(体魄健壮　思辨敏捷)

洁(洁美校园　品行高洁)　杰(全面发展　人才杰出)

学风：勤学、勤思、求真、求实

校风：团结、和谐、宽容、大气

教风：严谨、务实、进取、创新

(2) 集团文化凝练

育人目标：适应未来社会不同需要的具有"鹰"品质的公民

育人核心素养：

善于学习与勤于实践　人文底蕴与科学精神

健康身体与健全人格　兴趣广泛与情趣高雅

宽容大气与诚信友善　全球视野与民族情怀

六、以"鹰品质"为核心的课程开发与整合

在全面落实国家基础性课程方案的前提下，学校面向全体学生，优化课程结构，按孩子的想象构建校本课程体系被提上日程。通过开发与整合形成集团特有的校本课程体系，课程能够培养学生发展性学力和满足个性发展需求，体现教师业务特长兴趣，形成学校品牌特色。以"鹰品质"为核心的"三自"(自信、自强、自立)精神为指引，以课程落实核心素养为目标，集团开发拓展性课程，构建自由、灵动的课程体系，尽最大可能满足每一位孩子的需求，促进师生的适性发展。

(一) 拓展性课程体系开发

学校构建的拓展性课程体系包括知识类拓展、兴趣特长类拓展和实践活动类拓展三部分，如图 3 所示。三类拓展性课程的开发目的都是围绕六大核心素养的培育，但也有侧重。例如：语、数、英、科学、社会等知识类拓展性课

程主要是培养学生善于学习与勤于实践的学习素养，积淀学生的人文底蕴，端正其科学精神；体育、艺术等兴趣特长类拓展课程主要是培养学生高雅的情趣，开发学生的多元特长，使学生获得健康的身心；主题活动、对外交流等实践活动类拓展性课程主要是为了培养学生宽容大气、诚信友善的品质，构建学生的全球视野，增强其民族自豪感。

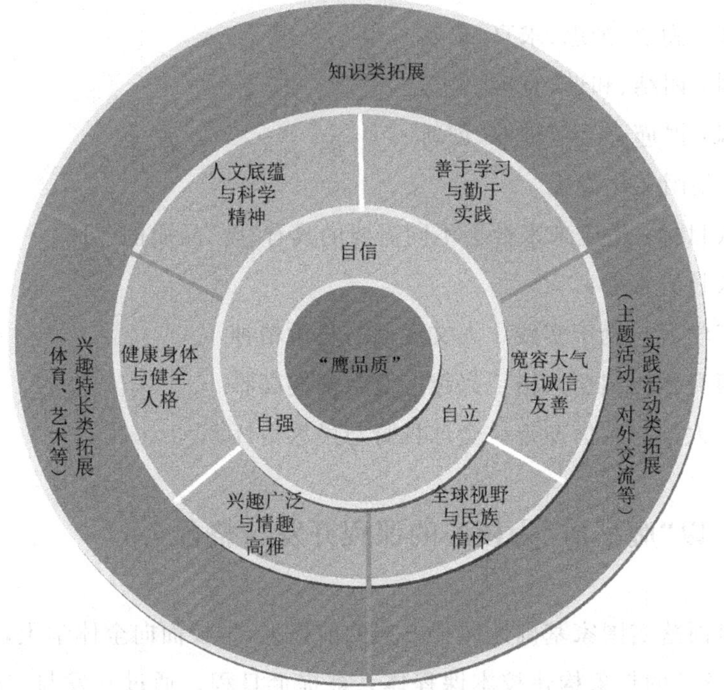

图 3 “鹰品质”拓展性课程体系

1. 知识类拓展性课程

此类课程以“智慧生成”为核心素养，以发展学生表达能力为切入点，以培养阳光、自信的社会人为目标，是基础性课程的延伸、应用和整合，基于地方文化和学科核心素养，旨在拓展学生的知识面，激发学生的学习兴趣。

2. 兴趣特长类拓展性课程

此类课程基于学生的多元智能和兴趣爱好，旨在培养学生的体艺特长，养成良好的锻炼习惯、积极的生活态度和高雅的审美情趣。体艺类特长课程指导教师根据实际，充分挖掘校内外、家长、社区的资源，聘请专业的师资进行指导，也可以和相关部门合作开发实施。

3. 实践活动类拓展性课程

此类课程的目标是引导学生体验生活、探究自然、了解社会，着重培养学生动手实践、科学探究、团结协作、服务社会的能力。

（二）集团德育课程的整合

德育课程属于实践活动类课程范畴，分为人与自我、人与自然、人与社会三部分。

人与自我：要求学生能面对现实并以积极的态度适应环境，情绪稳定、乐观，能保持良好的心境；学会有效沟通，学会管理自己的学习，认识自己，了解自己。

人与自然：要求学生能从身边小事做起，将保护自然与环境的意识转化为自身良好的行为习惯；学会观察、研究，发现和解决自然问题，利用所学的知识保护自然。

人与社会：要求学生关注社会热点问题，具有一定的社会服务意识和社会责任感；具有竞争与合作意识，学会宽容与诚信，懂得如何与他人和谐相处；认识到人类文化的多元性，懂得尊重和保护民族与世界的文化成果。

从教育内容层面来看，人与自我、自然、社会的关系的拓展性课程属于德育的范畴。

1. 德育课程实施的主阵地——主题班会课

无论如何，学校德育的主体还是在班级。我们的主题班会课不能光讲大道理，一味励志，而是应该一步一步、一个阶段一个阶段地解决学生成长过程中的实际问题。我们要解决的，是在班级里发现的问题。许多主题班会课是以生动活泼的形式展现出来的，不是老师板着面孔的说教，而是润物细无声。许多尖锐的问题，在学生帮助自己小组成员的过程中得到了化解。在这里，教育者变成了策划者，教育者变成了幕后者，教育者变成了睿智者。这样的主题班会的设立、策划、展开，肯定都是有价值的。当然，我们也期待着新内容的出现。我们出版的《背诵每一个孩子》《孩子创造的学校》《我们在做教育》都是我们一系列做法的体现。

2. 学校育人文化的核心——每月一次大型德育活动

学校大型德育活动旨在培养学生的自信、自强、自立等品格。

(1) 自信：善于学习与勤于实践，人文底蕴与科学精神

活动载体：小组文化建设、组长培训课程、阅读节、英语节、科技节等。

(2) 自强：健康身体与健全人格，兴趣广泛与情趣高雅

活动载体：艺术体育节、运动会、第二课堂活动、综合实践活动、社团文化节。

(3) 自立：宽容大气与诚信友善，全球视野与民族情怀

活动载体：国际交流活动、爱心志愿者活动、中华传统文化学习课程。

以上活动大部分是对集团以前活动的整合，整合的依据就是六大核心素养，从而使学校的各类德育活动更具有系统性和目标性。

3. 校本课程开发的典范——综合实践活动课程的整合

校本课程的建设有很多路要走。我们一直在均衡科目结构，合理分配资源，强调综合实践活动，加强学科的综合性，设置综合课程。这些年来，我们开发的文科综合课、理科综合课，都收到了一定的效果。我们增设的综合实践活动，如去劳动技术活动中心，是各个校区学生都要完成的必修课，深得学生喜爱。综合实践活动课是一门综合课程，也是经验性课程，以学生的经验与生活为核心，有实际性、开放性、自主性、生成性等特点。学生还积极参加各种形式的研究性学习，包括社区服务与社区实践、劳动与技术教育、信息技术教育、社会调查等。2004 年，集团成立了综合实践中心。十几年中，实践中心除了最初的满足教学要求以外，还不断充实、发展，建设出许多令人惊讶和赞叹的功能，比如科技教育功能、文化功能、支教功能、示范功能、教研功能、育人功能等。

七、建构智慧型翻转课堂

(一) 从多样导学方式的探索到翻转课堂的建设

“先学后教、以学定教”的前提是学生学会自主预学，教师善于预学指导。“导学案”是重要的载体，导学案编制的研究贯穿于整个课题研究过程之中。在实践中，师生提出用微课代替部分纸质导学案，开发多样导学方式。集团将进一步以校园数字化和信息化为支撑，积极探索与实践翻转课堂、微课、云视窗等在教育教学中的运用，提升学生小组合作学习的实效性，拓展教育教学的时空。

学校经过实践，建立了翻转课堂学习范式，突出资源的开发和利用，建立互惠共赢的合作学习方式，摒弃以教师为主的教学方法，课堂上师生合作、生生合作、教师引导与共进成为新特点。在翻转课堂中的学生，通过自我建构来学习知识，是学习活动的主体。因此，翻转课堂中对学生的分析应该包括认知特点、学习动机、学习风格、学习态度、学习技能、网络学习的技术环境（如网络、FTP资源库、电子书包等）的分析。

（二）教师点拨——提升自主学习的效率

在小组讨论和交流时，教师一定要及时进行提炼，让学生说说自己的看法，虽然学生的见解未必是全面、有效的，但是学生的思维进行了碰撞。在这样的集思广益下，学生进行了信息的整理、修正，更完善了自己的见解，一步步向真理逼近。教学中的交流汇报能够培养学生的思维能力、语言表达能力，教师对此必须高度重视，课前精心设计，教学中因势利导，保证教学环节的落实，从而保证教学的顺利进行，达到学科的教学目标。

（三）课外翻转——学思翻转，内省提升

1. 作业批阅：学教问题反思

作业批阅可以检查学生的学习情况，也是对教师课堂教学效果的反馈，教师可以及时掌握存在的问题，了解学生作业做错的根源。教师每次批阅作业时尽量抽几位错误较多的学生来面批，使学生有一点小小的压力，让他们在上课时能够积极认真地参与课堂各种学习活动。面批促进学生自我反省——对审题、解题的方法、技能和技巧进行反思。

2. 错题纠错：变式反思跟进

加强作业订正后的反思，让学生知道错误的原因，理顺学生的解题思路，帮助学生积累经验、提高思维能力，达到事半功倍的效果。反思需要交流，在学生交流汇报的过程中，学生如果出现明显差错，教师要引导学生分析错误产生的原因。利用变式启发学生积极参与观察、分析、归纳，培养学生正确概括的思维能力。利用变式引导学生积极参与形成正确的概念，让学生自己去“发现”和“创造”，提高学生学习的积极性，培养学生的观察、分析及概括能力。

3. 微课提升：重方法和归纳

在微课中，注重解题思路与方法，培养学生联想、转化、推理、归纳、探索的思维能力。比如多题一解，适当变式，培养学生求同存异的思维能力。又如一题多解，触类旁通，培养学生发散思维能力，培养学生思维的灵活性。一题多变，总结规律，培养学生思维的探索性和深刻性。

八、美丽校园环境和美丽制度建设

（一）文化与科技的糅合——美丽校园环境建设

1. 创建具有集团文化底蕴的校园

集团根据提炼的育人目标和育人核心素养，对校园进行整体改造，其中十三中校区本次改造范围包括生活综合楼、平房两处、景观庭院一处及周边附属道路等；嘉绿苑校区改造范围包括操场、篮球场、所有道路、景观两处。改造的原则是：体现集团的办学理念和育人核心素养；让师生爱上校园，在校园中感受到温暖和舒适。

2. 创建具有时代气息的智慧校园

（1）建设微课堂精品资源库

集团构建微课堂云空间平台，为所有班级、学生、教师、家长提供实名制网络学习空间。2014 年，微课堂精品资源库软件平台建设启动，目前已经形成应用，正在深度开发。

微课堂精品资源库涉及年级维度、学科维度、名师维度、知识图谱维度、优质课维度、跨校标杆维度等。2015 年，集团与浙江音像出版社、杭州师范大学、浙江教育出版社等专业机构合作，大力推进精品微课建设，准备出版一系列音像资料。

（2）拓展多元智慧学习途径

①云视窗的开发与应用

云视窗以液晶视频为基本载体，利用先进互联网技术，集合电子海报、电子幻灯片、流媒体视频，对内容和发布形式进行个性化切分，分级、分班分发信息，在全校公共空间和班级进行布建，强化教师、学生感知，让微课堂及后续的各项课改真正地扎下根来，实实在在地帮助学校、师生出成效、出成果、出成绩。

云视窗通过无处不在的网络与移动设备，为教师、学生搭建联通的学习环境，让学校、家庭、社区都能为学生微学习、泛在学习、移动学习提供条件，让学习渗透在学生日常生活的每个环节、每个角落。

②未来教室建设

未来教室旨在构建个性化、多元化的智能学习环境，拓展学生学习的广度和深度。中小学要鼓励学生利用信息技术主动学习、自主学习、合作学习，增强学生在网络环境下提出问题、分析问题和解决问题的能力；加强教师教学方式多元化的结合，满足新课堂的互动要求，改善大班教学一刀切状况，有效地提高课堂的效率；培养老师、学生、家长利用智能移动设备进行网络教学的习惯，提高学生课内、课外、校外学习效率，最终构成一套完整的虚拟互动智慧教育校园系统。

③智能化自主学习服务

智能化自主学习服务通过网络将课堂与实际生活联系起来，极大地丰富教育教学内容，并帮助学生根据其个性化的学习需求进行讨论、作业、考试、拓展等，在不断的体验中获得知识、发展能力。学生可灵活利用基于统一教育资源平台的移动学习系统，通过电子教材阅读、课堂笔记、课件下载和信息订阅、教学视频点播、作业下载和提交、辅导答疑、考勤信息和成绩查询、学习工具等功能，实现任何时间、任何地点的个性化学习。

（二）在传承和创新中实现管理“新常态”——美丽制度建设

依法治校，构建适合课程改革的内部管理结构。集团继续发扬原有的以“总校长全面负责、下属学校校长具体负责制，全员聘任制，岗位责任制，绩效工资制，考核奖惩制”为基本内容的内部管理体制；依法治校，努力创建适合进一步推进课程改革的集团内部管理结构；充分发挥党总支的政治核心作用和教职工的民主管理、民主监督作用；用“计划—实施—检查—反馈”PDCA 循环的管理模式进行管理，以终为始，循环上升，在传承和创新中实现集团管理的“新常态”。

完善现代学校管理制度。在完善集团化办学管理制度的基础上，集团进一步完善“有统有分、统分结合、互相协调、各具特色”的学校管理制度；在制度建设的基础上，提升集团的文化品质，用制度来保障各项工作的推进。在美丽学校创建过程中新增的制度如下：

(1) 集团德育导师制，该制度是针对美丽课堂建设过程中小组文化建设需要教师融入的问题提出的，结合集团传统“牵手”制度和全员德育理念后制定的新制度。

(2)《集团学生社团管理章程》，该制度是为了更好地对学生社团进行民主化的管理而制定和修改的，其中包含《优秀社团评比细则》《社团之星评比细则》等内容。最受学生欢迎的是章程学生自主申报组织社团的相关规定。在该制度指导下，各校区都建立了学生自主申报的社团，如嘉绿苑中学的书画社和空手道社团等。

(3)《集团拓展性课程实施方案》，该方案的制定是为了更有效地贯彻浙江省推进课程改革的文件精神，对拓展性课程的规划、开发程序、推进方式、管理细则做出了要求。

(4)《集团学生活动管理办法》，该制度是针对学校日渐丰富的学生竞赛、节日等活动而制定的，涉及分管部门的职责分配、各类活动的分工、带学生外出的注意事项、活动后的宣传及归档等内容。

(5) 有关安全的制度集、学生管理制度集等，都在不断地完善中。

九、结束语

我们一直在认真地做教育，出版了《背诵每一个孩子》《孩子创造的学校》《孩子心目中的社团》《我们在做教育》。我们的教育改革实践从学校制度、文化等诸多方面做了大胆尝试，试图按孩子的想象构建一个现代学校的组织框架。在办学过程中，我们坚持统筹思考，从理念、文化层面，到管理、教学的实施，我们都有自己的做法。我们有幸一直得到浙江省教育厅和杭州市教育局的关注，以及西湖区教育局直接的指导和帮助，一直领风气之先，这其中的得失甘苦，不是一句话能说得清的。

我们的改革实践，已经由最初的教学组织形式的变化发展到课程内容的重组、课程设置的改变，越来越深入教育的规律和教育的本源。我们的出发点是：学习的主体是学生，学校的主体是学生。或许现在我们做得还不够好，因为对于改革，对于美丽学校的建设，我们才刚刚起步。

参考文献

[1] 斯特林费儿德，罗斯，史密斯.重建学校的大胆计划——新美国学校设计[M].窦卫霖，等译.上海：华东师范大学出版社，2003.

[2] 时殿辉，霍汉强.现代学校特征分析[J].当代教育科学，2011(18)：47-48.

[3] 叶澜.实现转型：新世纪初中国学校变革的走向[J].探索与争鸣，2002(7)：10-14.

[4] 张伟.论现代学校的学习型管理[J].四川师范大学学报(社会科学版)，2011，38(5)：87-94.

[5] 余慧娟.把"人"写进教育的核心——课改十年述评[J].云南教育：视界综合版，2012(11)：14-18.

[6] 汪澜.美国素质教育研究及启示[D].西安：陕西师范大学，2004.

[7] 张玉民.新课程教师组织合作学习和创设教学情境能力培养与训练[M].北京：人民教育出版社，2006.

[8] Johnson，Tohnson.合作学习[M].伍新春，等译.北京：北京师范大学出版社，2004.

[9] 胡庆芳.美国面向全体儿童实现教育优异的纲领与实践[J].外国中小学教育，2000(1)：13-14.

基于微课的初中翻转课堂学习范式设计与运用

屈　强　汪建红　陈苍鹏(执笔)　马锦绣　蓝庆青

一、研究缘起

(一) 现状调查

(1) 学习权利：学生没有自主选择的权利。学生上课主动性差，个性发展被忽视，学生潜力得不到发掘。

(2) 学习方式：学生全盘接受或全盘模仿。学生学习兴趣低下，没有自主选择，全盘接受或全盘模仿。学生的学习方式如图 1 所示。

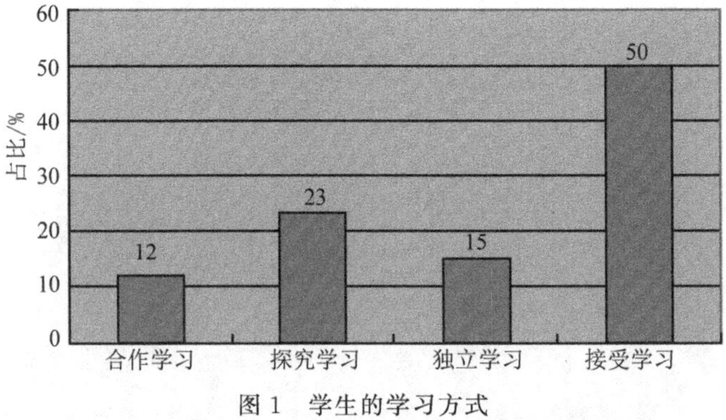

图 1　学生的学习方式

(3) 课堂核心：教师和教材为课堂至尊。只凭教师单一的个人经验和教学资料来给学生授课。

(4) 辅导助学：家教辅导费用高昂，难推广。学生请假缺课，老师没有补课，只能靠家教，家庭负担重。

(二) 研究意义

(1) 有助于实现“有教无类”。面向每一位学生，既要追求大面积提高，也要追求人人有发展。

(2) 有助于落实“因材施教”。满足不同层次学生的需求，区别对待，让学生体验到成功的喜悦。

(3) 有助于建立“高效课堂”。相信学生，解放学生，发展学生，强调自主学习、提供资源。

二、研究设计

(一) 概念界定

(1) 翻转课堂：一种把传统学习方式和 E-learning 优势相结合的课堂教学范式，既要发挥教师启发、引导、监控教学过程的主导作用，又要充分体现学生作为学习主体的积极性、主动性与创造性，通过对所有的教学要素进行优化选择和组合，达到教学目标。

(2) 微课：以视频为主要载体，记录教师在教学过程中围绕某个知识点或教学环节而开展的精彩教学活动全过程。

(二) 研究目标

(1) 形成以学为中心的课堂，实现因材施教。

(2) 凸显学生的主体地位，促进独立学习。

(3) 实现自主学习和合作学习的有机整合。

(4) 提高学生信息素养，促进终身学习。

(三) 研究框架

研究框架如图 2 所示。

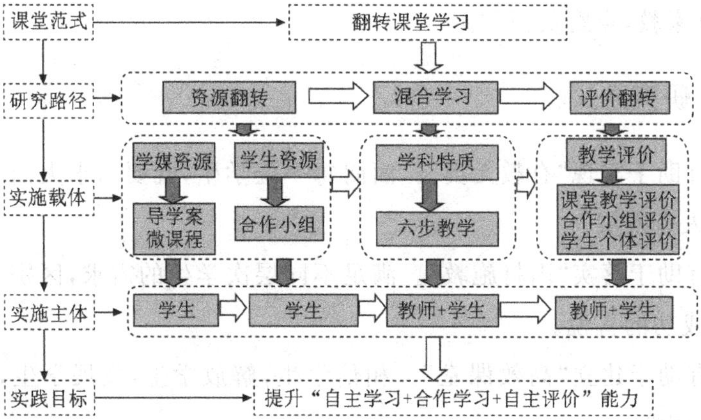

图 2　研究框架

(四) 理性思考

(1) 翻转课堂拓宽自主学习的时空。翻转课堂把知识传授放在课外,让学生选择最适合自己的方式接受新知识;把知识内化过程放在课内,便于师生、生生之间有更多的沟通。

(2) 翻转课堂拓宽合作学习的时空。翻转课堂把解决问题和师生之间及生生之间的协作互动主要放在了课堂上,在培养学生自主学习能力的同时,也强化了学习的互动性。

(3) 翻转课堂拓宽家校合作的时空。利用翻转课堂,家长有机会参与更多活动,根据自己孩子的学力,挑选适合的微课让孩子在家里进行自学,并且可以留言互动,弱者可以补差,强者可以更强。

三、实践研究

(一) 翻转资源:微课程资源的开发

1. 微课程资源的开发原则

(1) 微课资源设计的针对性:帮助学生理解某知识点或技能,促进其吸收消化。

(2) 微课资源设计的逼真性：使学生看清、看懂、舒心，关注学习效果及连续性。

(3) 微课资源设计的简洁性：画面呈现简洁、有效，内容务实，形式直观生动、简洁朴素。

(4) 微课资源设计的艺术性：融入相关的影像元素，留给学生思考和想象的空间等。

2. 微课程的开发与设计

(1) 微课视频：一般在 5 分钟以内，用于解释课程的核心概念或内容、方法、应用等。微课类型可分为概念诠释、难点释疑、巩固强化、知识拓展、错题归档等。

(2) 微进阶练习：与微课视频配套，采用在线测试方式，用于检测学生对知识点的掌握程度；是一种基于课程标准的查漏补缺学习过程，是类似游戏通关的在线检测系统。

(3) 微任务单：学习任务单强调任务驱动和问题导向，在问题解决过程中达成学习目标；让每个学生按照自己的步骤学习，取得自主学习实效。

(4) 微教案：也称微教学计划、微教学设计、微导学案等。由于学科和教材的性质、教学目的等的不同，微教案没有固定的形式。

(5) 微课知识地图：是一种知识导航系统，显示不同的知识存储之间重要的动态联系。

(二) 翻转课堂：智慧微课堂学习范式的构建

学校经过两年的实践，建立了翻转课堂学习范式，突出学生通过自我建构来学习知识、是学习活动的主体，加强学生资源的开发和利用，建立互惠共赢的合作学习方式，摒弃以教师为主的教学方法，课堂上师生合作、生生合作、教师引导与共进成为新特点，如图 3 所示。

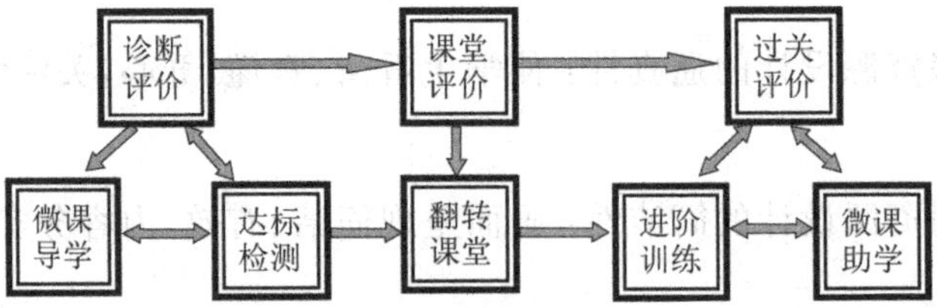

图 3　翻转课堂学习范式

1. 课前翻转：任务翻转自主探究(见图 4)

(1) 微导航——自主导学

学生自主学习体现在：阅读导学案，自主探究，观看微课，质疑、答疑，理出学习思路；教师主导体现在：编写学案进行引导，录制微课揭示重点、难点，答疑，评价给分等。

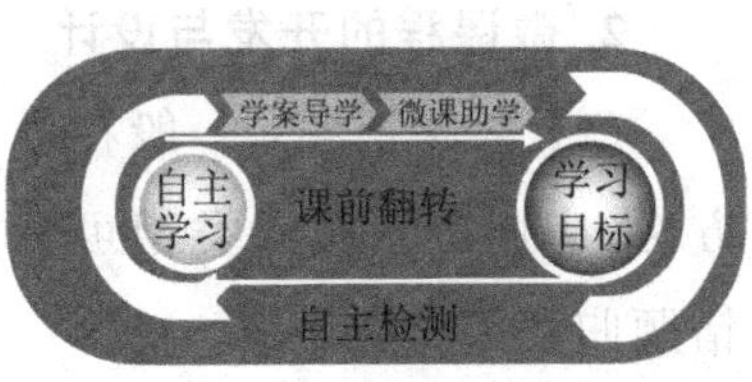

图 4　课前翻转

(2) 微资源——自主选择

微资源指在教学系统和学习系统所创建的学习环境中，学习者在学习过程中可以利用的一切显现的或潜隐的条件。可用于学习的一切资源包括信息、人员、资料、设备和技术等。

(3) 微测试——过关检测

微测试指学习一定内容后进行的小测试，有课时、单元、阶段等测试。

2. 课堂翻转：角色翻转混合学习(见图 5)

(1) 合作学习：引发自主学习的内部需要

教师提供适当任务，同学之间的相互交流与智慧碰撞可以提高对关键概念的掌握和理解。既强调学生独立解决问题，也强调教师指导，或者与更有能力的同伴共同探讨。学生们通过合作学习解决认知冲突，阐明不充分的推理而最终达到对知识的理解。

图 5　课堂翻转

(2) 自由课堂：创设自主学习的外部条件

自由课堂是翻转课堂的一个主要特征，有两种做法：一种是让学生当小老师，形成师徒结对式，激发学生的求知欲和情感体验，达到一对一式的“微交流”，从而使学生深入地感受“认知冲突”，达到对教学内容具体而深刻的理解；另一种是知者加速，针对那些已经搞懂的学生，增加学习内容和提高学习难度，开发知者的能力，教师适度对其加以引导。

(3) 教师引导——提升自主学习的学习效率

教学中的交流汇报，能够培养学生的思维能力、语言表达能力，教师必须高度重视，课前精心设计，教学中因势利导，保证这些教学环节的落实，从而保证教学的顺利进行，达成学科的教学目标。

3. 课外翻转：学思融合多重刺激内省(见图6)

(1) 作业批阅：学教问题反思

图6　课外翻转

这是检查学生学习情况，也是教师对课堂教学效果的反馈，教师及时掌握学生学习过程中存在的问题和做错题目的根源，并及时把错误的情况反馈给学生，让学生及时加以理解和巩固。

(2) 错题纠错：变式反思跟进

作业讲评后，要求学生订正好作业，而且要求订正正确、清楚。此时，有一部分学生仍一知半解。

因此，需要加强作业订正后的反思，让学生知道错误的原因，理顺解题思路，积累经验，提高思维能力，达到事半功倍的效果。

(3) 微课提升：重方法和归纳

在课后的微课中，注重解题思路与方法，培养学生联想、转化、推理、归纳、探索的思维能力。比如一题多解，适当变式，凸显解题的思维过程，开拓解题思路，形成知识的内在联系，培养学生思维的探索性和深刻性。

(三) 激励评价：建构自主学习的调控机制

翻转课堂倡导"自主、合作、探究"的教学方式的理念，促进学生开展有效的自主学习和合作学习，学生是教学过程的中心，教师要评价、指导、引领学生。

1. 评价工具

我们建立了自主合作学习展示表，如表1所示。这可以让学生掌握"高质量"的学习标准，使学生明确学习的要求和目标；可以清楚地显示学习方式和学习目标，让学生明白"如何做"才能达标；有助于评价标准公开化，使得评价更客观、公正；促使学生自我判断学习的效果，减少了盲目性；体现多元评价，激发学生对评价的积极性，有利于“他人意识”的形成。

表 1　自主合作学习展示表

姓名	自主预学	课堂自主学习	小组活动开展	小组交流	倾听	表达	评价能力	自主提升	总分

2. 评价管理

由班长一天一次小结，一周一次总结，与学生之星评价结合起来，对高于8.5分的同学予以表扬和鼓励，对于得分不及格的，尤其是违纪的同学，由班主任和任课教师谈话，严重者则由老师与其家长沟通，请家长协助管理引导。

3. 评价特点

(1) 教师“引导式”评价，激发学习热情。教师积极创设民主和谐的评价氛围，让学生积极发言，敢于质疑，树立学习信心。

(2) 自我“诊断式”评价，形成学习内力。学习评价的过程是学生自我认同的过程，既要学生认真审视自己，又要教师反思自己的教学及其评价等，如图 7 所示。

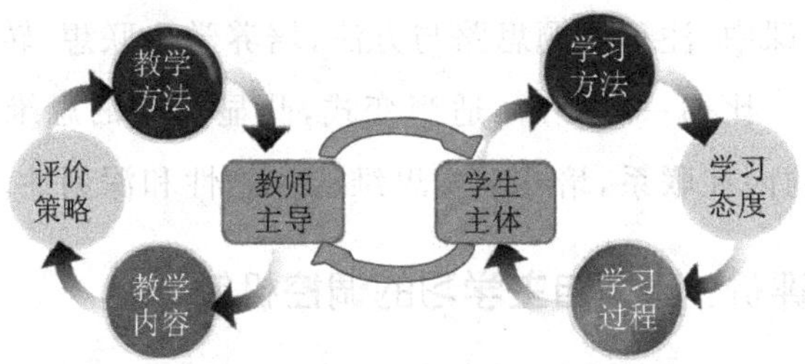

图 7　师生自我“诊断式”评价

(3)小组“促进式”评价，实现合作共进。小组评价中，人人都是评价者也是被评价者，这样就是一个心理调适和平衡的过程。学生要学会静心倾听他人评价，也要学会客观评价他人。

第二篇

小组合作学习

XSH 递进式小组文化建设与实践研究

曹敏仙　种　宁

一、研究缘起

在拥有知识的同时能懂得与人合作是现代社会所必需的能力，无论学生学到哪个程度，最终必定要进入社会这个大熔炉。我们需要关注学生的现在，更需要关注他们的将来。在传统班级管理模式中，小组是为收交作业、安排值日等事务性工作而设立的，这样的小组缺乏团队意识，如同一盘散沙，组员缺乏归属感和荣誉感。现在的孩子大多是独生子女，自我管理、自我控制、自我约束能力缺乏，团队意识薄弱，合作精神不足。小组文化建设为培养学生的合作精神搭建了平台。我们根据初一到初三学生的年龄特征、心理特点，设计如图 1 所示的研究路径。

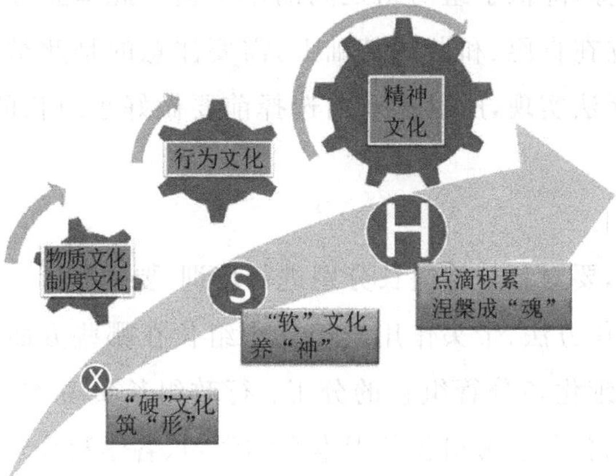

图 1　研究路径

二、实践研究

(一) 初一 X: 有“形”

1. 小组框架搭建

一个班级有 40 多个学生,成立 8 个小组,每组由 6 人组成,6 张课桌围在一起,并在中间放置一块写有本组名字的桌牌。每组根据各自的组名,设计属于本组的独特的、漂亮的组徽。从小组建立开始,6 位组员将紧密地团结在一起,共进退,同忧喜,学会小组合作,提高团队意识,增加团队凝聚力。

(1) 组长竞选

一个好组长必须具备学习力、决策力、组织力、教导力、感召力等能力。组长的组织活动基本分为三类:一是分工、约束、督促;二是协调、疏通、解决争端;三是组织讨论、分析、汇总小组意见。前两类行为保障小组各种活动能够有序、持续地开展起来,后一类行为促使组员们完成各项合作。担任组长让学生有了一个锻炼机会、一个锻炼平台。小组长的产生,本着自愿和学生投票相结合的原则。

(2) 双向选择

班级中每个学生各方面的能力都会有差异,采用双向选择的原则组建 8 个小组。双向选择避免了统一分配的弊端,最大限度减少了组员和组员、组员和组长之间的摩擦,降低了组与组之间的不平衡。此举充分尊重了学生的意愿,使得小组建立在自愿、和谐的基础上,需要注意的是此举也可能导致组内异质、组间同质无法实现,所以在双向选择前要做好小组长的思想工作,把握选择组员的原则。

(3) 合理分工

小组组建后,要对各分管组长分别进行培训,要让每个组长明白其工作意义、工作职责、工作方法、带头作用及担任小组长在哪些方面促进了个体成长等。进一步明确细化各分管组长的分工:行政组长负责本组管理工作,主抓学习和安全管理;各科学习组长负责本组的学习、各学科作业和资料的收交和分发管理;纪律组长负责本组课堂纪律、课间纪律和安全、穿着打扮的管理;生活组长负责本小组的午餐考勤、卫生打扫和维护、个人卫生等生活方面的管理工作。明确小组分工，不要出现有些学生包揽大多数事务，有些学生无所事事。分工尽量用人所长，兼顾公平，没人愿做的，最烦、最难的事则由组长自己完成，一段时间后可以互换角色。

(4) 日常管理

管理就是服务，小组长就是服务者，小组长能为组员提供多少帮助，就能获得组员多少支持，这进一步决定了小组长工作的顺利与否。小组长要带领组员讨论并制定出小组目标、组规组纪、加分扣分细则，严于律己，以身示范，以诚相待，与组员荣辱与共，不计较个人的利益得失，以在组内形成互帮互助的氛围。

2. 活动助力有"形"

以小组为单位参加校运动会，小组承办家长会，开展丰富多彩的班级文化活动，如诗歌朗诵比赛、读书报告会、艺体节等，增强小组凝聚力，为更好地打造小组文化建设框架助力。

(1) 家校合作

新课改背景下的家长会不再是传统意义上的情况通报会或告状会，而是家校之间、家长之间的情况沟通会、经验交流会、学生成长展示会、家长学习会。家长掌握自主权，在交流和讨论中以小组的形式充分展示各自的观点。老师给每个小组打分，让家长们体验小组合作的快乐。

(2) 群策群力

小组长在工作过程中常常会遇到一些问题，学会沟通、学会交流在整个小组工作中显得非常重要。各种假期亲子活动(如图 2 所示)不仅增进了家长及孩子间的感情，还增强了组员之间的信任度，加深了小组成员之间的感情，有利于各项活动的开展。

图 2　学生们自发组织的亲子活动——烘焙 DIY

(3) 组织班会

各小组选择、组织一些适合学生进行的主题班队课,尽可能挖掘身边的教育资源,同时与学科结合,使班队课不再那么枯燥乏味。通过学科渗透,学生领悟到新课改形势下的小组合作精神,充分发挥学生的主动性和积极性,让每个学生在活动中思想上受到教育,行为上得到改进。

3. 激励评价制度

(1) 常规考核

由8个组长组成的考评小组在各分管干部每周量化考核的基础上,于每周五对各小组进行评价,对表现好或者是为班集体增添荣誉的小组进行加分,然后进行排名,评价结果在每周一的中午由班长进行公布,同时公布各小组被扣分的原因和加分的理由,并对本周班级各方面情况进行小结。对各合作小组的评价考核以月为单位来进行,某一周做得不好的小组仍有机会争取做好或者获得加分。

(2) 成绩考核

学习成绩(包括单元考试的成绩)的评定以合作组为单位进行,成绩进步的小组将获得加分。这种考核办法要求小组成员之间必须互相帮助、相互合作,以达到共同进步的目的;有利于培养小组成员的集体荣誉感,增强学生的合作意识和竞争意识,也有利于合作组确立下一步奋斗的目标。

(3) 组长考核

小组长的工作成效由班主任、任课老师及学生代表组成的班级委员会负责考核。委员会把当前的行为与最终评价结合,以调动学生的主观能动性与自律自求性。每月由小组长将评价结果告知家长,让家长及时了解其孩子的在校表现。

(二) 初二S:有“神”

围绕小组文化建设,教室布置、主题班队课及各项活动在初二不仅要有“形”,更要有“神”。这一阶段的小组文化建设着眼于改“被动接受”为“主动参与”,让小组文化真正融入个人常态。

1. 人人献计齐出力

(1)“每个角落会说话”

教室布置在初一的基础上更加重视小组精神。外墙的小组展示栏是学生发表作品、展示成果的平台，是学习同学美好品行、弘扬小组正能量的阵地，让学生有机会用自己的方式说自己想说的话。学生们十分乐于参与讨论、设计。

(2)“难过组名这一关”

在普通班主任眼里，小组组名可能是一件很小的事情，小组一讨论，一表决，就轻松决定了。但是站在学生的角度，每个人都参与到取组名这件事情中，在激烈的争辩、讨论中，肯定会有分歧，也肯定会碰撞出思维的火花，要把这件小事作为一个契机，让每个小组都来介绍自己的组名，并且挖掘这名字背后的含义。这样，既能让小组合作探讨，又能让每个小组思考自己的组名内涵和规划。初二同学的组名不再是拍脑袋决定，而是凝聚了组员们的心血和智慧，寄托着大家的希望。

(3)“假如我是小组长”

经过一段时间的小组合作学习，各小组长有了很大的进步。为了让更多同学能够更快成长，各小组开展“假如我是小组长”的讨论，组员们预设自己是小组长，学会换位思考。小组长的预设让每个学生增强责任心，明白个人对小组的作用、自己该为小组做些什么，以及小组只要有一个人在，小组就在。

2. 携手共度青春期

(1) 青春教育

初二学生正处于人生的青春期，在这一时期其身体变化势必引起其心理的变化和反应，学生内心可能充满矛盾和疑虑。为了让学生们清楚地意识到在同学中讨论“绯闻”对自身及他人的不良影响，以及异性之间的文明礼仪对人生现阶段及未来发展的重要性，可以进行如图 3 所示的系列主题班队课。

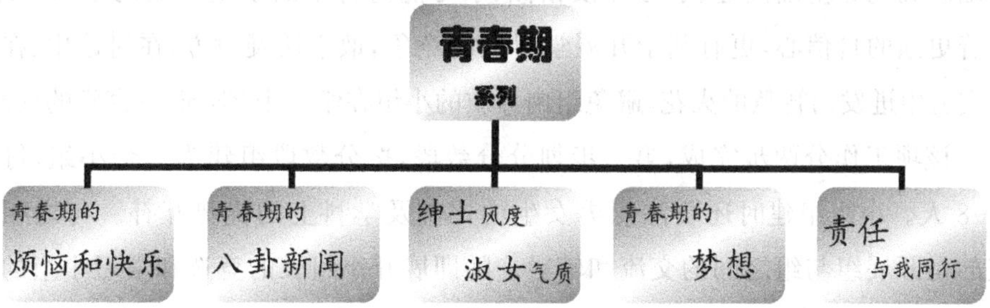

图 3　主题班队课

(2) 青春风采

图 4 “三个鱼蛋”小组

“梦想聚团队,团队铸梦想”,在学校的小组合作正进行得如火如荼之时,如何让优秀的小组得到更多展示的机会是老师们所关心的,也是同学们所热切期盼的,学校为每一个优秀小组搭建了展示的舞台,开展了美丽小组的评比。经过班级、年级的评比,“三个鱼蛋”小组(见图 4)走向集团,在学术节闭幕式上以一段视频《鱼蛋成长史诗》让现场观众为之一震:“我们的每一个鱼蛋,每一天都在不断地创造惊喜。我们在一起哭笑着、编织着每一天简单而无厘头的生活,让每一个鱼蛋都成为最好的自己……”最终“三个鱼蛋”小组以出色的表现获得集团美丽小组一等奖。

(三) 初三 H: 有“魂”

初三要保持小组合作的“形”,提升小组合作的“神”,更要重视将小组合作精神上升到“魂”。初三学生的学习任务加重,中考在即,小组合作精神已经深入人心,课改模式及课堂的一些流程也已经熟悉,是时候充分发挥小组合作精神,发挥团队作用,大幅度提高学生的学习成绩,为实现最初的梦想拼搏。

1. 组间组内出新招

(1) 组内同质,秀出实力

初三分为 A、B 两个教学班后,学习小组的组建有了组内同质、组间异质的基础。文化课基础接近、学习习惯相似、学习能力持平的学生组成的学习小组,有着更强的自信心,更有利于开展学习上的竞争,敢于质疑对方,在讨论中、在沟通交流中迸发出智慧的火花,避免组内异质的小组在学习中“学霸”一言堂的局面。

该项工作分两步完成,第一步划分分数段,按分数段组建为 7 个小组,每组 7~8 人。小组组建时还要注意男女生的比例及学科上的优势互补。与之相对应的是开展组与组之间的交流和辅导。随即展开小组长的竞选和学习小组的组建,因为有原来组建小组的基础,这项工作迅速完成。第二步在一个月后进行,按总分成绩从高到低组建小组,遇同分情况看社会历史成绩,各小组第一名担任行政小组长，学科小组长由该小组本学科最高分同学担任。这样既有激励作用，帮助学生树立明确的奋斗目标，又有利于学生之间的优势互补。

（2）组间异质，你帮我助

7个小组按照学习能力由强到弱编号为①，②，……，⑦号组。在课堂上进行学科辅导时，由①号“学霸”组内的7人按岗位分工负责“一对多”辅导余下的6个小组，在保证课堂纪律良好的情况下，这种做法高效便捷，能最大限度地发挥帮教作用，如图5所示。而在课后，则以小组为单位开展辅导，如①号小组的7位同学负责“一对一”辅导②号小组的7位同学，以此类推……以“师徒结对”的形式，充分利用课余时间相互进行记背、订正纠错，如图6所示。

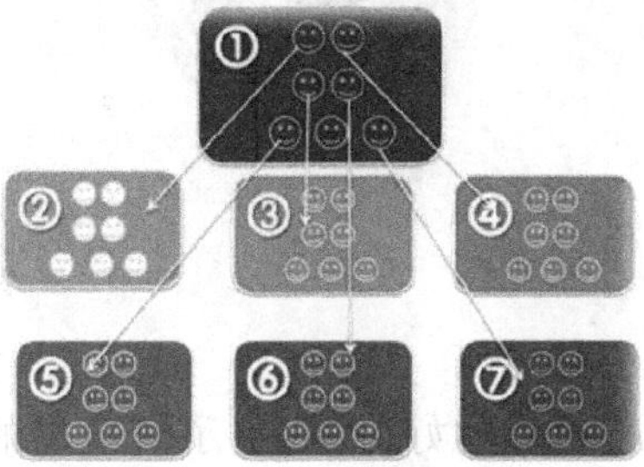

图5　课中辅导

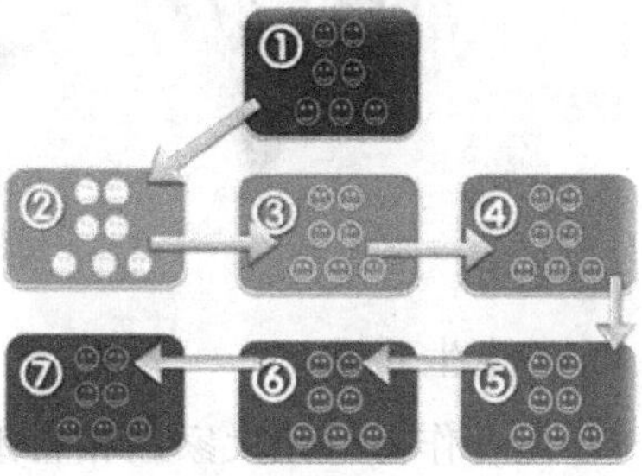

图6　课后辅导

为了达成小组的总目标，课前，组员之间相互督促预习；课堂上，小组内积极讨论，解决不会的问题，并在课堂大讨论中提出小组同学的疑问，踊跃解答其他小组的问题，在生教生的过程中实现学业上的共同提高；课后，小组内监督订正作业，在自修、午休时，组内安静自习，相互提醒尽早完成作业，减少回家后的作业量。小组内要有意识地共同进步，互帮互学，既可以提高基础较差同学的水平，也可以让优秀同学的知识更加稳固，能力进一步提升。人人为目标自觉努力，这样，能够培养学生良好的目标意识，逐渐建立学生自己的管理体系。

组内同质、组间异质的小组组建原则是最大限度地激活学生内心深处的学习热情，帮助学生迈好青春第一步，创设情境体验带来的快乐和痛苦，促使学生全身心投入学习中。

2 .成长路上有导师

（1）师生结对

2014年2月，学校为小组建设搭建了一个新的平台——聘请小组指导老师。师生合作让小组建设更完美，各小组同学开展了“紧密型小组建设——导师聘请”活动，同学们自行设计创意聘书，诚挚地邀请老师加入自己的小组。师生结对如图7所示。

图7 师生结对

(2) 生生互助

小组合作可以让大家互相帮助，分享自己学习的好方法，更了解组内的每一个成员。“师徒结对”可以让对方了解自己薄弱的方面，既能帮助自己，又能得到更好的改进方法，还可锻炼“师父”的表达能力和自己对知识的接受程度。

3. 内化的行为规范

经过初一、初二两年的学习，无论是在各种行为规范、课堂小组合作学习的规范操作模式方面，还是在组建小组、座位的安排和轮换，各项活动的设计和实施方面，学生们已经操作熟练，完全可以自行完成。令人欣喜的是，这些方面已经不需要通过考核、加扣分的措施来强化。所以，初三的考核细则主要在小组长、学习成绩及小组互助方面。

三、研究效果

(一) 弘扬小组精神

“三个鱼蛋”小组继初二阶段美丽小组评选脱颖而出后，小组内合作学习、团结向上的氛围愈加浓厚，组员们携手共度了近三年的时间，一步步快乐地学习、成长，品尝酸甜苦辣，收获了自信与合作带来的默契，最终成熟，小组的“魂”真正融入了他们的精神实质，成为无法分割的一部分。在某访谈栏目中，他们幸运地成为学校优秀小组代表。临近毕业，小组成员体会颇深，“三个鱼蛋”小组将成为他们永远的骄傲。

（二）见证成长足迹

初中三年，各小组形成了其独有的小组文化特色，其中“三个鱼蛋”小组获得集团“美丽小组”称号，其所在班级也在各小组基础上顺利开展各项工作，获得“集团课改优秀班级”“集团先进班集体”“优秀雏鹰中队”“美丽班级”的称号，并被评为 2014 学年西湖区先进班集体、西湖区先进团支部。

2012 年 10 月，该班召开了一次主题为“为了我们的共同目标——沟通、理解、交流”的家长会，校园网及《都市快报》和《钱江晚报》均对此进行了报道，如图 8 所示。其中，《钱江晚报》用了整整一个版面做了详细报道。2015 年 6 月，完整经历了课改的学生们参加了杭州市中考，取得了优异的成绩，《都市快报》为此举办了一场专题讲座。

图 8　媒体的相关报道

四、研究思考与展望

随着对 XSH 小组文化建设研究的逐步深入，我们的理解水平会再上一个新台阶。只有对基于合作的小组文化建设理论理解得更透彻，掌握合作的本质与精髓，才能更好地利用合作引导学生的三年成长。相信经过我们对 XSH

递进模式进一步的潜心研究和探索，小组合作的成效会更突出，会更有利于学生社会性的发展，学生的主动性、创造性会更好地发挥出来。

参考文献

[1] 薛晓阳.学校精神文化建设的新视野[M].北京：北京师范大学出版社，2003：125.
[2] 钱理群.中学校园文化建设：一项不可忽视的教育工程[M].北京：人民教育出版社，2004：56.
[3] 余文森.新课程与学校文化重建[J].文献，2004(2)：41-43.
[4] 王敏勤.王敏勤与和谐教育[M].国际文化出版公司，2001：22.
[5] 周勇.我国班级文化建设现状及展望[J].长沙师范专科学校学报，2005(3)：35.

敞开学生心扉的“五种交流策略”

陈文俊

教育学生是教师的本职工作，而现实中用蛮劲和不教育的教师还是很多的，这样的教育工作是不幸福且不可取的。教师该如何面对学生不断出现的问题，怎样与学生进行沟通交流，如何用合适的方法进行教育，才能让教师的工作富有诗意，才能让学生敞开心扉。笔者将十多年教育实践中积累的经验进行思考总结，得到了以下五种方式，与大家进行分享。

一、帮助学生面对自己的感受

顺着学生的感受达到我们的“意”，让他敞开心扉达到我们教育的目的。

1. 安静专心地倾听

倾听不是简单地用耳朵来听说话者的言辞，还需要倾听者全身心地去感受说话者在谈话过程中表达的言语信息和非言语信息，必要时配合眼神等动作。老师安静、专心倾听会让学生觉得他有说下去的必要，如果学生说假话老师能从中分辨出来。用倾听替代训斥，相信学生会改正错误，在以后的学习中会做得更好。

2. 回应学生的感受

一个学生向老师唠叨或发脾气只是为了表达他的情绪，如果老师用激烈的言辞只会引起学生的反感，并进而与老师对抗。对立情绪一旦高涨，老师的谈话就无效了，而且老师也会很生气，最终的结果是两败俱伤：问题不但得不到解决，还增加了师生之间的隔阂。反之，简简单单的几个字让学生感觉有认同感，有信任感，他就会冷静，会自己去反思，从而很好地解决问题。

一次学生来报告，章××把徐××的手指夹出血了，笔者立马跑过去。章××嚷道："为什么错的总是我？"笔者说："哦！"于是不再多说先把徐××带到医务室，初步包扎再带到附近的医院，一路上，章××跟着。笔者忙着买病历、排队挂号。章××忍不住了："老师，我知道这次完全是我的责任，若小心一点就不会这样了。""哦！""老师，我不是故意的，没看到，不过，我以后关门不能用力过猛了。""嗯！"

笔者忙于处理事情，既没肯定也没否定的简单回应为自己的判断留有余地，同样给了学生反思的时间，达到了很不错的效果。

3. 说出学生的感受

有些感受特别需要别人的认同，因为我们自己会一时认死理，说不出来。如果这时候有一个和自己意见一致的人听自己唠叨，甚至跟着自己的思路把自己想要表达的感觉说出来，我们便会觉得心情豁然开朗。当然我们舒服之后多半是会冷静下来，冷静后就会思考，从而把问题解决。

两个同学因打架进办公室，双方争辩，试图把责任推卸给对方。面对他们，笔者没有做审判官，只是说："我知道你俩都很委屈。"听笔者这样一说，他们停止了争辩，都不吭声。"你们肯定还想说如果他不怎么样，我不会怎么样的。"笔者补充说。过了一会，周××主动对笔者说："老师，是我不对，不该背靠桌子，弄掉了他的文具盒，影响他的学习，而且出口骂人。"徐××见对方态度诚恳，也赶忙说："老师，我也做得不对，再怎么也不该动手打人，还严重违反了班级纪律。"

简单的一句"你们都很委屈"道出了两个同学的感受，一句"如果他不怎么样，我不会怎么样的"又道出了他们的心声。在这样的环境下，有一定思想的初中生知道接下去该怎么思考问题了，该换个角度说话了。而换个角度正是解决问题的重点所在。

4. 用幻想实现愿望

幻想在某种程度上是一种愿景，一种超越理想的意识。我们都有过幻想，明知这是不现实的，但还是会去想，仿佛在这种幻想下做事就不再疲劳，仿佛有这种幻想后做事会变得轻松。所以不必急着把学生的这种幻想快速地浇灭，我们可以与他们一同幻想。学生可以通过幻想宣泄情绪，理清思路。

有个学生理科学得不错，尤其喜欢做难题，且超前学，但不喜欢英语。一次笔者特意叫他来背英语，他支吾着，因笔者是班主任，只好装腔作势地在笔者面前背。“要是有一种简单神奇的学英语的方法就好了，我一下子就可以把英语学好，那多好呀！”“嗯，如果真的有就好了，听说真的有这种方法，要是你能发现就好了。”笔者跟着他一起幻想。此时他扑哧笑出来了，他自言自语地说：“这种不可能的事只能异想天开一下的，老师，我先到门口去背了。”

这个过程里其实笔者没有点破说这是不可能的，反而和他一起“傻想”，甚至“想”得更夸张，似乎与他达到了共鸣，而事实上用这种幻想点明了他的想法的不可能性，聪明的孩子不会再纠结在幻想里，而会实实在在地去努力。

二、鼓励学生与教师大胆交流

师生沟通是必需的，沟通方式不同，产生的效果也大为不同。笔者深深体会到与学生进行心灵沟通，不仅要给学生以关爱和鼓励，更为重要的是要调节好自己的工作状态与保持主动乐观的心态，这样才能产生良好的教育效果。

1. 容忍错误是交流的开始

对孩子的错误，教师如果采取讽刺、训斥、责骂等方式，只能使学生产生反感，形成逆反心理，甚至自暴自弃，以至于产生其他不良后果。学生犯了错误，恰是把“症状”暴露了出来，教师循此才能找到“症结”所在，只有不厌其烦地帮助他们改正一个个错误，并将错误减少到最少的时候，教育的目的才达到了。

2. 调好情绪是交流的前提

教师的积极情绪可以使教师在课堂上精神焕发，激情四溢。教师的任何消极情绪，都会严重影响学生，如果控制不当或不能控制，就会大大降低教育、教学效果，更有甚者会无法正常组织教学活动。因此教师必须调控好自己的情绪，用激情和热情去感染和引导学生。

3. 和谐氛围是交流的基础

陶行知先生曾说过：“应创设教学中良好的师生关系；教师要以自己的真诚情感与学生交往；教师最重要的两个品质是‘亲切’和‘热心’；在教学中要使

学生尽可能少地感受到威胁,因为在自由轻松的气氛下,学生才能有效地学习,才最有利于创造力的发展。”

4. 谈话艺术是合作的精髓

成功的教育取决于多方面的因素,其中,一个最重要的因素就是教师与学生之间的沟通质量。幽默的语言是“具有智慧、教养和道德上的优越的表现”。人们都喜欢幽默的交谈者,喜欢听幽默的话语,具有幽默感的教师一走进学生中间,学生们就感到快乐。在向学生表达一些否定性的意见时使用委婉的技巧,就会使学生更容易接受。除了幽默的语言外,还可以用“只需意会,不必言传”的含蓄手段;有意识地适当保持沉默,用不同的眼神传递信息,也可以起到积极的作用。寓教育于幽默之中,在笑声中达到教学的目的。

三、赞赏学生,树立他们的信心

“人性最深切的渴望就是获得他人的赞赏,获得他人的赞赏是每个人的心理需求。”对于初中学生来说,老师对学生由衷的赞赏,会在很大程度上影响他们的处事方式。

1. 及时赞赏学生做对的事

老师不要吝啬自己的赞赏,因为学生都喜欢得到肯定,都希望得到鼓励,然后会更用心投入下一阶段的学习生活中。苏霍姆林斯基说过:教育是人与心灵最微妙的相互接触。

有一次上课铃响了,整个班级还没静下来,只有平时不太爱说话的小张静静地做好了上课的准备,笔者立即大声表扬了他,很快同学们都向他看了看,然后立即也做好了上课的准备。

可见,及时的赞赏会起到立竿见影的效果。教师要把握这一教育的机会,被表扬的孩子下次表现会更好,而赞赏对于其他同学也是一种刺激,现在的小组合作学习可以给小组及时加分,学生对这种及时评价的反应会更迅速。

2. 真诚赞赏学生做好的事

真诚赞赏是老师的一种心意,让学生体会到老师的赞赏是真诚的,方法可以是竖一下大拇指,可以是赞赏时露出微笑,也可以是点点头、拍拍肩。教师对学生的赞赏不要以一种高高在上的姿态，要发自内心，因为由衷的赞赏更能拉近学生与教师的距离。教师应把与学生朋友式的交往作为自己教育、教学中不可或缺的一部分。

3. 暗暗赞赏学生做巧的事

暗暗赞赏是指“背后”的赞赏，不是心里默默赞赏，可以午饭后在操场散步时在同事面前赞赏学生，也可以在批改作业时，或者在别的同事说到某个学生时。正是这种看似“不经意”的赞赏，会让其他老师或者同学去传递这种“暗暗”的赞赏，会让这个被赞赏的学生感到无比自豪，从而激发他内心深处的正能量，这样达到的效果真的很美妙。

四、引导学生，更相信自行解决

惩罚作为一种行为是会被学生效仿的，“以强欺弱”可能会成为他面对问题的处理方式。专家认为一个学生应该承受自己不当行为所带来的自然后果，而不是受罚。在相互关心的师生关系中，是没有惩罚的。

1. 明确观点：让学生知道错误

明确自己的观点可以直接让学生感受到老师对事情的看法和立场，明确观点的目的是让学生知道错误。明确观点相对于保留观点来说对学生更有“刺激”作用。明确观点的态度可以是和蔼的，不要激起学生的不良情绪，明确观点的方式可以是多样的，如故事式、说理式等。

2. 解决问题：让学生自主解决

解铃还须系铃人，学生的问题有时只有他自己才能解决，教师应放手让他自己去解决。学生在解决问题的过程中会尝试很多方法，一般来说总是从简单方法开始。在一次又一次的尝试中，学生会体悟到问题的解决不是那么简单的，会发现问题不解决的话将永远在那里，是逃避不了的，需要直视问题，有些事是必须要做的，还必须认真做。在这样的过程中，学生会学到很多，这是惩罚所不能代替的。

3. 给出目标：让学生明白方向

明确目标，有的放矢对学生来说是很重要的。只有目标明确，做事才会更加有方向感，更有效率。明确目标是让学生明白自己究竟想要得到什么，有时旁观者清，当局者迷。教师及时的点拨会让学生一下子清醒，而之后如何处理，其实学生比教师聪明多了，就不需要再劳驾教师了。

有一个班笔者带到初二，一个老教师接了它。这个班的班长很聪明，但很不适应新班主任的处事方法，会经常跑到笔者这里来倾诉，有一次表现特别明显，说了接班班主任的很多"不是"。笔者观察了一段时间，也了解到班长被撤的现状，听他说完后，悄悄地在一个比较幽静的地方说："你其实很希望得到老师的肯定与重视。"短短的一句话让他大声地哭了出来，情绪一下子发泄出来。

笔者的点破让这个聪明的学生明确了目标，给他指明了方向，要受到老师的重视，无非是"投其所好"，而老师的要求大同小异，只是处理问题的方式方法有所不同，学生需要去适应，而不是去抱怨。

4. 提供方案：让学生弥补失误

当学生犯错时，教师一味责备或者生气，对学生来说，都已无法改变事实。若教师提供给学生一些解决问题的方案，让他焦躁的情绪得以平静，在教师提供的方案里选择或者受到提供方案的启发，从而振作起来去解决问题，这样在一定程度上可以弥补失误，把做错事变成一次成长的机会，那何尝不是一件"好事"。在这个过程中，学生深切体会到做错事带来的后果，更学会了如何面对这样的情况。

5. 采取行动：让学生自己体验

采取行动不是消极的逃避，而是想办法让学生参与进来，去体验这个活动的过程，迈出关键的一步。这个行动需要教师好好设计，既要有鼓励的意味，又要有刺激的性质。

有两个同学始终不去尝试跳长绳训练。她们说："我们真不会跳。"笔者说："不会跳，老师教你们。"笔者耐心地引导，先教她们掌握好起跳的节奏和时机，再让她们找准跳进的位置，并及时地鼓励道："慢慢来，万事开头难。"她俩行动了起来，刚开始她们一个也跳不进去，笔者给她们打气："再来一次，先看准再跳。"在笔者的激励下，她们很艰难地跳过了一个，这时，笔者高兴地说："看，你们真棒！再试试，能不能把间隔的数字减少。"她俩坚持不懈地练习。最终笔者带的班取得跳长绳比赛第一的成绩。

两位不会跳的同学享受了从不会到会的过程，体验了学习的过程，当然也激励了另外不太会跳的同学，让大家不再互相指责，而是想方设法地去学习，去练习。

五、教育学生，培育独立的自我

学生终究会长大，学生必须走向独立。帮助学生学会独立也是学校教育的一大职责。只要教师稍微改变一下做法，在小事上多让学生做决定、负责任，就能帮其形成独立的自我。

1. 接纳学生的自主选择

美国著名心理学家、咨询专家高顿认为，接受他人是培育良好关系的重要因素。"学会选择"已成时代的需要，"尊重选择"已成时代的精神。学生学习过程的实质就是一系列的选择活动，从"学什么"到"怎么学"，都是选择。因此，教师要接纳学生富有个性的选择，要鼓励学生根据自己的兴趣和能力进行自由的选择。

2. 鼓励学生的自主独立

一个独立的个体应该是自主的，有独立的生活态度、独立的思考能力，尤为重要的，是有独立的自信心。这里的个体独立，是指个体应更多地依靠自己的力量和努力去克服和解决问题，而不是完全依靠他人的帮助或依赖于他人，个体对自己负有完全的、无可回避的责任。独立不是与老师、同学分离而孤立，而是积极地与周围人际环境有更大程度的和谐。教师要积极主动地鼓励学生走向自主独立，这样学生将会以更大的责任心去接纳教师及周围的同学。

3. 保护学生的自我希望

美国心理学家韦纳的归因理论认为，学生会对自己的成功与失败进行原因归纳，这种归因会引起情感及期望的改变，从而影响学习动机，影响成就行为。一旦这种良好的自我期望形成，教师要对其予以积极保护，帮助学生顺利度过重要的初中生活。学生的自我期望主要是指学生形成的对自己能够取得未来学习成功的预想。自我期望有利于促进学生的心理发展，实现教育目的，是教师提高教育质量的有效手段。

六、结语

教育的效果直接影响教育者的再教育，怎样巧妙地既让教育者的思想传达到学生耳中，又让学生敞开心扉，将教育者的思想内化为行动，这是教育者要去实践、探索的。教育学生肯定不能在双方有不良情绪的情况下进行，那样只会引发一场“争吵”，而非教育。当然，教育不会这么简单，时机不同，场合不同，教育会带来不同的效果。

初中科学导学案的有效设计和运用研究

丁　盈

一、审视现状

目前初中科学导学案设计和应用存在一些问题，主要表现在以下三个方面：

1. 导学案的内容缺失

一份较规范的导学案包括八个方面的内容：学习目标、重点难点、学法指导、知识链接、问题设计、学习小结、当堂检测、学后反思。一份导学案在基本内容、项目设立、编写格式和规范方面究竟应该有怎样的要求？怎样设计和应用导学案才能避免随意性和不科学性？针对不同章节的教学需要，我们可以根据怎样的原则进行灵活性设计和应用？这些问题值得我们进行思考和研究。

2. 学习目标指向不明

导学案需不需要设计学习目标？如何设计通俗易懂而又准确具体的学习目标，使全班不同层次的学生都能看得明白？如何使我们设计的学习目标激励学生积极、自信地去完成学习任务？如果不专门设计学习目标，如何在导学案中体现学习目标，如何在学习过程中引导学生实现学习目标？这些也是值得我们研究的问题。

3. 学法指导缺少实效

学法指导是为学生提供适当的学习方法和学习策略。“导学案教学模式”的最终目的就是要把原先课堂上的“教学生学会”变成“教学生会学”，因此，在导学案中设计切合学情、实际有效的学法指导显得尤为重要。根据导学案中的问题设计，怎样切实有效地进行学法指导，使学生用不同的方法和策略来解决问题，获得新知识，又是一个需要我们去研究的问题。

二、实践探索

（一）初中科学导学案的功能

导学案使用的主要目的是引导、指导学生进行“自主、合作、探究”式学习。它不仅便于学生自学，也有助于学生进行课堂反馈，以检查学习效果，应该是学生自主学习的提纲、课堂导学的助手、课上训练反馈的工具、课后梳理知识的蓝本。具体来看，导学案的教学功能应突出四个方面，如图1所示。

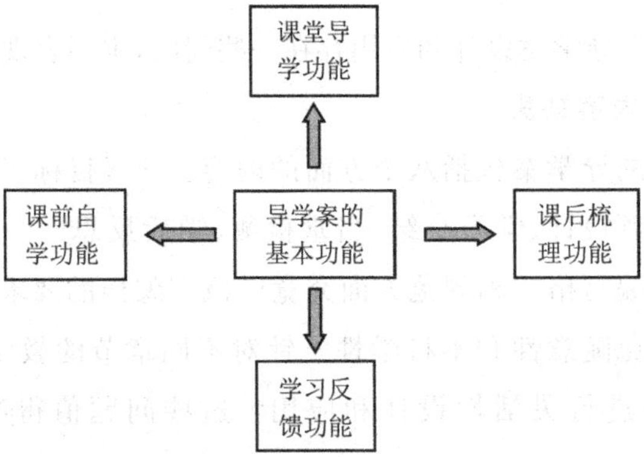

图1　导学案的教学功能

（二）初中科学导学案编写的原则

1. 课时化原则

通过对集团科学教师的调查，有88%的教师在编写导学案时以课时为标准。按课时内容确定导学案的内容编写，有利于调控课时学习的知识量，加强授课的计划性、针对性、时效性，构建高效课堂。

2. 问题化原则

在编写导学案时，应将教材中的知识点隐入创设的一个个具体的材料情

境(生活场景)或课堂活动中,使其成为探索性的问题点、能力点。设计问题时要注意以下几个方面:

(1) 问题要能启发学生思维;

(2) 问题不宜太多、太碎;

(3) 问题应引导学生探究并思考;

(4) 问题或者知识点的呈现要尽量少用填空的方式,避免学生照课本填空,对号入座,抑制了学生的积极思维;

(5) 问题的叙述语应引发学生积极思考、积极参与,如你认为是怎样的?你判断的依据是什么?你的理由是什么?你发现了什么?

3. 方法化原则

导学案应体现教师必要的指导和要求。教师指导既要有学习内容的指导与要求,又要有学习方法的指导。教师要站到学生的角度去考虑问题,点拨学生应该如何去做。导学案中的学习目标设计、疑难问题呈现、解题思路点拨、方法技巧指导等内容和要素应明晰。

4. 层次化原则

导学案应具有层次性、梯度性,能引导学生由浅入深地认识教材、理解教材;能引领学生的思维活动不断深入;能满足不同层次学生的需求,使优秀学生从导学案的设计中感到挑战,一般学生受到激励,学习困难的学生树立学习的信心。因此,教师必须关注以下三个方面:

(1) 明确导学案的教学功能,力求实现导学案内容的合理性、栏目的科学性、实施的有效性、检查的及时性、教学的高效性;

(2) 重视导学案编制内容的精选,从学生的学情出发,合理设计问题和学习过程,使之符合教学的实际需要,进而有效提高学生的学习能力;

(3) 处理好课后作业与导学案之间的关系,减少学习内容的重复性,减轻学生的学习负担。

(三) 科学导学案的栏目设计

通过调查和实践研究,针对新授课、实验课和复习课这三种基本课型,我们归纳出初中科学导学案的主要栏目和弹性栏目,如表1所示。

表 1　初中科学导学案的主要栏目和弹性栏目

课型	主要栏目	弹性栏目
新授课	自主学习、合作释疑（或探究提升）、基础检测、拓展提高、学习小结（或学后反思）	学习目标、重点难点、学法指导、知识链接
实验课	自主学习（以实验设计为主）、合作实验、误差分析（或失误归因）、方法梳理（或反思小结）	
复习课	知识梳理、自主学习（以尝试运用为主）、方法提炼、拓展提高、反思小结	

(四) 初中科学不同课型的导学案范式

1. 初中科学基本课型的导学案范式

对于不同的知识类型、不同的学习阶段，学习科学的方式和程序是不同的。因此，我们不能用同一种导学案模式来设计不同课型的科学导学案。在研究和实践的过程中，我们总结出科学新授课、实验课和复习课三种基本课型导学案的基本范式，如图 2 所示。

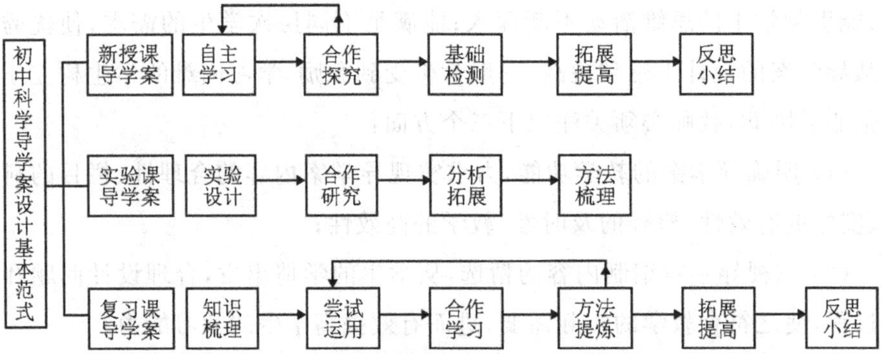

图 2　初中科学基本课型的导学案范式

2. 新授课导学案案例分析

科学新授课大多以“探究”为学习手段，以“概念建立”为主要目的。在概念建立的过程中，往往会出现多个“探究点”，每个“探究点”的突破均要靠“自主学习”与“合作探究”。新授课的知识点之间往往存在严密的逻辑关系，在设计导学案时，应将这种逻辑关系逐步呈现，引导学生由表及里、层层深入地触摸科学的本质。新授课导学案案例分析如表 2 所示。

表 2 新授课导学案案例分析

<table>
<tr><th>《水的压强(第一课时)》导学案</th><th>设计说明</th></tr>
<tr><td>一、自主学习(一)
任务一：完成课本 P13【读图】
<table>
<tr><td>实例分析</td><td>手对瓶子的压力</td><td>压路机对路面的压力</td><td>钳子对核桃的压力</td></tr>
<tr><td>怎样产生</td><td></td><td></td><td></td></tr>
<tr><td>作用在哪个部位</td><td></td><td></td><td></td></tr>
<tr><td>方向</td><td></td><td></td><td></td></tr>
<tr><td>举出压力的例子</td><td colspan="3"></td></tr>
</table></td><td>让学生通过自主学习，对具体压力的例子进行分析和再举例，对“压力产生的原因”“压力作用的部位”“压力的方向”有一个感性认识，并将这种认识以文字的形式呈现，从而发现压力的特点。</td></tr>
<tr><td>任务二：归纳压力的特点
(1) 压力产生的原因：________。
(2) 压力的方向：总是________于受力物体表面，并指向被压物体。
(3) 压力的作用点：作用在受力物体的________。压力的定义：________作用在物体________的力。</td><td>引导学生学会从具体到抽象，从发散到概括，归纳出“压力的特点”，并由此得出“压力的定义”，初步建立概念。</td></tr>
<tr><td>任务三：画出支承面受到的压力的示意图
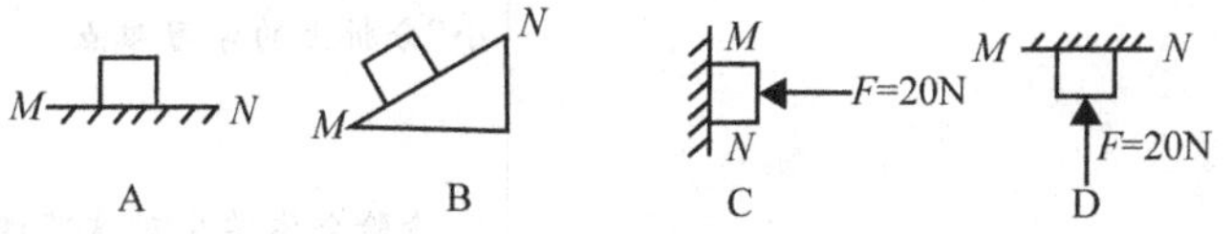

若木块重 5N，在这四种情况下保持静止，支承面 MN 受到的压力从大到小依次为____________。</td><td>在学生理解“压力”概念的基础上进行应用，如“画出压力的示意图”“分析压力的大小”，既突破了学生的学习难点，又为学生区分“压力”和“重力”做了必要的铺垫。</td></tr>
<tr><td>任务四：比较压力与重力
<table>
<tr><td>力的种类</td><td>产生原因</td><td>方向</td><td>大小</td><td>作用点</td></tr>
<tr><td>重力</td><td></td><td></td><td></td><td></td></tr>
<tr><td>压力</td><td></td><td></td><td></td><td></td></tr>
</table></td><td>压力和重力是初中科学中非常重要的两个力，且学生非常容易混淆。有了“任务三”的铺垫，学生从具体实例入手，能较轻松地对两者进行比较，认识到两者的区别，并学会用“比较法”进行学习。</td></tr>
<tr><td>二、合作、探究、展示
小组讨论：1. 压力会产生怎样的作用效果？
2. 压力的作用效果与哪些因素有关？如何设计实验进行探究？</td><td>通过问题的创设，层层递进地激发学生主动思考，并通过小组合作学习促进学生交流、合作能力的提高。</td></tr>
</table>

续　表

小组实验：根据实验方案探究“压力的作用效果与哪些因素有关” 得出结论：____________________。	科学探究离不开学生的动手实验。通过利用控制变量法探究压力的作用效果与哪些因素有关，引导学生经历科学探究的完整过程，培养学生的观察能力、动手操作能力、信息处理和分析能力。
三、自主学习(二) 1. ________可以定量地表示压力的作用效果(符号：____)。 2. 定义：________________________。 3. 计算公式：________________。 4. 国际单位：________；简称：________(符号：____)； 1Pa＝________N/m^2。 5. 一台拖拉机对地面的压强为 6×10^4 Pa，它表示________。	只有进行了“压力的作用效果与哪些因素有关”的探究后，学生才能水到渠成地建立起“压强”概念，理解“压强的公式、单位、意义”。因此，将这部分内容设计成“课内学生自主学习”。在压强概念的学习中，引导学生学习运用比值定义法和类比法。
6. 试着做一做：质量是 60kg 的某同学，每只脚与地面的接触面积是 $150cm^2$，那么他站立时，对地面的压力和压强分别是多大？他走路时对地面的压力和压强分别是多大？(g 取 10N/kg)	“试着做一做”强化学生对“压强公式”的应用，同时在应用中突破学生对“压力大小”和“受力面积大小”分析上的学习难点。
四、基础检测 1. 下列关于压力的说法正确的是　(　　) A. 方向总是竖直向下　B. 压力等于重力 C. 总是作用在物体表面上　D. 总是由重力产生的 2. 如图所示，物体 A 静止在水平桌面上。若把 A 微微向右水平推移，则 A 对桌面的压力(F)、压强(p)的变化情况是　(　　) 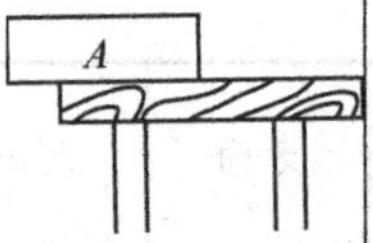 A. F 变大，p 变大 B. F 不变，p 变小 C. F 不变，p 变大 D. F 变大，p 变小 3. 对压强公式 $p=F/S$ 的解释，正确的是　(　　) A. 物体越重，产生的压强越大 B. 物体所受到的压力越大，压强就越大 C. 受力面积越小，产生的压强越大 D. 当压力一定时，压强与受力面积成反比	1. 检验全体学生对这节课学习内容的掌握情况； 2. 巩固学生对“压力”“压强”的概念理解； 3. 对学生易错点进行有效的突破。

续　表

五、拓展提高 1. 一个成年人站在水平地面上对地面的压强约是　　　　（　　） A. 100Pa　B. 1000Pa　C. 10000Pa　D. 100000Pa 2. 一块质量为 8.9kg 的实心立方体铜块（$\rho=8.9\times10^3\text{kg/m}^3$），放在面积为 1m^2 的水平桌面上，则铜块对桌面的压强为多少？（$g=10\text{N/kg}$）	通过第 1 题突破“估算”这一学习难点，通过第 2 题突破“压力与受力面积的正确理解及压强在生活中的应用”这一学习难点。
六、学后反思	帮助学生把本节课内容系统归纳，梳理成网络，以便于记忆；并通过反思，发现自己还存在的问题。

3. 实验课导学案案例分析

科学学科的基础是实验，如果要进行整合性实验或拓展性实验，就需要编写相应的实验课导学案。实验课导学案案例分析如表 3 所示。

表 3　实验课导学案案例分析

《巧测电阻》导学案	设计说明
【自主学习】 一、欧姆定律 导体中电流跟________成正比，跟________成反比，用 U 表示导体两端的电压，R 表示这段导体的电阻，I 表示通过导体的电流，欧姆定律可写成 $I=$________，其变形公式 $U=$________，$R=$________。 二、伏安法测电阻 (1) 测量原理：________________。 (2) 选用器材：电源、开关、待测电阻 R_x、电压表、电流表、滑动变阻器各一，导线若干。 (3) 电路设计：设计电路图画在右方框中。 (4) 利用电学实验包进行实验。 (5) 滑动变阻器在本实验中的作用：________，多次测量待测电阻的阻值求平均值，以减小测量误差。 (6) 注意事项：连接电路时，________；电路闭合之前滑动变阻器的阻值要调到________。	通过欧姆定律的回顾，引导学生明白伏安法测电阻的原理，并自主设计电路图，利用电学实验包进行课外自主实验，节省了课堂实验的时间。同时，在导学案中就“滑动变阻器的作用”及“连接电路时开关和滑动变阻器的注意点”设计了相应的问题，对学生的实验做了提示性的指导，并通过学生的书面回答加深了学生的记忆。

续　表

<table>
<tr>
<td>
三、串联电路、并联电路的特点
<table>
<tr><td>连接方式</td><td>串联</td><td>并联</td></tr>
<tr><td>电路图</td><td>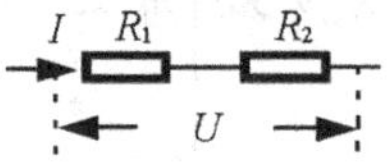</td><td>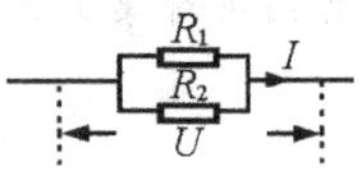</td></tr>
<tr><td>电流特点</td><td></td><td></td></tr>
<tr><td>电压特点</td><td></td><td></td></tr>
<tr><td>总电阻 R</td><td></td><td></td></tr>
<tr><td>分流或分压</td><td>分压：</td><td>分流：</td></tr>
</table>
</td>
<td>通过对串联、并联电路的特点归纳回顾，为后面的【课堂合作学习】做好铺垫。</td>
</tr>
<tr>
<td>
【课堂合作学习】
科学探究：测小灯泡的电阻。
单数组要求：只能用一个电流表（不能用电压表），实验包中的其他仪器任选，测出额定电压为2.5V小灯泡的电阻 R_x。
双数组要求：只能用一个电压表（不能用电流表），实验包中的其他仪器任选，测出额定电压为3.8V小灯泡的电阻 R_x。
（一）写出你的实验方案：
1. 电路图（画在右方框中）。
2. 实验步骤：(1) 按照电路图连接好电路。
(2) ________。
(3) ________。
3. 设计实验数据记录表格。
4. 小灯泡电阻 R_x 的数学表达式：________。
（二）小组讨论确定最优方案
（三）展示与点评
（四）实验验证：
测定数据记入表格，算出小灯泡的电阻 $R_x=$________。
</td>
<td>培养学生实验设计能力，让学生能利用“串联分压”或“并联分流”的特点进行设计。通过“电路图”“实验步骤”“记录表格”“R_x 的表达式”等环节的完成，引导学生完整严谨地设计出自己的实验方案。起到了较好的导学、自学的作用。
通过组内交流、全班展示、学生点评、教师点评等环节，突破这节课的难点：巧测电阻。
在交流评价的基础上，学生明确实验方案，进行实验操作，提高实验技能。</td>
</tr>
</table>

续 表

【拓展提高】 想一想：你还有其他方法测小灯泡的电阻吗？	诱导学生的发散性思维，想出更多的测量方法，如等效替代等。
【归纳与反思】 1. 你的收获：你掌握了哪些测量小灯泡电阻的方法？请用思维导图的形式整理归纳。 2. 你还有什么困惑？	通过思维导图的方式直观地归纳出“巧测电阻”的方法，帮助学生养成归纳、整理的习惯，也便于课后复习。记录实验过程中的困惑，便于教师课后个别辅导或发掘生成性问题。

在实验课导学案的编写过程中，要根据实验性质的不同，设计不同类型、不同目的的“分析拓展”。在《巧测电阻》实验导学案中，我们着重引导学生提出更多的“测小灯泡电阻的方法”，激发学生的创造性思维。如果是定量测定实验，如“硫酸铜晶体中结晶水含量的测定”，则第三步为“误差分析”；如果是定性分析实验，如“探究唾液淀粉酶活性受哪些因素影响”，则第三步为“失误归因”。

4. 复习课导学案案例分析

复习课的导学案要达到巩固课本知识的目的，要帮助学生对已学过内容进行综合、归类、转化和辨别，引导学生挖掘知识的内在联系，把所学的知识融会贯通起来，使学生对知识的掌握更加准确，从而提高学生运用知识解决实际问题的能力。复习课导学案案例分析如表 4 所示。

表 4 复习课导学案案例分析

《电能的利用(复习课)》导学案	设计说明
【自主学习】 一、知识梳理 知识结构｛电功｛定义：电能____内能的电路，是纯电阻电路。电能____内能的电路，是非电阻电路。 本质： 计算公式：	首先通过知识梳理的方式，让学生对“电能的利用”相关的概念、定义、公式做整理和回顾，有助于学生进行后面的“尝试应用”。

续　表

<table>
<tr>
<td>
知识结构
- 电功率
　- 定义：电功率是表示电流做功____的物理量。
　- 计算公式：
　- 测量方法
　　- 方法一原理：
　　- 方法二原理：
　- 用电器的电功率
　　- 额定功率
　　- 实际功率
　- 当实际功率____额定功率时，用电器正常工作。
- 电热
　- 焦耳定律表达式：
　- 电热的利用和危害
</td>
<td></td>
</tr>
<tr>
<td>
二、尝试运用
1. 实验包中有额定电压为3.8V与额定电压为2.5V的两种小灯泡，若想比较它们电阻的大小，你有什么好的方法？（可以用电路图辅助说明）
</td>
<td>在“尝试运用”中设计问题1，让学生自主运用已有的知识设计不同的方法来比较两个不同规格的小灯泡的电阻，为【课堂合作学习】做好准备，同时也起到了解学情的目的。</td>
</tr>
<tr>
<td>2. 实际操作：利用实验包中的实验器材，合作组装好能转动的直流电动机模型。</td>
<td>问题2锻炼了学生的动手能力，同时为【课堂合作】做了铺垫，让学生在感性认识的基础上进行理性探究。</td>
</tr>
<tr>
<td>
【课堂合作学习】
1. 课前自主学习内容小组讨论，点评预学作业。
</td>
<td>通过交流展示，学生展现了比较电阻的多种方案，如串联比电压、并联比电流、串联比亮度（即 $P=I^2R$）。</td>
</tr>
<tr>
<td>
2. 合作学习。
任务一：比较两种不同规格的灯泡（额定电压分别为2.5V和3.8V）的电阻大小。
你的实验结果是：
</td>
<td>通过实验，学生经历了从理论到实践的验证，也充分体现了科学学科的基础——实验。</td>
</tr>
</table>

续　表

<table>
<tr>
<td>任务二：如何测量电热水壶的热效率？
<table><tr><td>产品型号</td><td>EL-8952</td></tr><tr><td>额定电压</td><td>220V</td></tr><tr><td>频　　率</td><td>50Hz</td></tr><tr><td>额定功率</td><td>1800W</td></tr><tr><td>容　　量</td><td>1.5L</td></tr></table>

实验方案：

实验数据记录：

实验结果：(列式计算)</td>
<td>分析电热水壶电能利用的特点：电能转化为热能(即纯电阻电路)。学生设计实验方案，交流需要测量的物理量(初温、末温、时间、水量)。通过课堂演示实验，收集相关数据并计算。

通过任务二的完成，学生既巩固了纯电阻电路的电能转化特点，又通过实验设计、数据收集和计算，进行了实际的训练。</td>
</tr>
<tr>
<td>任务三：如何测定小电动机转动1min消耗的电能和线圈产生的热能？
电动机转动时是将________能转化成________能和________能，因此不属于纯电阻电路。
电动机不转动时，将________能转化成________能，因此可以看成是纯电阻电路。
测量方案及实验电路图：
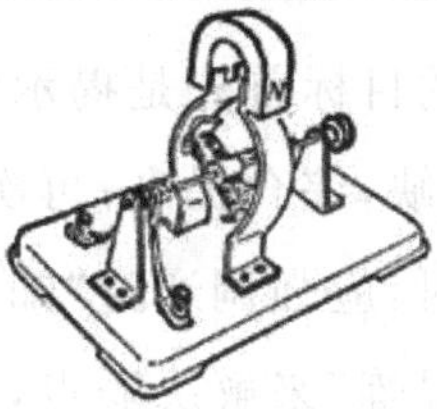
实验数据记录：

实验结果：(列式计算)</td>
<td>以电动机为例，以学生实验设计、操作、数据收集和计算为载体，自主学习和合作交流相结合的方式既提高了学生的实验能力，又复习巩固了“非纯电阻电路”的电能转化特点及相关计算。</td>
</tr>
</table>

续 表

【拓展提高】 杭州地铁1号线是杭州市乃至浙江省首条地铁线路。在地铁施工现场的建设工地上，塔吊是常见的一种起重设备。下图是塔吊的示意图，其工作电压为380V。当起重机吊起500kg重物以1m/s速度匀速上升20m时，工作电流是18A。 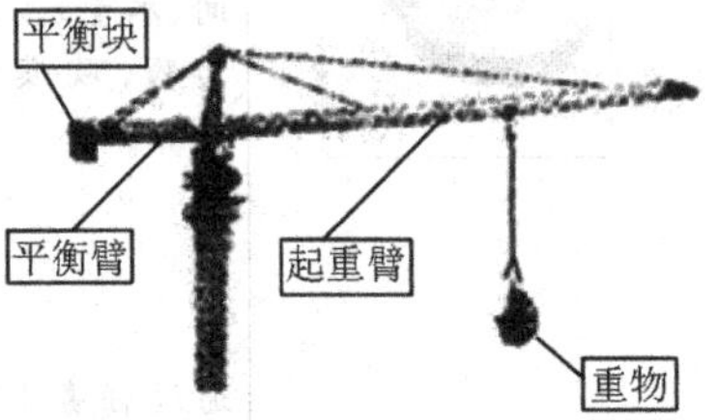 请计算在整个过程中： (1) 起重机钢绳对重物所做的功。 (2) 起重机电能的利用率(保留到0.1%)。	学生在完成了【合作学习】环节后，得出纯电阻电路和非纯电阻电路电能利用的计算方法，通过【拓展提高】加强学生的理解和应用。
【反思小结】 1. 你的收获： 2. 你还有什么困惑：	帮助学生养成归纳的习惯和能力，并要求学生将困惑写下来，以便教师课后个别辅导。

科学复习课要达到的目标首先是揭示知识之间的内在联系，使分散的知识系统化；其次是查漏补缺，综合提高；再次是克服遗忘，强化记忆。因此，教师在编写复习课导学案时，应强调通过“知识梳理”来构建知识网络；通过“尝试运用、合作学习、方法提炼”来解决弱点，化解难点，升华重点；通过“拓展提高、反思小结”来分层达标，内化知识。学生可以在有充裕的活动时间和思维空间的基础上，动手、动口、动脑，主动参与，体验成功。

三、后继性研究的思考

我们在“初中科学导学案的设计和使用”的研究方面取得了不小的突破和

收获，然而在“初中科学导学案的设计和使用”过程中仍有许多问题还困扰着我们。

首先，教师无法为每一个学生量身定制导学案，所以一份导学案在不同班级和不同学生中使用的时候，仍旧会出现不同的效果。有时班与班之间的差距，会让教师感到有些措手不及。

其次，随着导学案的使用，教师的工作量大大提高。教师必须花大量时间来设计编写导学案，再花大量时间来批阅学生的自主学习、课内合作学习和学后反思。

最后，导学案的使用会使部分教师依赖导学案的流程授课，渐渐失去了对于课堂的驾驭能力及对课堂生成性问题的挖掘能力。

这些问题切实存在于我们的教学实践中，需要我们在今后的研究中继续探索和解决。

独改与群改，修改促亮彩

——基于小组合作的初中语文作文修改教学研究

阮俊南

一、问题提出：探求一种高效低负的作文修改教学方法

（一）基于对传统作文修改方式存在缘由的追问

初中语文新课程标准对于学生的写作能力要求除了能“写”以外，还要求会“改”。它要求学生“养成修改自己作文的习惯，修改时能借助语感和语法修辞常识，做到文从字顺”。

那么现今初中语文课堂中的作文修改方式又是如何的呢？让我们捕捉几个关于作文修改的镜头。

1. 只有分数，没有评价

夜深人静时，一名年轻老师还在办公室里孜孜不倦地批改作文，由于时间紧，工作量大，她需要在几个小时内批改完两个班八十名同学的文章，因而她只能通过画几条波浪线、打几颗五角星、写一个分数来表示她对学生写作成果的评价。

2. 空有评价，没有指导

老师在仔细读过学生的作文后给出以下评价：“语言不够凝练，情节起伏变化不够，字迹不端正，高度欠佳，重写！”学生拿到作文本之后摸不到头脑，只好又把文章抄了一遍。

3. 虽有指导，没有落实

老师在学生的作文本上涂涂画画，有了针对性的意见："将中心人物、事件详写，其余略写或不写。"学生在原文上增减了几个字，表示已修改完成。

以上几点在我们的传统作文修改中常出现，单边的作文修改教学，缺乏实践性与趣味性。

（二）基于对现代教育环境下学生自我实现的需求

学生写作想法多，但主动性不高；写作方法多，但适用性不高。部分学生的作文修改只停留在错别字层面，没有具有针对性且行之有效的修改策略，因此在作文修改的课堂上，许多学生也只是看客，而没有实际参与到修改中来。

如何发挥学生的主观能动性，使作文修改真正变得有效、有趣？基于以上调查，我们进行了各种写作修改实践，并总结了"1＋3＋5"式的独改法和四步式的群改法的作文修改策略。

（三）基于对小组合作式课堂有效探讨的延伸

在以"独改"为基础的前置学习下，"群改"更符合课标的要求与对学生能力的培养。

1. 使课堂主体从个人走向群体

学生合作修改作文的方式，弥补了教师单边指导作文修改的不足，是让学生参与主动学习的过程，也是培养学生学习能力的过程。

2. 使课堂互动从一般走向深入

让学生参与作文修改，可以使学生体验角色，互相学习和参考，同时对知识和能力的要求也会逐步提高。

3. 使教学策略从单一走向多样

合作学习的不同模式，可以促使学生互相提问，进行有效的交流，同时通过分析判断学生的作品，及时采取和调整有针对性的策略和措施。

二、研究设计：创生多边互动的有效作文修改形式

（一）概念界定

1. 独改

独改是指学生在独立自主的情况下对作文进行修改的过程。独改要求学生掌握一定的修改方法和修改步骤，独立有效地完成作文修改。

2. 群改

群改顾名思义是指学生在小组合作的前提下进行的作文修改，这样的修改一定是群体式、合作式、对话式地有序进行的，其方法具有多样性和互动性。

（二）研究目标

1. 推动学生独立思考

通过本课题的研究，让学生参与到对作文评改中来，通过不同的方式让学生逐步掌握独立修改作文的主要步骤和方法，进而推动学生形成良好的独立思考、分析能力，成为学习的主人。

2. 促进学生交流能力

在自我独立思考的基础上，群改式作文修改课堂使学生真正得到了交流和互通，在交流中进步，在激辩中思考。

3. 构筑开放互动课堂

本课题的研究，让学生通过自省和分享，重视并开展写作修改教学；老师的指导，让学生发现写作中存在的问题。

（三）研究构想

通过实践研究，我们设计了以下操作模式：

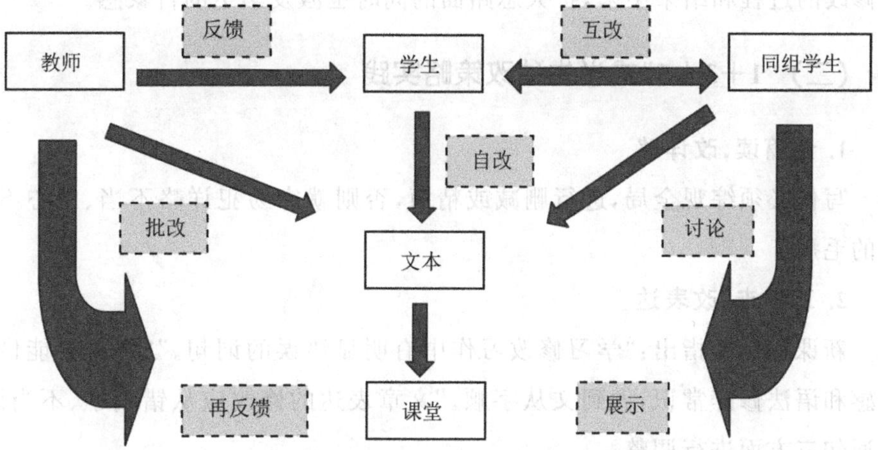

三、实践操作：落实小组合作下作文修改教学的有效策略

（一）有序、有效、有味的教师指导形式

1. 有序：明确作文修改角度

从 2013 年人教版每单元的写作主题可以看出，教材对于写作的模式已经有了序列化的要求，教师可以据此来明确每一次作文修改的角度。

2. 有效：提供作文修改范式

教师应从学生的习作中选取恰当的素材进行示范性修改，从基础性的修改符号错字和主题式的修改两个方面来进行。

3. 有味：反馈作文修改效果

（1）课堂范文朗读

选择或学生自荐修改后的优秀习作，引导学生通过对比来欣赏、评论，从中领悟一些语言表达方法，同时激起学生的作文修改兴趣。

（2）教室佳作展示

在教室里张贴学生修改前后的作品，通过手稿复印更加真实有效地进行原生态呈现，鼓舞学生的作文修改热情。

（3）网络平台推广

借助当下流行的微信、微博等平台进行推广，让学生和家长共同参与到作文修改的过程和结果中来，扩大思路面的同时也激发学生的自豪感。

(二)“1+3+5”式学生独改策略实践

1. 全篇读，改详略

写作必须综观全局，进行删减或精简，否则就容易犯详略不当、中心不突出的毛病。

2. 三步走，改表达

新课程标准指出：“学习修改习作中有明显错误的词句。”“修改时能借助语感和语法修辞常识，做到文从字顺。”文章表达的修改应从错别字、不当语、不通句三方面进行调整。

3. 五眼观，改细节

(1) 观标题，精雕细琢

如果作文是自命题式的，那么对待题目一定是精雕细琢的。可以通过不同的修辞、引用、错位思考等方式来使题目变得有声、有色、有味，既紧扣主题又简洁有内涵，抓住读者的眼球。

(2) 观开头，先声夺人

开头如同一个人的脸面，如何能在开篇就抓住读者继续阅读的心、吸引读者的注意力是非常重要的。

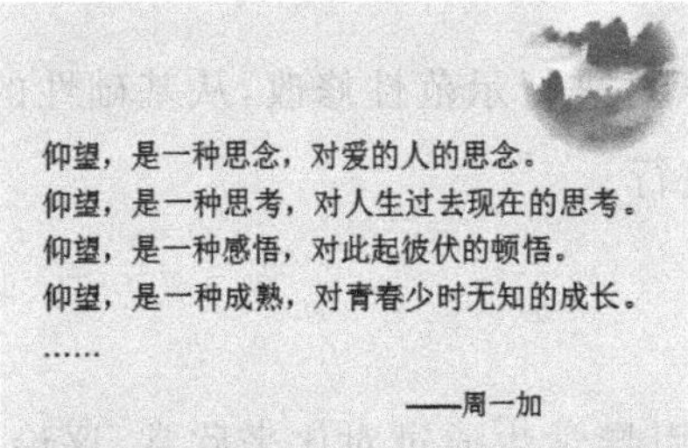
仰望，是一种思念，对爱的人的思念。
仰望，是一种思考，对人生过去现在的思考。
仰望，是一种感悟，对此起彼伏的顿悟。
仰望，是一种成熟，对青春少时无知的成长。
……
——周一加

排比式开篇

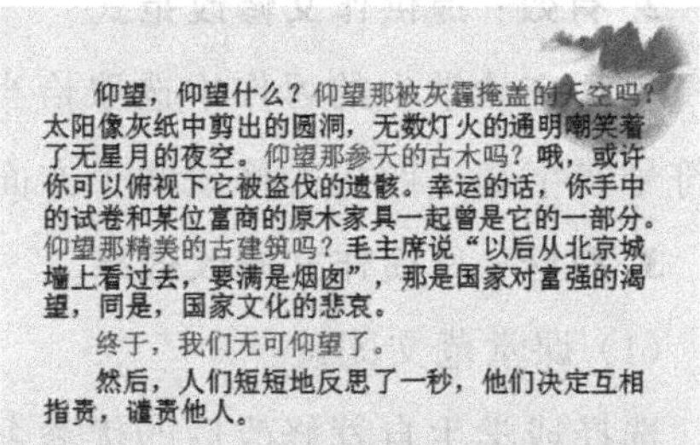
仰望，仰望什么？仰望那被灰霾掩盖的天空吗？太阳像灰纸中剪出的圆洞，无数灯火的通明嘲笑着了无星月的夜空。仰望那参天的古木吗？哦，或许你可以俯视下它被盗伐的遗骸。幸运的话，你手中的试卷和某位富商的原木家具一起曾是它的一部分。仰望那精美的古建筑吗？毛主席说“以后从北京城墙上看过去，要满是烟囱”，那是国家对富强的渴望，同是，国家文化的悲哀。
终于，我们无可仰望了。
然后，人们短短地反思了一秒，他们决定互相指责，谴责他人。
—— 郑雨泽《当无可仰望之时》

议论式开篇

(3) 观人物，描画勾勒

需从人物的语言、动作、神态、外貌、心理等方面进行细细刻画，为文章的情节和人物形象的塑造服务。

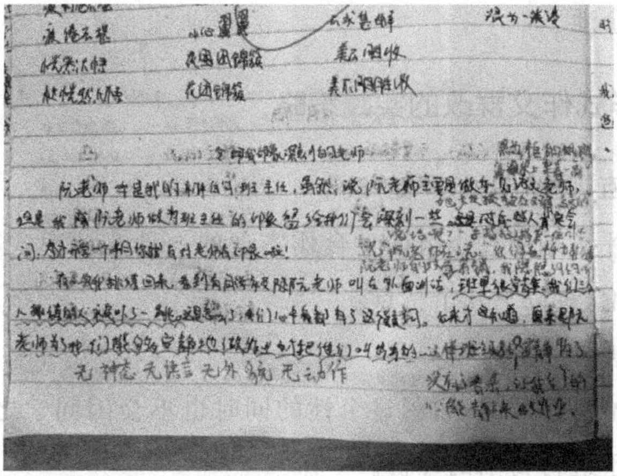

(4) 观环境，声色动静

第四回

我们并没有放弃，“再试一次”的话语鼓励着她。我们暂停了甩绳，许多同学拉起她的手，带着她在绳边练习。定点，站位，小跑，起跳，她不停地练习着。她的头上渗出了密密的汗珠。那片青苔的黑，化为了绿。再一次的试跳开始了。她的脸色不再是那样苍白，她稍稍向后退了一小步，皱起了眉头，咬紧牙关，向前冲去。可就是相差了那么一点点，一步之遥，又失败了。她的脸上流露出了伤心的表情。她低下了头。失败了几次并不重要，练习再一次开始了。绳子再一次慢慢地甩了起来，“啪，啪，啪”的声音一直在鼓励着她，她再一次跳了进去。绳子绊倒了她，她重重地摔倒在了地上，她的脸上露出了无奈的表情——泪珠一滴一滴地从她的眼里掉了出来。身上的痛，再加上心中那种说不出的困难，跳长绳这对她来讲，一定是太难了。

她平静了一下情绪，再一次站位，小跑，起跳，落地。阳光直射着地面，洒在了她的脸上，青苔的深绿转化成了嫩绿。她的双手挥了起来，双脚离地，眼睛里闪出了那一种渴望的光。这次，她跳过了，她的脸上露出了一丝笑容。大家一起拥抱着她，一种巨大的幸福感在我们心中流淌。青苔的黑消失了，嫩嫩的绿在我心中流淌。

文章从“无青苔”到“有青苔”的环境描写很微小，却从侧面反映了主人公的心理变化。

通过白描或是嗅觉、听觉来描写环境，借环境来渲染文章氛围与人物的情感。

(5) 观结尾，回味无穷

仰望，的确能很快让心情平复。

有时是繁星，有时是在黑色幕布前显得特别明亮的云，有时是一层层的雨幕。夜晚是我最好的倾诉者，她是最温柔的倾听者，在流泪时，总吹来风轻轻地抚着我的脸，总用雷声盖住我的声音让我发泄。再仰望，任泪水流啊。

然而，慢慢地，我也理解了父母，理解了他们的心情。我不再任泪流下了，我望着这片属于我的天空，对自己道一声加油，自己给自己安慰。

“学会仰望，学会乐观，总比爱哭更好。”

——骆嘉航《仰望》

……虽然不再被罚站了，可我却爱上了在夜晚仰望天空。只要晚上有空，我就会去阳台上站一会儿，仰望在夜色中暗沉沉的天空，偶尔也会望着皎洁的明月和繁星出神。我想象那明黄色月亮里的故事，想象宇宙的浩瀚无尽，想象一颗颗星星汇成无数光芒该是怎样的美丽和惊心动魄；我想象自己被夜晚的凉风托起，想象自己拥有一双洁白羽翼，可以在天空中任意翱翔。我好像拥有了一个完全属于自己的小小世界，而这阳台和这片天空就是我一个人的小小天地。在这里，我可以放肆地大哭和大笑，我可以对天空诉说我那千奇百怪的小心思，我可以仰望那片只属于我一个人的美丽苍穹。

……

仰望天空，或许我仰望的，不只是天空。

——戴雁宁《仰望》

作为篇章的一个特殊部分，结尾既要收束全文、点题，又应起到加深读者印象的作用。也就是说，结尾既要善于归纳总结，使篇章完整严谨，又要给读者留有回味的余地。

(三) 多样式作文群改的实践策略

1. 跟帖式互评法：以“评”促“改”

跟帖式互评法是通过小组同学合作实现的一种互评模式，模仿网络论坛的模式进行评论，有以下几个特点：

(1) 匿名制

组员可以给自己取昵称，彰显个性的同时也不会因同学之间的关系而碍于面子或羞涩于进行得当的评价。

(2) 轻松化

相对于教师专业、有指导性的评语，学生跟帖式的评价更加轻松有趣，有待改进之处用诙谐的语言指出，让学生更容易接受和理解。

(3) 争鸣式

跟帖式不光只发表组员对文章的意见，同时还兼具组员之间互相评价、质疑、讨论的功能，形成争鸣的良好氛围。

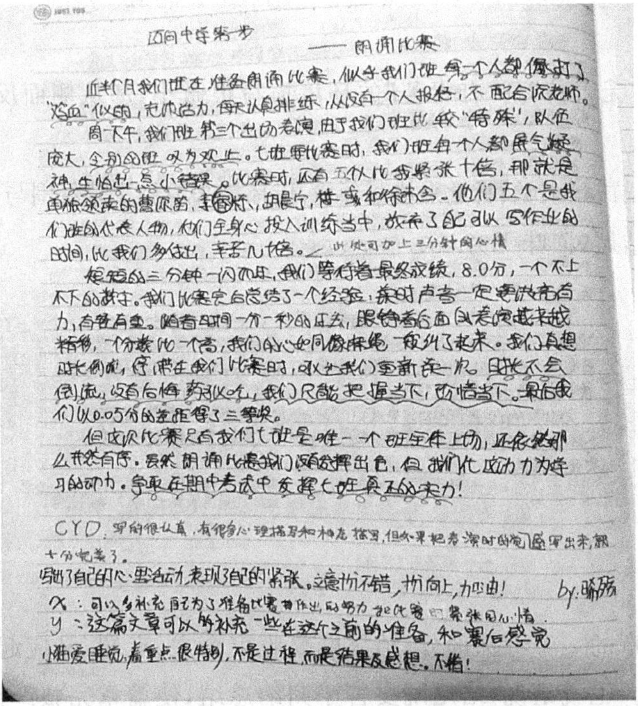

迈向中学第一步

——朗诵比赛

近半个月我们班在准备朗诵比赛，似乎我们班每一个人都像打了“鸡血”似的，充满活力，每天认真排练，从没有一个人报怨，不配合陈老师。

周一下午，我们班第三个出场表演，由于我们班比较“特殊”，队伍庞大，全场的同学叹为观止。七班在比赛时，我们班每个人都屏气凝神，生怕出一点小错误。比赛时，还有五个人比我紧张十倍，那就是担任领读的曹欣蔚、李睿妍、胡晨宁、林彧和徐沐含。他们五个是我们班的代表人物，他们全身心投入训练当中，放弃了自己可以写作业的时间，比我们多付出，辛苦几倍。（此处可加上三分钟的心情）

短短的三分钟一闪而过，我们等待着最终成绩，8.0分，一个不上不下的数字。我们比赛完后总结了一个经验：读时声音一定要洪亮有力，有轻有重。随着时间一分一秒的过去，眼睁睁看后面的表演越来越精彩，一个分数比一个高，我们的心如同像麻绳一般纠了起来。我们真想时光倒流，仿佛在我们比赛时，可以让我们重新读一次。时光不会倒流，没有后悔药可以吃，我们只能把握当下，珍惜当下。最后我们以0.05分的差距得了三等奖。

但这次比赛只有我们七班是唯一一个班全体上场，还依然那么井然有序。虽然朗诵比赛我们没有发挥出色，但我们化成动力为学习的动力。争取在期中考试中发挥七班真正的实力！

CYD：写的很认真，有很多心理描写和神态描写，但如果把表演时的问题写出来，就十分完美了。

写出了自己的心理活动，表现了自己的紧张。立意很不错，很向上，加油！ by:晞彤

X：可以多补充自己为了准备比赛所作出的努力和比赛时紧张的心情。

Y：这篇文章可以多补充一些在这个之前的准备，和赛后感觉。

小猫爱睡觉：看重点很特别，不是过程，而是结果及感想。不错！

一楼网友“鱼肉粽子”——“写得很不错,写出了秋天的美。”

二楼网友“帅爷12138”——“楼上说得不对,并不是写秋天,而是以秋天的景色衬托出时光匆匆。”

【实施要点】

(1) 点评明确化

网络式评价激发了所有学生的修改热情,但也容易导致学生浑水摸鱼,点评内容浮浅,反倒做了无用功。因此跟帖式点评每一次都应有一个主题,如:这篇文章我最喜欢的一句话及原因;这篇文章的结构上有何精妙之处;这篇文章对哪个人物的哪个描写我最喜欢……

(2) 点评规范化

跟帖式互评法虽然模仿了网络的评价方式,但在操作过程中不能因此而出现不文明用语或不符合初中学生身份的语言。除了点评的语言有字数上的要求(最好在150字以上),还可以在小组内设置一个点评管理员,规范点评用语,净化点评环境。

(3) 点评落实化

点评之后,还需要每个学生针对同学的点评和自己的文章进行一个总结,也可称之为“帖主的回帖”。回帖内容要首先对同学们的点评、修改建议做出总结评价,同时写出自己的修改意见与想法,再进行修改,重新写一篇文章。

2. 典型式修改法:以“繁”化“简”

典型式修改法是指小组内给每一位同学提建议并进行针对性的修改。

【实施要点】

(1) 小组讨论前置化

选择典型例文的前提是小组讨论,由小组长组织领导分篇阅读同组同学的文章,再根据主题来进行选择。

(2) 小组合作分工化

小组内针对一篇典型例文的修改应该进行明确分工:①文章修改意见的讨论、总结;②对表达的基本修改;③对文章细节的修改;④文章的录入;⑤展示与分析。

(3) 小组展示模式化

如果在小组展示的过程中,学生是无序的、不知所措的,那么将会严重影响课堂展示的效果和效率。因此在小组展示的过程中要规定基本的时间，并且有基本的模式与规范，在此基础上让学生进行自由发挥。我们实施的基本步骤为：①整体分析得分点及失分点；②对作文题目要求及写作题目的分析；③对文章内容的分析及修改（修改处应为不同颜色）；④总结写此类作文应注意的问题。

3. 同步式修改法：以“个”推“多”

同步式修改法是在老师批改阅读学生的文章之后选出一篇较为典型的可修改的作文，进行班级性的同步修改，在同一时间内每个学生都对该例文进行修改，形成有自己风格的文章，再进行比较阅读。这种类似接龙写作的方式，可以使不同修改水平的同学互相切磋，以此达到互相借鉴、互通有无的效果。

【实施要点】

（1）同步中欣赏

在同步修改作文之前，首先要欣赏性地评价该篇例文，引导同学发现一篇文章的独特、亮眼之处，再提出其不足或者是请该同学讲讲他写这篇文章的困惑，让学生们认识到写作修改是为了获得进步。

（2）同步中创新

在修改作文前，需要请不同水平的学生来讲一讲对这篇例文想进行怎样的修改，鼓励进行细节修改，也鼓励创造性修改，以此来启发、开阔学生的修改思路。

4. 结对式修改法：一对一

结对式修改法是一对一式的互相修改，在小组内进行结对，互改作文。与教师批改作文有较大区别的是：教师评语较简短，而结对式的修改更加紧密、细致、有针对性，在部分语句修改的基础上，两个人互换写作素材，也就是借对方的文章来比较修改的功力。

四、展望前景：实践与改进任重道远

这是一种“行动研究”，所要解决的是如何构建精准课堂的问题。通过一年的实践，我们发现了许多不同形式的作文修改方法，不仅能够提高作文修改的质量，而且能带动学生改变学习方式，让课堂更加适应学生的学习需求。然而，这样的课堂的前期和后期对老师来说仍是一种挑战，比如在课堂上，学生的差异可能会导致作文修改效果的两极化，如何抓住部分漏网之鱼，真正使所有学生参与到作文修改中来，而不是敷衍应付就成了老师应考虑的问题。另外，作文修改课还必须建立一套完善的评价方案，避免人为主观的评价，让学生自我管理，相互管理。但是要真正做到缩短理念与现实的差距，实现理念与实践的整合，还任重而道远。

参考文献

[1] 魏书生.培养学生批改作文的习惯[M].北京：教育科学出版社，2003.

[2] 陈琦.当代教育心理学[M].北京：北京师范大学出版社，2007.

分层落实，阶梯发展

——初中语文写作目标分层教学策略与实例阐释

沈　炜

一、缘起：初中作文教学现状令人担忧

在传统的作文教学中，教师是绝对的主体，注重写作技巧的传授，忽略了学生自我情感的表达，使得学生写作兴趣低落。如何激发学生写作兴趣，重视学生的个体需求，使不同程度的学生都能提高写作水平？所有的语文老师都在认真探索，想寻找出一条适合学生发展的道路。但是，笔者在调研中发现，不少教师在写作教学的设计和安排上存在不小的误区，主要有以下几种不良现状：

1. 训练题目简单化

【镜头一】《从百草园到三味书屋》课堂教学

一位教师在上完《从百草园到三味书屋》后，布置了当堂作业：写一件自己的童年趣事，题目为《我的童年趣事》，字数不限。学生一片哗然，这不是小学就写滥的题目吗？果不其然，作业本收上来一看，无外乎是学骑自行车、钓龙虾、捉迷藏之类没有新意的文章，分不出是作文基础好的学生还是基础弱的学生所写。

从该题目来看，教师并没有对学生的写作素材进行有效的指导，其实教师完全可以尝试着做这样的提示：透过鲁迅的童年之窗，我们会发现，灿烂的春光中有童真，无味的冬天也有童趣，自由的玩耍中充满幻想，严肃的学习中也

不乏快乐。经过提示，相信基础好的学生能够写出有新意的文章，基础弱的学生能写出内容丰富、中心明确的文章。

2. 训练内容平面化

【镜头二】 人物侧面描写课堂教学

教师在教授人物描写作文训练时，先强调了什么是侧面描写，然后让学生选择一位身边的同学对其进行侧面描写。学生绞尽脑汁，大多数同学都是通过别人的语言描写来反映所写对象的性格特点，内容简单、平面，完全没有梯度，自然也就写不出好文章。

如果我们将这种内容的训练改一改，使之有梯度，就会收到事半功倍的效果，我们可以这样设计：

(1) 借用别人的口，来表现一个人物的某一特点，200 字左右；

(2) 借用旁人的反应，来表现一个人物的某一特点，200 字左右；

(3) 通过周围人的反应，来表现主要人物的某一特点，300 字左右；

(4) 通过描写与某一人物有关的物件，来表现这个人物，200 字左右；

(5) 通过环境烘托，从侧面表现一个人物，200 字左右；

(6) 写一篇完整的记叙文，同时运用两种以上的侧面描写法，使主要人物"千呼万唤始出来"，500 字左右。

很显然，如此一改，使得片段写作带有梯度，有了明确的方向和要求，学生也知道该如何选取落脚点，自然对写作不再畏惧，有了写作的欲望和兴趣。

3. 训练形式单一化

【镜头三】 常态写作课堂教学

"请同学们拿出作文本，今天的作文题目是……"

"周末的作业是随笔一篇，题目自拟……"

"这节课上到这，请同学们拿出练习本，续写片段……"

一篇作文的孕育要经历构思、谋篇、布局、起草、修改等一系列环节，而我们平时的常态教学往往只抓住了"起草"这一环节，也难怪学生写之无味了。

4. 评价方法静态化

【镜头四】 作文评讲课堂教学

"上周的作文已经批好，老师的评语写好了，大家可以看看。"语文老师拍着作文本说。

“不用看，肯定是选材真实，语言生动，条理清晰……”

“还有情感真挚，思路清晰……”

学生窃窃私语。

现实课堂中，教师的评语无外乎以上几点套路，有的甚至只有分数或等级评价。平时考试中最受学生及家长关注的作文，评价结果也总以分数的形式体现，教师无法向学生提出合理的建议和意见，学生得不到激励和反馈性的评价，致使其作文水平徘徊不前。

以上现象的存在导致了作文教学的高耗低效。在探寻关注学生主体、提高学生写作水平的过程中，如何有效地进行目标分层，对学生进行分层教学是一个值得探讨的话题。

二、认识：建立初中语文写作目标分层体系

1. 学生分层

笔者首先将作文教学的目标由浅入深、由易到难进行分层，同时学生根据自己写作水平能力的高低，为自己选择相对应的层级，教师再根据实际情况将全班学生分为 A、B、C 三档，这就是学生分层。

2. 目标分层

学生分层后，对各层次学生的要求并不相同，这使得每一层次的学生努力一把，都能完成相应的目标，品尝成功的喜悦，这就是目标分层。

三、探索：目标分层教学策略与实例阐释

针对初中作文教学面临的不同情况，笔者认为，应关注学生作文水平的个体差异，根据因材施教、分层训练、有效提高的原则，进行写作目标重置，然后开展分层教学，即学生分层、训练分层、评价分层。

(一) 学生分层：定位子

学生综合成绩的好坏不能完全代表其语文能力的高下，更不能代表其作

文水平的高低，因此，在教学中，笔者根据语文学科的能力水准对学生进行重新考量，对学生的基础水平、课堂接受能力、学习习惯、个性及态度等进行全方位的了解和分类。

第一步，考查学生写作的基础水平。布置一篇命题小作文，要求学生当堂完成，根据前文所制定的作文目标，把学生的作文分为A、B、C三组。

第二步，调查学生写作的现状。设计调查问卷，对学生的学习兴趣、爱好及写作文方面存在的问题和困惑等进行初步了解，以利于更好分层。

第三步，观察学生在语文课堂教学中的具体表现，通过与学生交流的方式了解学生的内在想法，了解学生各方面的潜力。

按照以上三步，结合学生自愿报名、教师适当调整，将全班同学划分成三组：C为初等，B为中等，A为优等。这种分层不是永久不变的，而是暂时的，在具体的教学过程中，根据作文训练目的不同、作文内容不同，教师将对此进行动态调整分层，真正做到因材施教。

（二）训练分层：搭架子

为了激发学生的学习热情，达到让学生从“敢于读”到“乐于读”，最后“精于读”的效果，全面提高学生的听说读写能力，我们可以采用课前演讲、当堂训练、课后练笔等不同阶段的训练形式。

1. 课前演讲，夯实基础

（1）连词成篇，聚沙成塔

这属于课前的热身训练，其实是作文的基础积累，学生可根据学习内容、兴趣爱好等自由决定演讲内容，如名人名言、成语故事、谚语、歇后语、古今中外优秀诗文……形式可以多样，甚至可以采用电视热门节目形式。经过这样的反复锻炼，积少成多，聚沙成塔，学生丰富了词汇量，培养了语感，夯实了写作基础。

（2）新闻评论，入木三分

教师前期先做调查，列出大家最近感兴趣的、最希望探讨的话题，提前让学生自由组合，可以是A、B、C层组合，也可以是同层次的学生组合，分成正反两方，各自准备，在课前进行大胆辩论，如“玩手机或电脑对学习真的有影响吗”“小组合作对学习有帮助吗”等，学生畅所欲言，真实反映了他们的心态。

这种训练不仅提高了学生的口头表达能力，也提高了学生的思辨力，为他们抒发感悟、写议论性语句打下了基础。

(3) 身边故事，知情知理

这其实就是口头作文的雏形，要求是真实故事、出口成章、声情并茂。我们采用小组合作形式，先推选一个要上台的同学，由他进行口头故事的展示，其他同学群策群力帮口述者完成故事的修改。第一天可由 A 层同学讲故事做个示范，大家观摩学习，第二天 C 层同学试着练习，A、B 层同学帮助修改提高，最后落实到笔头，变成书面作文。经过训练，学生的逻辑思维能力、想象能力、口头表达能力和写作能力都得到了不同程度的提高。

(4) 点评文章，一举多得

课前由一位同学朗读(也可在 PPT 上呈现)自己喜欢的习作或报纸杂志上的文章，而后由同学们进行点评，或指出文章的优缺点，或评评文章的写作特色、写作技巧，或品品文章的意境与韵味，或探究内容……如图 1 和图 2 所示。

这种训练加深了同学间的互相交流，丰富了学生的课外阅读量，还提高了学生的文学鉴赏能力和审美能力，真可谓一举多得！

图 1　学生课前演讲

图 2　学生认真听讲

2. 课内训练，分层提升

学生在不同年龄阶段对事物的看法不同，领悟能力也不同，因此要区分不同层次学生，并对其采用合适的方法进行训练。即便对同一内容的写作训练，也应“同法异行”。

(1) 样板示范,仿写提高

C层学生往往阅读面窄,平时积累少,导致其作文材料陈旧,内容单薄,因而他们一提到作文就容易产生畏难情绪,缺乏写作热情。所以对C层学生的辅导强调“示范”二字,适当地给他们提供范文,使他们学会模仿,同时提供一定的写作素材,让他们有话可说。

(2) 添加描写,练笔提高

初中阶段作文的教学重点是教会学生写好记叙文,记叙文的本质是描写,没有描写的记叙文,是干瘪的、毫无生机的。班内大多数B层学生写作文能够做到结构完整、语言通顺,但描写往往较单调。因而针对B层学生的指导,我们要求他们能够运用多种描写方法对人物进行生动的描写,体现人物的个性特征。

(3) 谋篇布局,创新提高

A层学生知识面宽,阅读面广。教师对其的要求也要相应地提高,可以从选材、构思等方面来训练其思维的独特性,提倡作文中的多向思维。A层学生不仅要学会运用多种描写方法写人记事,还要对整篇文章进行谋篇布局。

3. 课后练笔,激活兴趣

为了让不同层次的学生在课后都愿意动笔,笔者在摸索了一段时间后,找到了一个激活学生兴趣的方法。笔者所教的班有42名学生,笔者把他们分成7个小组,每组6名学生,A、B、C层同学各2名,每组发放一本作文本,每人轮流写一天,按照A—B—C—A—B—C顺序写,老师每天批阅7篇作文,这大大地提高了效率。当天的作文发下来后,组内同学和组间同学会互相传阅和比较,学生的写作积极性大大提高,同时学生在无形中理清了思路,加深了认识,提高了作文水平,达到了举一反三的效果。

(三) 评价分层:爬梯子

作文评价无论对学生,还是对于教师来说都具有重要价值。对学生而言,作文评价是学生习作的指导与参照,有了作文评价,学生可以了解自己写作的真实情况,并获得作文指导。为了进一步了解学生对教师评价的感受,笔者设计了两份调查问卷,其调查结果如图3和图4所示。

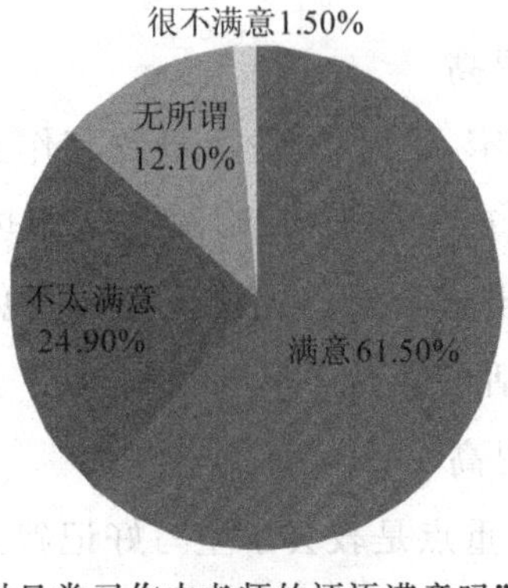

图 3 “你对日常习作中老师的评语满意吗”的调查结果

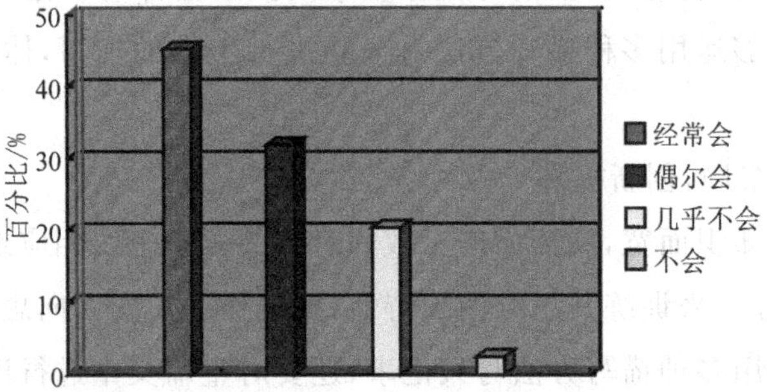

图 4 “你会根据教师评语认真修改自己的文章吗”的调查结果

我们应该看到学生作文能力的差异性，如果C层学生和A层学生写了一篇质量相当的作文，教师给出的评价应该是不一样的。教师应该综合考察，对学生的点滴进步都要给予及时、充分的肯定，使其及时得到鼓励，感受成功，从而激发其写作兴趣。“让评价能促进学生发展”应该是评价的出发点和落脚点。

1. 制定目标促评价

教师应根据每个层次学生的共性制定总目标和各级、各类分目标，争取让真正付出努力的学生享受达标的快乐。考核标准设计要全面，课前演讲、当堂作文、课后练笔、作文相关活动的参与情况等都要列入其中。

教师要关注学生的变化，对进步的热情表扬；对退步的分析原因，及时督促，帮助进步；对努力却暂时不见进步的要给予必要支持，耐心跟踪指导，表达对其学习态度的赞同。每一个月或两个月根据他们的变化及时调整目标。

2. 教师评价促发展

笔者在评价学生作文时采用如下方法：

（1）书面批改。教师从文字、标点、语句、修辞、中心、材料、思路等方面对学生习作进行修改，并进行详细记录。评改中，对中下层作文要尽量找到优点，给予鼓励，哪怕是一两句话写得好，也要用波浪线等标明。

（2）从每个层次中选出典型习作，按原样打印，张贴在教室里的“佳作欣赏”专栏里。

（3）作文讲评有综合讲评、专题讲评、佳作讲评、对比讲评等。笔者大多采用综合讲评，每个层次学生的作文尽量都照顾到，让学生有获得老师、同学认可的成就感。

笔者在前文已介绍过多种作文的训练方式，那么，多种形式的训练就应有相应的多种形式的评价方式，应有相应的对写、说、演的评价，不应以写一篇完整文章的固定形式来评判学生的层次。

3. 学生评价助动力

教师的评价最终要通过学生的评价起作用，因此，在评价时应引导学生形成自我认识、自我评价。

（1）自我评价助发展

在新课改背景下，适时地改变作文评价方式，让学生自己给作文写评语，掌握评价作文的权力，培养自我评价能力，也是一种切实可行的有效方法。

（2）相互评价助提高

笔者在评改作文方面注重培养学生自改和互改的能力，使学生化被动为主动，真正成为写作的主人。互改是在自改完成后进行的，仍是从A、B、C三层中各抽调一名学生组成一组，要求学生之间相互指出文章的优缺点，并对好词佳句进行点评，对于有争议的问题则由全班一起讨论解决。互改让B、C层的学生既学习了他人的优点，也知道了自身的不足，慢慢掌握写作技巧，从而提升写作兴趣。而A层的同学充当的是“小老师”的角色，这就促使他们不断自觉地提升自己的写作素养，当好小组发言人。

四、结语：我们的思考

我们的写作分层教学研究工作才刚刚起步。在我们看来，目标分层和分层教学是提高学生写作水平的方法之一。教师针对学生的差异性，对学生做出动态的分层，又以不同形式的作文活动增强训练目标的层次性，用不同层次的目标引导作文训练，培养学生写作的积极性，使学生乐写、会写。学生经过循序渐进的有效指导，选择适合自己的写作目标，其自主性、主动性和创造性将不断得到发展。

写作分层教学架起了学生和老师间沟通的桥梁，在促进学生“乐写”“易写”“学会”诸方面体现出强大的优势，由学生选择的弹性目标到有梯度的作文训练，加上富有激励的评价机制，学生的写作积极性被充分调动起来，其作文水平自然水涨船高！“千里之行，始于足下”，“路漫漫其修远兮”，我们将上下而求索！

参考文献

[1] 巴班斯基.论教学过程最优化[M].吴文侃，译.北京：教育科学出版社，2001.

[2] 傅蔚.写作评价的内涵、类型与特点研究[J].现代教育科学，2010(4)：76-78.

[3] 张建春.高中语文作文评价研究[D].延吉：延边大学，2010.

[4] 李秀芳.初中生作文批改方式的研究[D].长春：东北师范大学，2009.

[5] 张菊红.新课程评价标准下的评语研究[D].北京：首都师范大学，2007.

第三篇

多元创新

以课堂文化为着力点，最大限度促进学生和谐发展

——课堂文化建设的实践与研究

马锦绣

【摘　要】 新课程实施的基本途径是课堂教学，只有改变过去的课堂教学模式才能适应新课程的需要。既然课堂教学是一种文化，课堂教学改革的关键就是如何构建新的课堂教学文化。本文从整合教学与课程、强调互动的师生关系、创设开放民主合作的学习、形成探究性教学等方面进行了课堂文化建设的实践与研究，努力创建一种以人为本的促进学生全面发展、最大限度发挥学生潜能的和谐的课堂文化。

【关键词】 课堂文化　促进　学生发展

课堂文化是指在课堂空间中师生教学活动所体现出来的思想意识、思维方法及学习方式等的总和。课堂是教育活动的重要空间，也是现代学校教学的重要组织形式，学校文化的全部内容都可以从学校的课堂里发现。课堂教学之所以是一种文化，是因为课堂教学不是单纯的知识传递，而是使学生既掌握知识和技能，又磨砺意志、陶冶情操、拓展视野、丰富生活经历、开发思维能力、发展个性和提高人文素养的过程。

一、开放的课堂，欢乐的世界

开放式课堂教学，从时间上说是现在向过去、将来辐射，从空间上说是课内向校内外、家庭、社会辐射，从内容上说是从书本向生活辐射。全时间开放，

全方位开放，全过程开放。教师放手激发学生学习的主动性和创造性，在观察者、帮助者、设计者的角色体验中与学生共同发展。

陈娴老师有节课的课题是“拿什么拯救你，我的同伴”，选题原因是，思想品德课程改革要求教师更新教学理念，转变教学行为，树立学科意识，深刻领会本学科的政治价值、理论价值、育人价值，帮助学生形成正确的政治态度，提高适应社会的能力，促进受教育者的社会化和品格完善、理想升华。以下是陈老师该课的部分程序：

课前准备

(1) 发布：课题、相关资料、具体要求；

(2) 布置：相关资料的收集整理；

(3) 预告：教学基本流程；

(4) 在博客上发表个人对网络及网络游戏的看法；

(5) 上课：……

陈娴老师的开放教学弥补了思想品德课枯燥乏味的缺陷，让博客这种交流方式进入课堂，给人以耳目一新的感觉，使学生真正感受到课堂的魅力和欢乐。随着经济发展与课程改革的进一步推进，以及计算机的普及和网络技术的广泛应用，越来越多的教师会尝试将博客运用到教学实践中去，博客与思想品德课的结合或许会更和谐、更有效，博客将有可能成为又一个教育教学改革的助推器。

二、生命的课堂，灵动的舞台

“生命课堂”就是在课堂教学中，不仅仅为了知识而教学，而且为了人的发展而教学。“生命课堂”是以关怀人和发展人为出发点和归宿，与传统“知识课堂”那种以知识为本、目中无“人”有着本质的区别。

彭蓉辉老师“知识改变生活”一课的设计如下：

(1) 教学导入；

(2) 故事赏析：一个民族的爱书传统；

(3) 知识与生活——认识古代的书；

(4) 与雕版印刷术相比，活字印刷术有哪些进步？(材料出示)；

(5) 归纳：书籍及其所承载的知识改变了我们的精神世界、思想观念和生活习惯。

……

彭老师的这节课依标施教,课堂就像是灵动的舞台,在这个舞台上,学生的学习技能的训练、情感的陶冶、学习兴趣和信心的培养等多方面得到了有效的落实。而且教育理念前瞻,体现教师"主导"与学生"主体"的角色作用,知识传授、能力培养、德育渗透有机结合,合作学习突出,课堂形式多维。教师引导学生用自己的眼睛观察生活,用自己的心灵感受生活,用自己的方式研究生活,实现了以关怀人和发展人为出发点和归宿的目标。

三、探究的课堂,思维的乐园

新课标指出:"要重视学生在获取和运用知识的过程中发展思维能力,数学教学不仅要教给学生数学知识,而且还要揭示获取知识的思维过程,后者对发展能力更为重要。"

在上"线段中垂线定理及角平分线定理"课时,黄瑛珠老师从学生自主获取知识方面入手,于细微处培养学生的探究能力,获得了非常好的教学效果。

课堂教学要重视学生知识获得的过程体验。在正式上这节课之前,黄老师曾经借班上课,按教参的教法——"带领学生折纸"授课,其制作的课件也很精美,尤其是动态翻折这一部分花了很大的工夫,学生跟着折纸也兴趣盎然。但数学课毕竟不是手工制作课,虽然学生很开心,但其数学思维并没有得到很好的开发和训练。新课程强调以学生为主体,教学不仅仅是展示教师的素质,更重要的是提高学生的素质。所以尽管对这个课件很是不舍,黄老师还是忍痛割爱。后来黄老师也试图在上课前给学生准备透明纸,但这样让学生找对称轴,实际上就是暗示他们用对折的方法,不能很好地达到培养学生探究知识的能力的目的。

事实上,放弃给学生做过多的准备,能够更好地放飞他们的思维。

四、合作的课堂,和谐的海洋

平等、民主、合作的课堂文化是新课程的核心和灵魂,是现代社会民主在教育教学中的一种表现，充分体现了对学生在学习中的生存地位的关注与尊重。构建民主合作的课堂文化，首先要在教学的着眼点与着力点上面对全体学生，促进每一个学生的发展。师生之间的平等“对话”，使课堂教学成为一个教师和学生共同进行知识建构和意义创造的过程。

如杨千红老师的课“声音的传播”：

小实验1：桌面能传播声音吗？……

你站在桌的一端，另一位同学用手在桌上轻轻地敲击，你能听到敲击声吗？__________此声音是由什么物体传播的？______

你把耳朵贴在桌面上，能听到敲击声吗？__________此时的声音又是由什么物体传播的？__________

小实验2：用土电话打电话。请一个学生对着杯子轻声说一句话，让对方同学听，然后让对方同学说出话的内容。

分析土电话：你认为是什么物体将声音传到对方耳朵的？____

实验小结：请你根据上述两个实验总结，想一想除了空气能传播声音，还有哪一类物质也能传播声音？__________

通过实验，你们小组能得到什么结论？针对得出的结论，你们小组还有什么疑问想和其他小组交流？

像上面这部分学习内容，一个人很难完成，但通过小组合作就能高效率地完成。学生将在完成实验的过程中体会到合作的重要性，培养合作的意识。另外，学生经常进行合作学习，还能够学会理解、倾听、尊重他人，逐步掌握与人交往、沟通的技能，为他们步入社会、适应社会奠定良好的发展基础。这是合作学习教学模式的核心目标，也是在教学实践中容易被忽视的目标。

五、互动的课堂，希望的田野

“坚持正确价值观念的引导与启发学生独立思考、积极实践相统一”是新课程遵循的基本原则。教师在教学实践过程中是怎样体现这个理念呢？以林慧芳老师的探究活动课“实话实说话‘流行’”为例，其中有这么一个片段。

林老师展示"明星不光彩的一面"的材料中，有一幅是赵薇身着日本军旗装的照片。"军旗装事件"引起了同学们热烈的讨论。以下是这场讨论的情境：

师：赵薇是在我们青少年中知名度较大的一个明星，她的《还珠格格》等影视作品，给我们留下了深刻的印象，相信有不少同学喜欢她。看了这幅照片，你对赵薇有什么看法呢？

生1：我认为她的品德很差，连起码的爱国主义道德也没有。

生2：对，我们看她演的电视剧，上当了，以后再也不看了。（一片附和声）

生3：据我所知，赵薇已经写了封公开信，向全国人民表示道歉。我想我们应该原谅她。她知错就改的品质还是值得我们学习的。（有些同学轻轻点头，有些同学则怒目而视）

师：对，宽容也是一种美德。

生1：这样宽容不是太便宜她了吗？如果对什么都可以宽容，那么，犯罪的人只要承认一下自己的错误就行了，还用得着去监狱吗?!只需要写检讨书就行了。（同学们热情高涨）

生4：是啊，应该追究她的责任，她应该为自己的行为负责。

生5：我们总应该给她一个改过自新的机会吧。（对生4）你的书包上不是还贴着她的照片吗？（哄堂大笑）

生4：那是以前。

生6：其实我们大多数人是喜欢"小燕子"的。她的活泼、机智、大胆，值得我们学习。

师：好了，我们就讨论到这里，同学们表现得很出色。现在我请一位同学来总结一下刚才的讨论。

……

通过课堂活动的对话，学生充分发表自己的见解，会产生许多精辟的言论。学生独到的见解、特异的思维、丰富的课外知识，以及执着的探索精神，能充分地发挥出来。通过师生互动、生生互动，学生潜意识中的爱国主义思想得到了展现和提升，对问题的分析尤其是历史地、辩证地看待问题的能力在探讨的过程中不知不觉得到了较好的培养。

一位教育家曾说：一所办得成功的学校应以它的文化而著称。一流的学校应依据自身的特点，建设独特的校园文化，使学校文化与学校教育和学校管理融为一体。所以我们在打造学校文化的同时，应着力构建生动的课堂文化：民主开放，心灵换位，给学生以充分表达的空间；自主探究，立足冲突，给学生以尽情发挥的空间；互动灵动，善待疑问，给学生以思考、提升的空间，最大限度促进学生和谐发展。

参考文献

[1] 丁谷怡，孙双金.重建课堂文化[M].北京：教育科学出版社，2009.

[2] 王攀峰，赵云来.构建“以学生为本”的课堂文化[J].中国教育学刊，2008(9)：16-19.

基于微课程的微写作策略实践

李　岩

一、缘起

随着多媒体技术、互联网的迅速发展，微课程作为一种新型的教学资源成为教育教学改革的一股新潮流。微课程产生于“空间虚拟化”和“时间碎片化”的学习型社会，是在计算机网络技术和多媒体数字技术的共同支持下发展起来的，是学生在正式与非正式混合环境中的随时、随地、随需学习的自我学习系统。

《新课程标准》明确指出：“注重对学生阅读与写作能力的培养。”从理论层面讲，阅读是写作的基础，写作是阅读的深化。从现实来看，多数语文教师更愿意将主要精力放在阅读教学和基础知识的传授上，因为相对于作文教学，这两种教学的效果更为明显。虽然作文分值在语文试卷中占有较大比例，但由于写作能力提升的缓慢性，评估的模糊性、主观性，作文教学的效果不易直观地体现出来。当今作文教学主要存在以下几方面问题：

1. 作文内容生活化缺失

问卷中反映出选材时瞎编乱造的学生占被调查者的41.2%，借助阅读材料等写作的学生占46.9%。由此可以看出，作文内容生活化缺失是学生写作过程中较普遍的现象。缺乏对生活的感悟，是作文生活化缺失的根源；作文命题的陈旧，是束缚学生创新性写作思维的枷锁。教师很少为学生创造走进生活、贴近自然的机会。教师在命题时忽略学生的心理特点，习惯将所谓的“主流化”生活作为选材的切入点，忽视了学生的主体地位。写作的源泉、创作的热情、丰富的想象、发散的思维都不能得以展现。

2. 文本解读与作文指导脱节

语文能力的表现形式是听、说、读、写。听与读是吸收环节，说与写是运用环节。专门的写作指导课有利于学生全面、系统地掌握写作知识，但在文本解读时与写作割裂开来，是语文教学的一个误区。课文分析是培养阅读能力的关键，更应该成为实施写作训练的有效途径。如果只表面强调阅读对写作的重要性，而在阅读教学中忽视对写作能力的培养，将会事倍功半。

3. 作文训练量与质不能兼备

《新课程标准》指出，初中生每学年的作文一般不少于140万字，其他练笔不少于1万字。针对如此大量的写作训练，如何做到量质兼备，是目前写作教学的难题。有效的写作过程分为构思、行文、修改三个部分。现在，每一位教师每周都要批改两个班所有学生的随笔、作文，很难做到篇篇精批精改。缺乏有效批改，使学生写作的热情与积极性逐渐缺失，制约学生写作能力的提高，成为作文教学的瓶颈。

二、基于微课程的微写作策略

（一）头脑风暴，构筑微写作语言基础

语文教学的目标之一，就是要培养学生对祖国语言文字的深厚感情，以及正确运用语言文字的能力。子曰：“志有之，言以足志，文以足言。不言谁知其志？言而无文，行而不远。”其中“文”即指“文采”，文采对于文章的重要性不言而喻。丰富多彩的语言是微作文的血肉，如何让学生有效积累并灵活运用语言是微作文教学的关键一步。在课题研究初期，课题组运用头脑风暴形式，从不同的角度让学生发散思维，分类积累原本没有头绪的词汇，为微写作奠定基础。每次的训练选择一个角度，让学生围绕主题思考与之相关的词汇。课题组主要从人物心情、季节、景物、动作、神情、外貌等多个角度开展词汇积累的训练，以下选择三个角度呈现。

1. 情之所至，自然流畅

学生在一篇微作文中能自然流畅地表达感情，需要词汇的积淀。在微写作训练之前，先以拼音序号的形式提供给学生2000个常用成语，让学生以每天记忆10个成语的速度掌握成语的字形、字义，然后展开词汇风暴的训练。学生运用头脑风暴的形式，分类积累表达内心情感的词语，为微写作的情感表达奠定基础。课题组分别从喜、怒、哀、紧张等角度训练学生分类积累词汇的能力。

学生作品“喜乐汇”如图1所示。

(a)　(b)　(c)

图1　学生作品“喜乐汇”

在“喜乐汇”环节，教师让学生运用导图形式，发散思维，写下与快乐心情有关的词语。学生写出的词语中既有表达兴奋之喜的忘乎所以、神采飞扬、眉飞色舞、屐齿之折，又有表达愉悦之情的赏心悦目、怡然自得、和颜悦色，还有表达悲喜之情的悲喜交集、转悲为喜、喜忧参半。词汇分类为有效积累奠定了基础，在丰富学生微作文语言的同时愉悦了学生的心情，让微写作有一个快乐的开始。

2. 景之所绘，细致观察

春花、夏雨、秋风、冬雪，总会有一种景致牵动你的心绪，想写些什么。课题组为学生准备了60首与四季相关的诗歌，让学生背诵积累，然后运用头脑风暴，绘出春、夏、秋、冬四季的词汇和名句。

学生作品“春之声”如图2所示。

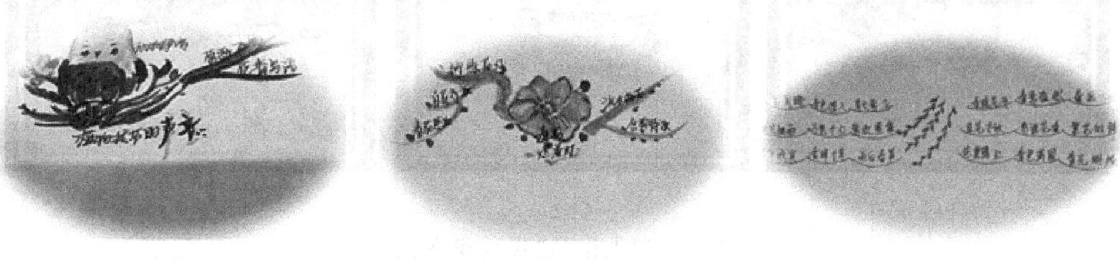

(a)　(b)　(c)

图2　学生作品“春之声”

在乍暖还寒、冰雪初融、柳条抽新的时日，倾听自然之声。从早莺啼鸣、湖水初涨到树枝摇曳、繁花绽放，春天的声音充满耳际，春天的音韵永远都是主旋律。拿起手中的笔，描摹春天的声音。请听！学生在导图中写下了形容春花绽放的词语：含苞待放、柳绿花红、流水桃花、百花齐放、春花怒放；形容动物争鸣、植物拔节的词语：莺歌燕舞、花香鸟语、春蛙秋蝉、雨后春笋；形容喜悦之情荡漾的词语：春山如笑、满面春风、春满人间、春回大地。

用词语来描摹春的色彩，用色彩来传递春的声音，用声音来记录生机勃勃的季节。春天让人陶醉的不仅仅是景色，还有观察这个世界的独特视角。

（二）走进生活，呈现微写作丰富选材

叶圣陶先生说："生活如泉源，文章如溪水，泉源丰富而不枯竭，溪水自然活泼地流个不停。"学生用眼睛观察世界，从书本中了解人生，用耳朵聆听天籁之音，用心感悟生活的真谛。他们走出课堂，走向自然，赞花草之美丽，感山水之灵性，抒生活之丰富……

孩子的天性就是喜欢玩，开展丰富多彩的活动正好符合学生的"胃口"，因此，教师可以利用学生喜欢的活动，使学生获得心理感受，建立起对事物的概念，积累写作素材。让他们走进生活去看、听、画、玩，让每一次亲身的经历都与文字结缘。

1. 拿一双巧手，绘生活之美

生活的趣味源于体验，为自己的生活涂抹与众不同的色调，你会发现别样的美景；动手玩玩那些益智玩具，你突然感到自己也有小聪明；拿起相机拍下触动内心的镜头，你会发现生活的美无处不在。

学生作品"我画我幸福"如图3所示。

(a)　　(b)　　(c)

图3　学生作品"我画我幸福"

热爱绘画的同学，拿起手中的画笔，画梦中所想，画眼中所看，一幅作品就是一篇内容丰富的微文。他们将这些来自生活的作品配以文字，享受生活的惬意与洒脱。

学生一：小学时，我想画“卷福”（英国男演员本尼迪克特·康伯巴奇的绰号）……可惜……头发怎么画也画不卷。于是我在盛怒之下把他原本像鸡窝一样的头发全部拉直了……于是就成了这副模样。这也算是一个美好的回忆吧……

学生二：这是一张合作作品，从感情方面来说，它是一件友情的见证品。我和我的两位同学可以说是感情深厚，因为自小的家庭品德教育和各种刑侦片的熏陶，说句实在话，我对人和物的戒备心之大几乎谁都无法预测，但是经过六年来她们两人对我的感情“治疗”，或许我对友情的价值观已经产生了一些令人不解的改变。为什么我看似嘴巴毒到让她们想抓起头发去撞墙，她们却不讨厌我，这就是因为她们了解我，了解我其实是一个刀子嘴豆腐心的家伙，嘴上说说，其实心里完全不当回事或根本不那么想，跟她们吵完一架完全没有怨恨感情残存在心里……

学生三：很萌，有没有？这是我在义卖节时所画的宣传海报。那时候大概才四年级，我们几个资深的哈利波特迷一起围在桌子边讨论有关海报的事情。我不愧是最聪明的，立马就拿起中性笔，在纸上狂涂了起来。其他几位还没有搞清楚状况，便也跟着涂。可是，毕竟是四年级，用完了八只水笔、两只中性笔后，我们把整张纸涂黑了，才反应过来……

每一幅画都是一篇经典的微作文，童年的装扮、儿时的伙伴、有趣的往事，让记忆凝固成一幅画，让文字成为流动的音符，为生活谱写最动听的歌。

2. 用一颗真心，悟生活之善

柴静的雾霾调查《穹顶之下》不知道引发了多少人的思索，也引起了大众的议论探讨。环境的污染问题、社会发展与环境保护的不协调，再次进入了公众的视野。我们要关注社会中的那些人、那些事、那些不一样的景象，感悟世界的丰富多彩、复杂多变。

学生们利用假期时间，走入社会，了解社会中的乞讨者、打工者，感悟社会生活中的一件小事，留心社会生活中的一处风景。每一个人、每一件事、每一处景的背后都有一段故事，用文字记录瞬间的感动和深沉的思索。

下面是学生写乞讨者、打工者的片段节选。

学生一：乞讨者

大街上经常能见到各式各样的乞讨者。据我分析，乞讨者的真面目有几种：家中实在太穷的可怜人、把讨到的钱拿去抽烟喝酒的无业游民、有组织的犯罪团伙……每次遇见乞讨者，我犹豫要不要给他们一点钱，就是因为弄不清他们的真面目。

学生二：熟悉而又陌生的身影

放学了，学校门口总少不了几个这样的身影，少不了一些令人难忘的味道。香脆的铁板豆腐上再加些甜辣酱，三个人一人一口，那种味道就真得无法言语了。每到放学都在找寻他，那位大叔，那亲切的味道……

学生的微作文中既有对生活在城市中各个阶层劳动者的关注，又有对现实生活的思考，也有对被灰暗天空笼罩的城市的担忧，对蓝天、白云、高楼的欣喜。学生将眼中所见、心中所想用文字描述，体现了其对治理雾霾的决心，对优美风景的留恋，对幸福未来的憧憬……

图4　学生摄影作品

（三）多维思考，形成微写作构思蓝图

微写作构思是对文章的内视和预想，涉及文章内容和形式等诸多方面。构思的得失潜在地决定了微写作的成败。构思环节是在语言体系形成的前提下，在生活化素材整合的基础上，进一步加深体验、形成感悟的过程。“笔未动而意先行”阐释了写作之前必须经过周密的构思。微作文因为字数有限，要在简洁的文字中表达丰富的意蕴，就必须重视“构思”环节。问题中心图式理论认为，如果学生面临作文任务难于下手，其大脑中的问题中心图示一定缺少某一类知识，或尚未形成某种必需的知识结构。这里的问题中心图式指的是围绕本次作文任务组合起来的知识。针对学生如何用富有表现力的语言来准确

地表情达意，本环节主要从主题的提炼、细节的充分关注、思维的多角度培养等环节展开。

1. 关注细节，内容饱满

微作文取得胜利的关键是细节。细节描写是指对文学作品中的人物、环境或事件的某一局部、某一特征、某一细微事实所做的具体、细致、深入的描写。细节描写包括语言、外貌、神态、行为、心理、环境等。著名作家赵树理说过："细致的作用在于给人以真实感，越细致越容易使人觉得像真的，从而使人看了以后的印象更深刻。"

要想传神地刻画人物形象，精当得体的语言描写、准确到位的动作描写、细致入微的心理刻画等都是必不可少的内容。故事情节的发展、景物描写的层次都会成为微写作的重头戏，恰当的细节描写能够准确表达微作文的中心，深化微作文的主题。

2. 结合文本，模仿细节

微写作训练的重要环节之一是模仿，语文教材中有大量传神的细节描写的例子。如《背影》中的动作描写："我看见他戴着黑布小帽，穿着黑布大马褂，深青布棉袍，蹒跚地走到铁道边，慢慢探身下去，尚不大难。可是他穿过铁道，要爬上那边月台，就不容易了。他用两手攀着上面，两脚再向上缩；他肥胖的身子向左微倾，显出努力的样子。"《藤野先生》中的夸张手法："成群结队的清国留学生……头顶上盘着大辫子，顶得学生制帽的顶上高高耸起，形成一座富士山。"《孔乙己》中语言描写和反复手法的运用："掌柜忽然说：'孔乙己长久没有来了，还欠十九个钱呢！'掌柜伸出头来，一面说：'孔乙己么？你还欠十九个钱！'到了年关，掌柜取下粉板说：'孔乙己还欠十九个钱！'到了第二年的端午，又说：'孔乙己还欠十九个钱呢！'"

经典作品中的典型细节都成为学生学习的典范，大师们在作品中精工细描、浓墨重彩，在丰富作品内容的同时给读者留下了深刻的印象。在学习了经典作品后，学生就进入模仿环节，例如在学习《背影》之后，同学写出了许多感人的细节，选一例如下：

菜端上来了，蒸腾着氤氲的热气。母亲捧着三碗饭，一一放到大家面前，刚一坐下，她便指着一道菜说："这碗汤炖了好久，肯定很鲜，快来尝尝。"等我们咬下冬瓜的第一口，她就急切地问："怎么样？"通常，父亲总会夸她厨艺好，简直可以比得上酒店大厨。她只是微微一笑，催促我们赶快趁热吃。说罢，她拿着筷子在汤中上下翻动。她夹起一块骨头，微蹙着眉，又放回汤中，继续她的检索。果不其然，当看见夹起的是一块排骨，她没有立即放入自己的碗中，而是放入我的碗中。

作者模仿《背影》中的动作描写，还加入了人物的语言、神态描写，丰富了微作文的内容。模仿细节对提升学生微写作能力至关重要，学会模仿是进行创作的前提。学生可以在经典作品的浸润中培养文学素养，提升写作能力。

3. 内外结合，培养思维

微写作的训练除了培养语言文字能力，还培养思维能力。微写作的成功，良好的语言文字能力是基础，较强的思维能力是核心。写作的过程时刻离不开思维的积极参与，准确的理解概括能力、全面的分析综合能力、独创的联想和想象能力在微写作过程发挥着指挥和调控的作用。微写作就是一种把思维活动的轨迹用语言文字来周密表述的精神劳动，思维活动中离不开语言文字的运用，两者相互促进、相辅相成、互为条件、互相适应，语言文字标示着思维活动的成果，微写作就是思维的一种直接实现，即把思维的内部语言转换为文章的外部语言。思维发展水平有多高，语言的表达水平就有多高，就像叶圣陶先生说的那样："作文是思维的演练。"而思维能力的提升反过来可以推动写作水平的提高。

4. 渠道多样，培养想象力

联想和想象是人类特有的思维活动。联想是人们在观察的基础上由当前的某一事物回忆或联想到另一有关事物的思维活动。想象是人们在感知客观事物的基础上，对过去经验进行改造和将其重新组合成新形象的过程。联想与想象在概念上是有区别的，但在实际写作中往往交织在一起。微写作过程中的联想与想象可以提高学生的选材构思能力，丰富内容的表达，开阔思维。

以"任选角度"为例：

冰心由遮雨的荷叶联想到母亲，由荷叶护莲联想到母爱子；朱自清在《匆匆》中，通过想象，将抽象的不可触摸的时间形象化。自然界中的一切都可以成为联想与想象的素材。学生可以在"红""黄""蓝""白""黑"等色中，挑选任意一种加以联想。

下面是一位同学由“灰色”所产生的联想。

> 灰色在非黑即白的偏激之中选择了相对的合理。它代表公正和成熟，因为它的色彩不再如此决绝，无可挽回。它没有过度的软弱或是锐利的冲劲……

相同的事物，不一样的角度。学生的发散思维在训练中逐步增强，用独特的眼光去看这个纷繁的世界，你总会发现不一样的地方。在发散思维中培养独特的“你”，让你的微作文永远与众不同。

三、展望

基于微课程的微写作策略实践，是以高速发展的信息技术为背景，以微写作教学为核心的，在实践的过程中要不断地更新、优化，拓展微写作的宽度和广度，为微课程系列化、系统化的开发创造更有利的条件。

基于项目的初中信息技术学习的活动案例设计

郑赞红

【摘　要】 我们根据“基于项目的学习”的活动流程，在初中信息技术教学中进行了“基于项目的学习”的教学设计尝试，让学生通过参与项目探究活动，获得知识，提升能力，促使信息技术课堂教学效果得到提高。

【关键词】 基于项目的学习　信息技术　案例

基于项目的学习强调以学生为主体，其主要活动形式是小组协作。在项目活动中，学生在老师的引导帮助和组织管理下，对现实生活中的问题进行自主探索、协作研究，在解决问题的过程中学会新知识，锻炼和提高能力。

一、基于项目的学习的活动流程

基于项目的学习一般包括选定项目、制订计划、探究活动、制作作品、交流成果和评价活动等环节，不同方式的评价活动贯穿于项目学习的整个过程，如图1所示。

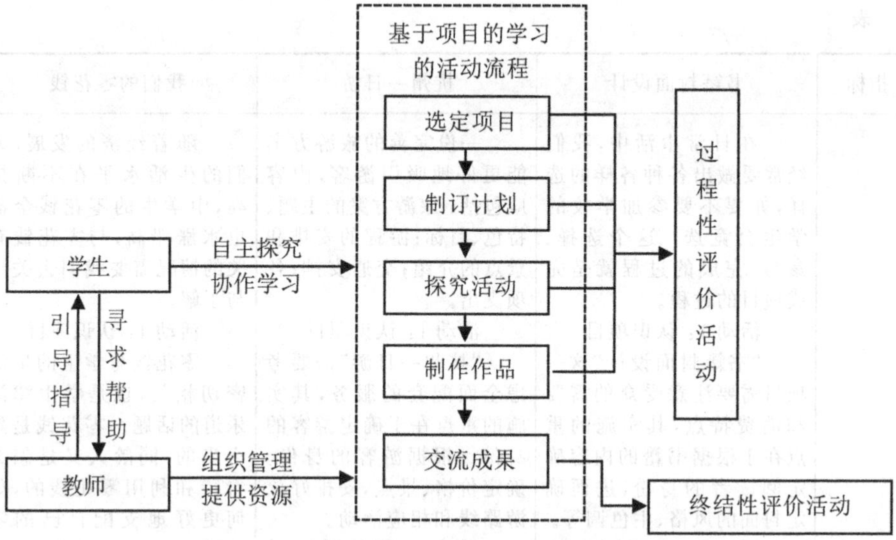

图1 项目学习的整个过程

二、项目活动案例

文字处理软件(Word)和电子表格处理软件(Excel)是初中信息技术课程内容中的两大模块。"书籍封面设计"和"杭州一日游"这两个项目是文字处理软件的学习,"我们的零花钱"这一项目则是电子表格处理软件的学习。

表1 项目活动案例

指标	书籍封面设计	杭州一日游	我们的零花钱
项目目标	能根据需要选择和使用文字处理软件中的常用功能。 能设计和制作具有个性的书籍封面。 了解文字处理的基本过程。	能熟练地进行信息的搜索、分类和保存。 通过小组合作,形成团队协作意识。 能主动探究网络在生活中的应用,解决生活中的实际问题。	能选用合适的调查方法收集数据资料。 学会利用电子表格进行数据统计和分析。 能利用电子表格解决生活中的实际问题。
项目内容	确认要设计封面的书籍的主题,进行方案设计。 用文字处理软件完成封面的制作。	设计杭州一日游的旅游方案。 对设计方案进行可行性分析。	选择项目活动的主题,确认调查的方向。 创建数据表格和数据图表,分析统计数据。

续　表

指标	书籍封面设计	杭州一日游	我们的零花钱
选定项目	在日常生活中，我们经常要做出各种各样的选择，如要不要参加学校的学生会竞选。这个选择、参与、完成的过程就是完成项目的过程。 活动 1：认识项目 “书籍封面设计”这一项目需要注意受众的需要和消费特点，其实施的重点在于根据书籍的内容确定阅读者的身份，进而确定封面的风格、主色调等。 活动 2：确定主题 图书的种类、主题多种多样，光是学习教育的图书就有很多，如计算机、文学、艺术、外语、经营管理、少儿教育等。不同的主题会有不同的内容，面向的阅读对象也不同。如普及类的计算机图书面向的阅读对象是大众，而编程类的计算机图书面向的则是程序员。所以先要明确图书的主题，才能确定书籍封面的特色。	一份完善的旅游方案能更好地吸引游客，内容应包括：旅游方案的主题、特色、目标；游程的安排和景点的介绍；交通安排；各项支出。 活动 1：认识项目 “杭州一日游”需要考虑全面配套的服务，其实施的重点在于确定游客的身份。根据游客的身份，确定价格、景点，安排好旅游路线和相应活动。 活动 2：确定主题 随着旅游业的发展和不断完善，旅游的主题也变得多种多样，如生态游、自然景观游、森林旅游、特色活动旅游、购物游、休闲游、亲子游、农家乐等，名目繁多。不同的主题会考虑选择不同的景点，安排不同的活动，对游客有不同的要求。在该活动中确定游玩的主题，并对旅游方案有一个大致的设想。	随着经济的发展，人们的生活水平在不断提高，中学生的零花钱金额也水涨船高，与零花钱有关的情况需要我们去关注与了解。 活动 1：认识项目 零花钱与学生的生活密切相关，也是学生津津乐道的话题。零花钱是怎么来的，同龄人又是怎么看待和利用零花钱的，如何更好地支配自己的零花钱？ 活动 2：确定主题 关于零花钱的话题相信每个同学都有话说。各小组可以根据小组成员的能力、兴趣爱好等因素来确定研究的主题，如零花钱的来源调查、零花钱的用途调查、零花钱的满意度调查、零花钱与家长的工资对比、零花钱的十年变迁等。
制订计划	要完成“书籍封面”的设计方案，首先要掌握很多资料，比如书籍的类别、大概内容、阅读对象等，还要知道封面的主要元素有哪些，对这些元素应怎样安排等。所以我们应制订一个计划，计划中除了对工作步骤的次序进行规划外，还要对每个步骤的时间安排和人员分工加以考虑。	“杭州一日游”的设计方案需要景点的开放时间、景点的相关介绍、可达的交通路线等信息。所以需制订一个计划，确定每个步骤的时间安排和每个小组成员的职责。对于信息的收集也可以制订计划，使得收集更有针对性。	该项目活动前期涉及很多数据资源的收集，后期又涉及数据的运算处理和分析，所以在计划中更加要明确小组成员的分工，以及协调合作。在分工过程中，教师可以检查计划表中的分工情况，询问分工的依据，指出分工的不合理之处，尽可能使每个小组成员能分到符合实际需要的任务。

续　表

指标	书籍封面设计	杭州一日游	我们的零花钱
活动探究	活动1：收集信息 信息的类型一般有文字、图片、录像、声音等。报纸、杂志、网络等都是信息的来源。不同类型的信息可以采用相同的收集方法，同一种类型的信息可以用不同的收集方法，例如封面上要用到的主题图片，我们可以自己动手绘制，亲自拍摄，也可以通过网络下载，还可以扫描复印报纸杂志中的图片。 活动2：处理信息 在收集信息时，往往会尽可能多地收集，收集完后首先就要进行筛选，挑选出适合的信息。然后再对这些信息进行简单的处理，才能使它们满足要求，如收集到的图片可能会存在太大或太小、太暗或太亮、只需其中的某一部分、需要多幅图片相组合等问题。	活动1：收集信息 小组成员根据自己要负责的任务，通过各种途径，利用各种方法收集有关景点的信息、有关价格的信息和有关交通的信息。学生可以通过实地考察、请教专家、摘抄书籍等方法来收集信息。如对于门票的价格，学生可以上网查询，也可以实地询问。在收集信息时既要考虑收集的效率，也要保证信息的准确。 活动2：处理信息 我们往往会尽可能多地收集信息。所以，对于收集到的信息，第一步就要进行筛选，选取有用的信息。确定要用的信息，我们还需对它们进行加工，使它们更符合我们所需，如对文字进行重新编辑，对图片进行美化等。对于这些信息我们还要养成分类存放的习惯。	活动1：确定调查方式 根据不同的调查内容、对象及环境，采用不同的调查方法。调查方法主要有书籍查阅、网络搜索、问卷调查、电话调查等。每种调查方法各有自身的优缺点，如果选取的调查方法具有针对性，则能提高收集数据的效率和所收集数据的可信度。 活动2：收集数据 通过调查获得的信息还要进行筛选、核实，确定哪些信息是无效的，哪些是有效的。将获得的有用数据输入电子表格中，创建数据表。 活动3：处理数据 对收集到的数据进行运算分析，建立完整的数据表，并在此基础上创建数据图表。数据图表是为了更直观地表示数据和数据之间的相互关系及变化趋势。选用合适的数据图表能使数据显示更简洁、形象和直观。

续　表

指标	书籍封面设计	杭州一日游	我们的零花钱
作品制作	展示一些书籍封面效果图，剖析其中信息表达的方式，分析作品中是如何根据主题的需要选择恰当的表达形式，引导学生概括书籍封面设计的特点和要素（书名、主题图、出版社、作者等）。 在这个活动中，学生要完成以下几项任务：规划版面结构；确定文字的风格；确定封面的主色调；收集并筛选相关的资料；为书籍封面添加图片、书名、出版社、作者等；为书籍封面添加艺术边框等个性化的设计。 在项目活动的下一环节，需要对作品进行交流与展示，为了更好地展示自己所制作的作品，学生最好制作相应的演示文稿在汇报展示时用。	展示一些旅行社推出的旅游线路安排，让学生通过分析别人的旅游方案，了解方案的呈现方式。学生可以尝试模仿制作杭州一日游的旅游方案。最终作品的表现形式是Word文档，主要是利用文字处理软件的表格功能对行程进行规划，规划时不光要避免东奔西跑的局面，注意路线安排的合理性；还要注意在不影响主题表现的前提下，保证活动的多样性。 在表格中应有的元素：行程、用餐的安排、报价等。行程中应列出详细的景点预计游玩的时间、景点的主要特色介绍等。	本项目的作品制作其实是在探究活动过程中完成，它可以分成几个步骤。第一步，在电子表格软件中建立工作簿、工作表；第二步，将经过核实的数据输入工作表中；第三步，对工作表里的数据进行运算与分析，如对数据进行排序、用公式或函数对数据进行计算统计等；第四步，对数据分析后，选择合适的图表；第五步，对表格和图表进行美化修饰。 学生如果觉得有需要，还可以针对通过数据分析得到的结论撰写调查报告，报告中可充分利用前面的表格，其翔实的数据和直观的图表可以增强报告的说服力。
成果展示	成果展示不但要展示最后所完成的作品，即所设计制作的书籍封面，还要向参与展示交流活动的老师、同学展示和解释本小组的学习过程，如项目的实施计划、过程，小组在碰到问题时是怎样解决的等，还可介绍一下在活动中有哪些收获，有哪些心得，本小组在合作过程中有哪些亮点等。	为了使老师、同学对本组设计的方案做出更有利、更好的评价，小组成员在班级里对本小组设计的“杭州一日游”的游玩方案进行推介。在推介会上学生可以用PPT、Flash、FrontPage等工具软件制作演示文稿，展示本小组所设计的方案的优势，如价格优势、景点安排合理、行程安排紧凑等。此外，学生还可以分享自己在设计游玩方案过程中的所学所得，可以是一个小技巧、一些经验教训等。	零花钱几乎每个同学都会拥有，每个同学都有自己使用零花钱的方式与方法。在展示成果时，不光可以对本小组同学制作的成果作品进行介绍，如介绍为什么选这个主题、如何获得所需的数据、对这些数据又是怎样处理分析的、得到的结论是什么，还可以谈谈自己的观点和想法，如零用钱怎样使用更合理、更有意义，零用钱与家长的工资比例多少比较合适，对零用钱的满意程度以什么为参考依据更客观等。

续表

指标	书籍封面设计	杭州一日游	我们的零花钱
活动评价	在交流的时候，大家都会很关注自己的作品而不认真倾听其他人的。教师在交流前，应提醒、引导学生，让学生思考在交流的过程中要听什么。只有认真去倾听、去思考，才能做出公正的、客观的、全面的评价。除引导学生关注最终作品外，还要求其关注其他方面，如演示文稿、发言情况、操作演示、回答提问等。	在对最终的游玩方案进行评价的时候，学生可能会被多姿多彩的画面和图片所吸引，把评价的重点放在方案的表面形式上，这时要引导学生关注实质内容，如景点选择、路线安排是否合理；主题是否突出；是否符合顾客的年龄特点。	为了有效地进行项目活动评价，在项目活动实施前，教师为学生提供项目活动记录表，让学生根据项目活动的情况记录活动过程。对于作品的评价，为使评价结果更公正，事先给出一个评价量表，让学生的评价有据可依。

三、案例小结

以上三个项目学习有着各自的内容和侧重点。第一，它们要求学习的学科核心概念不同。项目一学习的是图片、文本框的编辑方法和文字处理软件的使用技巧，项目二学习的是文字处理软件中制作与修饰表格的方法与技巧，项目三学习的是制作电子表格、电子表格中数据的运算和创建图表。第二，三个项目所要收集的资料类型不同。项目一主要是图片资料的收集，项目二主要是文字资料的收集，项目三则是数据的收集。第三，收集资料的方法、途径不一样。项目一主要通过拍照、动手绘制或上网获取，项目二主要通过实地考察获取，项目三则主要是通过调查获取。第四，所完成作品的表现形式不同。项目一、项目二的作品表现形式虽然都是 Word 文档，但是项目一主要是排版效果的设计，项目二则是表格的设计，项目三的作品表现形式则是电子表格和电子图表。

项目活动取得了常规教学所意想不到的效果。如对于 Word 中表格的学习，常规教学往往是学生在老师的示范演示下设计制作一张经过美化修饰的课程表，学生的作业几乎是一模一样的。而在基于项目的学习中，虽然大家的主题都是“杭州一日游”，但最后的成果作品却并不局限于风景名胜的一日游程规划。其中一个小组就从学生实际出发，设计了游览主题为“第二课堂学习基地”的一日游，改变了我们以往认为“第二课堂学习基地”只是参观博物馆、名人故居等的观念，激起大家去游玩的兴趣。项目活动不再是单一知识技能的学习，在“杭州一日游”项目中，学生不光学会了 Word 中表格的设计与制作，还自觉自主地学习相关的工具，如杭州 E 都市三维地图、Snaglt 软件等。并且，通过这次活动，学生深深地意识到自己家乡的美，对“杭州是一个美丽的城市”的理解不再停留在字面上。

在课堂教学中应用基于项目的学习，使学生意识到信息技术其实与自己的学习生活是紧密相连的，是能学以致用的。通过项目学习，学生自主探究未知知识与技能的能力得到了发展，利用知识解决生活中实际问题的能力得到了锻炼，与小组成员分工、合作的自觉性和责任感也有所增强。

参考文献

[1] 教育部.中小学信息技术课程指导纲要(试行)[Z].教基〔2000〕35 号，http：//info.jyb.cn/jyzck/200603/t20060305_12035.html(中国教育新闻网)，2006-03-05.

[2] 巴克教育研究所.项目学习教师指南——21 世纪的中学教学法[M].任伟，译.北京：教育科学出版社，2008.

[3] 王荣良.初中信息科技(试用本)第一、二册教学参考资料[M].上海：华东师范大学出版社，2008.

[4] 刘景福，钟志贤.基于项目的学习(PBL)模式研究[J].外国教育研究，2002，29(11)：18-21.

[5] 王玲.项目教学法在初中计算机教学中的应用[J].教学管理与教育研究，2016，1(2)：49-50.

[6] 罗九同.基于项目学习的翻转课堂有效性及其影响因素探究[D].上海：华东师范大学，2015.

深入浅出，拨云见日

——基于教材重难点突破的初中科学实验优化研究

郑建新

初中科学中每个概念的确立、原理和定律的发现，无不有坚实的实验基础。实验具有特殊的魅力，精心设计、合理布局的实验可以为学生提供鲜明、准确、生动的材料，使学生获得感性知识，帮助学生从宏观向微观过渡，使概念、原理容易理解，使知识形象化、便于运用。科学教师在教学中要用优化的实验来揭示科学本质，突破教材重难点，建构科学知识。

一、化复杂为简单，全面突破

初中学生对实验有着浓厚的兴趣和爱好，对于教材中的重难点内容及自己的一些猜想，都希望能动手进行亲身体验。若能提高实验的全面性，必然有助于大大提高学生学习科学的兴趣。我们根据教材重难点，让每个学生动手做实验，认真观察实验现象，分析实验结果，准确掌握好所学的知识，以揭示科学本质，全面突破重难点。

1.“气体流速与压强的关系”简单实验

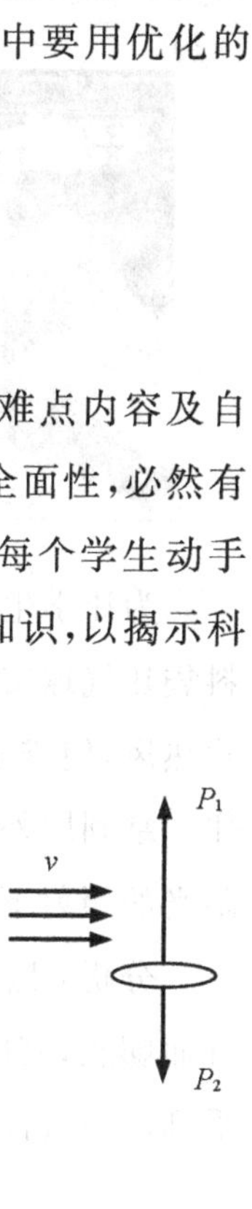

该实验也称为“鱼跃龙门”实验。

器材：硬币一枚，牙签（一次性筷子、铅笔、橡皮、尺子等宽度不等的器材也可）。

操作过程：将牙签等“龙门”按高度关系，隔一定的距离分别摆在桌面上固定牢，依次寓意一级龙门、二级龙门……将硬币放在牙签前，在其上方水平用力吹气，硬币便可一跃而起，跳过“龙门”。随着气流的大小变化，跃起的高度也会相应变化。掌握吹气力度，看谁能使硬币跃过更高级的“龙门”。

原理简释：当用力在硬币上方水平吹气时，硬币上方的空气流速大，压强就减小了，使得硬币上、下压强不等，下面的压力大于上面的压力，就把硬币向上抬起，使硬币成跃起的姿势。

2. “密度和浮力”难点的突破

在学习“明天的天气怎么样”这一节课时，学生无法理解冷气团会下沉，暖气团会被抬升。因为根据学生的生活经验和常识，冷气团和暖气团交汇时应该是两者的混合，而不会出现抬升和下沉的情况。取一容器，中间用玻璃板隔开，在两边分别同时倒入用不同颜料染色过的温度较高的热水和温度较低的冷水，当把中间的玻璃板抽出时，明显地观察到冷水下沉到底部和热水上升的情境。通过此实验，学生就能理解这一知识点。

为让学生对浮力、密度有更深刻的理解，可以让有兴趣的同学在课外做塑料袋热气球实验。用手将黑色的大垃圾袋的袋口收拢并抓紧，用吹风机往里吹热风，使袋子膨胀起来。收紧袋口，用胶带纸固定，再用一根长线牢牢地绑住。拿到屋外，最好选择没有风的广场，实验更容易做成功。黑色的垃圾袋在阳光的照射下，就会慢慢地上升。

分析：黑色的垃圾袋很容易吸收太阳光的热量，袋里的空气因为温度上升而膨胀，密度变小了。膨胀的袋子因为体积变大，排开空气的体积变大了，受到的空气浮力也变大了，袋子自然就会上升了。

该实验不仅能从多方面加深学生对知识的理解，而且能有效地训练学生的思维逻辑性，使学生在探讨问题的过程中产生灵感和顿悟。通过实验，抽象的概念就会变得明朗、清晰起来。

二、变分工为合作，共同突破

初中科学教材中有些活动难以由一个学生独立进行，若能设计一些相对易操作、现象又明显的小组合作实验，让学生相互探讨补充，所有学生都亲自动手操作、控制实验过程、观察实验现象、测量数据，小组共同分析讨论改进实验方案、得出结论，有助于培养学生之间团结协作的精神，提高学生的学习能力。学生参与性的提高为教材重难点的突破提供了前提条件。

1.“地形和地形图”重难点突破

等高线地形图中的许多科学概念，如山顶、鞍部、山谷、山脊、峭壁、陡坡、缓坡等，学生对其的理解存在一定的困难。当开展学生合作实验后，学生通过自己小组的独创性设计、交流等环节，很好地掌握了该知识点。如用纸片、牙签和橡皮的小组，将平面化的等高线地形图用最简易的方法展现出立体化，突破教学难点。

2.“指南针为什么能指方向”重难点突破

“指南针为什么能指方向”是八年级《科学》(下册)第四章第一节内容。对于指南针能指方向，大家都知道，但是指南针一定就能指方向吗？这会让许多人一时难以回答。这样就可以充分激发学生参与的热情，点燃学生的思维。而且通过这样的设计，学生不但知道没有磁性的可以被磁化，有磁性的也能被更强的磁体改变磁极，从而突破重难点，使学生的思维能力得到有效提升。

四人一组，每人一个指南针，观察指南针静止时的指向。课堂上许多同学还没等指南针静止，就迫不及待地回答“指南北方向”。教师追问：“真的吗？”有同学不好意思地说：“我的怎么不一样？”这时有学生说：“怎么可能？”有同学说可能是磁体之间相互干扰的缘故，并建议把指南针离远一点放。同学将指南针放到讲台上观察，可是移开后还是不指南。此时，同学们很好奇。教师出示了课前拍好的照片。

同学说："肯定是颜色涂反了。"大家感觉很好笑。但许多同学认同这一观点。此时，教师拿了一块条形磁铁，像变魔术一样轻而易举地将指错方向的指南针调为正确指向。这是为什么呢？同学们感觉更神奇了！为了揭开谜底，大家主动思考，积极讨论。

教师营造一个宽松和谐的实验氛围，充分相信学生，学生在小组合作中勇于突破思维定式，极富创造力。学生在介绍实验结果时表现出较强的表述能力，同时能够积极吸取其他同学的优秀方案，对其做出正确的评价。

三、使抽象变具体，直观突破

教师如能在科学教学中从学生的认知难点出发，进行科学实验优化，可以将复杂的问题简单化、抽象的问题具体化、结果的问题过程化，让学生在实验中获得启发、顿悟，由感性的东西逐渐引向理性的抽象概括，进而能够达到准确、严密、深刻的理解和掌握所学知识的目的，突破重难点。

1."平面镜成像的原理"重难点突破

平面镜成像看得见却摸不着，对于初一的学生来说是一个比较抽象的概念，如果没有一个具体、直观的现象帮助学生理解，很容易造成学生对平面镜成像特点和原理的机械式记忆，最终会缺乏运用能力。因此，突破教材重难点的关键在于帮助学生理解平面镜成虚像，通过亲手测量分析来构建完整的知识体系。

贴着玻璃板放一张黑纸，从燃蜡烛 A 的一侧向玻璃板中看，可以看到蜡烛在玻璃板中的像，说明这个像上没有实际光线通过，平面镜成虚像。把蜡烛 A 放在玻璃板的前面。点燃蜡烛 A，在玻璃板后用白纸板光屏接收蜡烛 A 的像，看不到 A 的像，也说明平面镜成虚像。

将橡皮 B 竖立着在玻璃板后面的纸面上移动，蜡烛 A 和 B 的像完全重

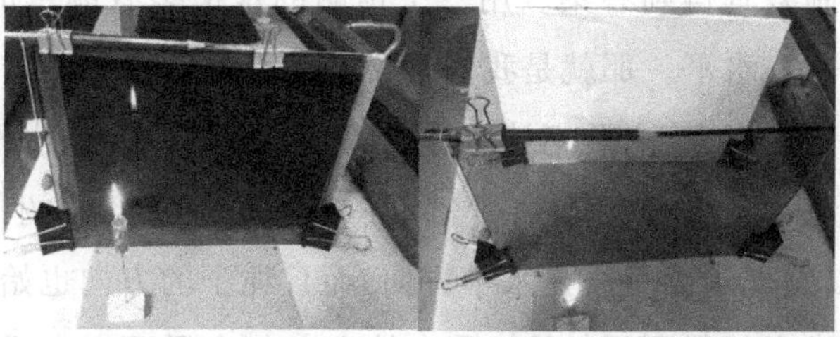

合。用力向下插一下橡皮 A、B 上的针。第三块橡皮 C 放在橡皮 A 的右侧，当用眼睛观察橡皮 C 上的针和橡皮 B 上的针成一直线，用力向下插一下橡皮 C 上的针，再次向右移动橡皮 C，当用眼睛观察橡皮 C 上的针和橡皮 B 上的针又成一直线，用力向下插一下橡皮 C 上的针。

取开玻璃板，用刻度尺画线联结 AB、BC、BD，AB 和 MN 交于点 O_1，BC 和 MN 交于点 O_2，BD 和 MN 交于点 O_3，完成平面镜成像的原理图，并用刻度尺测量，发现 AO_1 等于 BO_1。

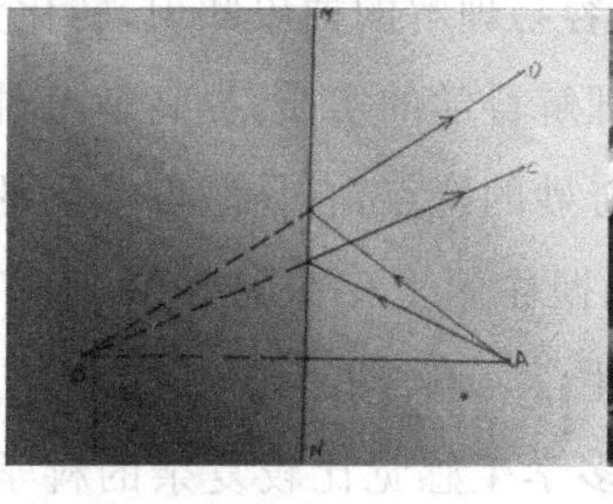

重新把玻璃板摆放在 A4 纸的 MN 上，在玻璃板上夹上黑色面的纸板，用激光笔紧贴 A4 复印纸沿 AO_2 和 AO_3 射向玻璃板，观察反射光线是否沿 O_2C 和 O_3D 射出，O_2C 和 O_3D 的反向延长线汇聚于像点。进一步说明平面镜成像是因为光的反射，反射光线的反向延长线交于像。

整个找像、测量、分析、作图的过程由学生自己动手完成。边实验边完成平面镜成像原理图，从感性认识过渡到理性分析，学生很容易就能理解平面镜成像的原理。

2.“重力的方向”重难点突破

“重力的方向总是竖直向下的”，“竖直向下”究竟是一个什么方向呢？可以通过一个自制教具得到答案。用一个透明的水槽装有颜色的水，静止时水面是怎样的？——水平。那就是我们常说的水平面。重力的方向与它是否有关呢？请学生讨论思考，之后把挂有重物的绳子挂在刚才的水槽上，马上可以发现两者互相垂直。若把整个装置倾斜一定角度呢？会发生变化吗？实验后，同学们可以发现水面一直是水平方向，而且绳子的方向也始终与水平面垂直。学生顺理成章就得到了结论：重力的方向与水平面方向垂直。这个实验化解了学生心中的疑团，破除了学生的错误理解，学生对重力方向的认识和表达也更清晰明了。

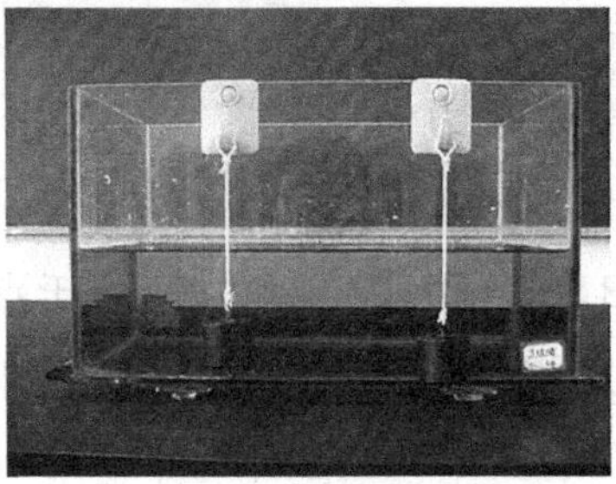

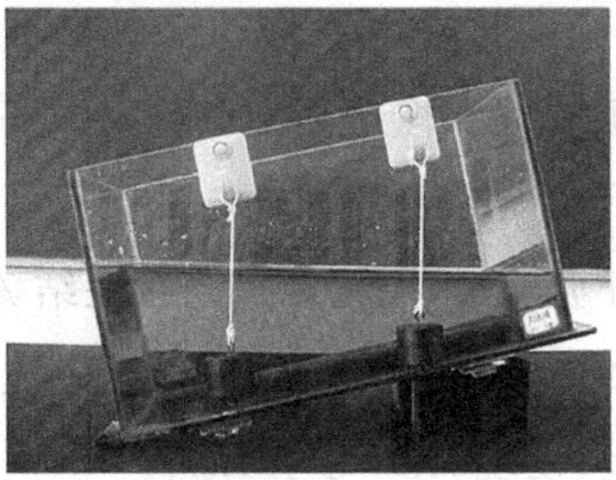

教师通过巧妙的安排和实验，把不容易理解的抽象知识，转化为易接受的直观实验现象，让学生自主建构知识，理解科学的实质，提高学习科学的兴趣。

优化的科学实验具有生动、直观、奇妙的特点，容易激发学生的学习兴趣。教师站在学生的角度去思考，准确地把握住学生存在的疑惑，为了解决问题，深入挖掘教材，巧妙设计，充分调动学生学习科学的积极性和主动性，通过优化实验教学来突破教材重难点。把许多学生感觉比较复杂的科学问题，转化为浅显的、直观的、明了的科学道理，易学易懂，以达到教师力争“活教”、学生能够“乐学”的状态。通过让学生参与其中，进一步提高学生的科学探究能力、创新和实践能力，促进学生科学素养的全面提高。

参考文献

[1] 傅国亮.新课程优秀教学设计与案例(初中科学卷)[M].海口：海南出版社，2003.

[2] 赵力红.低成本、高智慧、深探究(一)——低成本实验在物理教学中的开发与运用[J].教学仪器与实验，2006(2)：14-16.

[3] 郑圆成.低成本物理实验开发的研究[D].金华：浙江师范大学,2011.

[4] 王祖浩,王程杰.中学化学创新实验[M].南宁：广西教育出版社,2007.

[5] 董涛.中学物理创新实验的开发与研究[D].武汉：华中师范大学,2003.

[6] 张海银.中学生物学探究性实验设计的教学探讨[J].生物学通报,2003(10):33-34.

[7] 宋林青等.化学新课程中微型实验探究活动的设计[M].北京：化学工业出版社,2004.

[8] 刘炳升,冯容士.中学物理实验教学和自制教具[M].上海：上海教育出版社,2000.

运用比较法实现电学实验高效复习

——电学实验复习教学设计

徐　燕

人类的思维过程是一种复杂的活动，而比较是思维的基本方式。著名的俄国教育学家乌申斯基曾经提出：理解与思维是以比较为基础的。比较是在分析和综合的基础上将各种事物加以对比，并确定它们之间异同的一种思维方式，是认识客观事物的科学方法之一。它是研究过程中常用的工具，是人类认清事物的基础。

一、教材分析

电学一直是初中科学的重点，而对于学生来说电学实验部分则是其中的难点。浙教版初中科学教材要求学生掌握的电学实验主要包括：用电流表测量电流，用电压表测量电压，连接串联电路和并联电路，探究电流、电压、电阻的关系，伏安法测定值电阻，伏安法测电功率等，其中又以探究电流与电压、电阻的关系，伏安法测电阻和测定小灯泡电功率为主要电学实验。这些电学实验的电路图、实验步骤非常相似，在学习过程中，学生往往容易对这些实验的原理、实验步骤、器材的作用、多次测量的目的等产生混淆。而中考对学生的考查内容包括较简单的电路连接、电器元件的使用、电表的读数，也有难度较大的实验数据的处理分析、故障分析、电路设计等，试题灵活度大、综合性强。所以电学实验复习除需对相关基础知识进行归纳梳理，帮助学生厘清疑点，还需要加强实验的综合训练。

二、课堂教学的设计思路及层次结构

电学实验的复习如果只注重知识的再现，将实验方法、实验步骤及实验要点加以罗列，再辅以题目讲练，实验就显得过多、过杂、枯燥乏味又耗时，影响学生学习的兴趣，且不利于提高学生归纳、总结的能力和对实验本质的认识。笔者尝试通过比较法合理整合电学实验，架构起学生对电学实验的整体认识，达到提高初三电学复习效率的目的。

初中科学电学实验几乎都离不开电表和变阻器，电学实验的核心就是“两电表一变阻器”的合理使用。在教学设计时笔者把学生已有的知识和经验作为教学出发点，以学生的疑惑点为关键点，围绕“两表一器”的作用展开比较，帮助学生厘清不同实验的原理、步骤、目的的区别。据此设计教学，层次结构如下：

忆一忆：电学实验需要使用到的电学仪器；

画一画：用这些仪器可以做哪些实验；

比一比：滑动变阻器的作用、测三组数据的目的；

想一想：两个经典电路图还能完成哪些实验；

变一变：小组活动，设置故障，填写变化单；

找一找：小组互换，找出电路故障，填写诊断单；

诊一诊：给出电路“病历”，小组讨论给出诊断。

三、教学过程

(一) 并列比较，知识条理化

并列比较就是把相对独立的互为并列的几个实验进行比较的方法。

(1) 请学生忆一忆：电学实验需要使用到的电学仪器。

学生列举出了电压表、电流表、滑动变阻器、电源、开关、定值电阻、小灯泡等电学仪器。

(2) 请学生画一画，用这些仪器可以做哪些实验？请画出一个学过的实验的电路图。

学生展示并解说，其他同学补充、点评、纠错。

师生共同总结：需掌握的初中电学实验有探究串、并联电路中电流的规律，探究串、并联电路中电压的规律，探究电阻的大小与哪些因素有关，用滑动变阻器改变电流，探究电流跟电压、电阻的关系，伏安法测定值电阻，伏安法测电功率等。

设计评价：此处教学设计通过开放性实验复习，抓住最能表现整个实验的电路图，通过画电路图的过程来复习实验原理、所需电学仪器、操作步骤，通过不同实验的电路图比较来刺激学生重现学过的主要电学实验，并在学生根据电路图讲实验的过程中通过各个实验的对比，使学生暴露出问题，进而通过师生共同讨论解决问题。并列比较引导学生自主构建、扩展思路、联系各个实验，将分散的知识结构条理化，激发学生兴趣，提高复习效率。

（二）相近比较，知识清晰化

一个实验区别于另一个实验，关键在于它们具有不同的本质属性，随着实验的增多，形似质异的知识点层出不穷，极易混淆，比较可以让学生对这些知识点一目了然。在初中电学实验中最重要的莫过于伏安法测电阻和伏安法测电功率了，而这两个实验的电路图、操作步骤非常相似，比较能让学生更好地区分这两个实验，进而更好地理解各自的实验原理。

（1）出示伏安法测电功率电路图，问：实验原理及实验步骤是什么？

（2）问：伏安法测电阻的电路图又有什么不同？

测电功率和测电阻的电路图如图1所示。

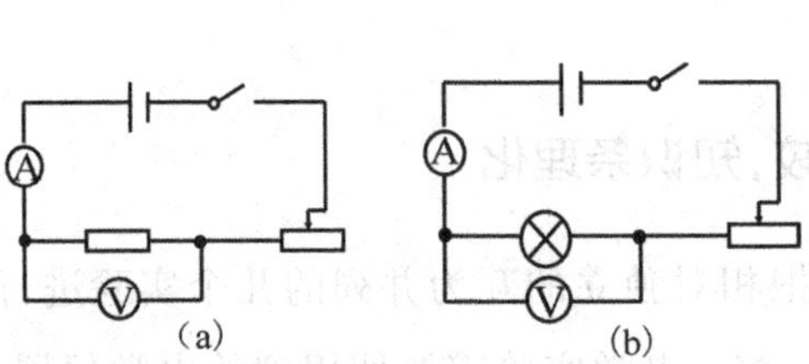

图1　测电功率和测电阻的电路

（3）小组讨论。

[比较1]两个实验都用了滑动变阻器，它们的作用分别是什么？

交流总结：

测电阻：改变通过导体的电流和两端电压，进行多次测量，求出平均值。

测电功率：改变灯泡两端电压，使其为灯泡的额定电压。

[比较 2]两个实验都需要测出三组电压值和电流值，各自的目的是什么？

交流总结：

对 R_x 测量三次是为了取平均值减小误差。

测 P 三次是为了观察灯泡亮度随电压的变化规律，比较功率与明暗关系。

[比较 3]已知三次测量数据，如表 1 所示，请问求电功率的两种方法是否都可行？

表 1　三次测量数据

实验次数	电压 U/V	电流 I/A
1	8	0.36
2	6	0.30
3	4	0.25

注：小灯泡的额定电压为 6V。

方法 1 $P_{额}=U_{额}I_{额}$

方法 2 有的同学提出：可以根据测量数据，在非额定电压条件下求出小灯泡的电阻，再由公式 $P_{额}=U_{额}^2/R$，求出小灯泡的额定功率 $P_{额}'$。这种方法是否可行，你的观点是什么呢？

交流总结：方法 2 中灯丝的电阻受温度影响，灯丝的温度升高，电阻变大，电压低时，灯丝温度低，测得的电阻偏小。由 $P_{额}'=U_{额}^2/R$ 可知计算出的 $P_{额}'$值偏大。故不可行。

[比较 4]两个经典电路图还能完成哪些实验？

交流总结：伏安法测电阻的电路图还可以完成探究电流跟电压、电阻的关系，测电功率的电路图则可以完成滑动变阻器改变电流。

设计评价：伏安法测电阻和伏安法测电功率这两个实验有很多相似性，如电路图、操作步骤等，学生极易混淆。引导学生比较两个实验的电路图、滑动变阻器的作用和测三组数据的不同目的，帮助学生厘清伏安法两个实验中的疑点，更准确把握这两个实验，更深理解实验原理，并使学生明白原理是实验的核心，只有真正领会实验原理，才能清楚实验思路，合理安排实验步骤，最终实现实验目的。

(三) 正误比较，思维大博弈

正误比较，即适当对比一些正确与错误，可强化学生的辨误能力，同时又可激发起学生的好奇心和好胜心。

(1) 小组活动：变一变，设置故障，填写变化单；秘密地改变电路或设置一个故障，并填写变化单，画出电路图，说明电路的变化或可能引起的后果。

提醒学生：注意防止损坏电学仪器。

(2) 小组活动：找一找，小组互换，找出电路故障，填写诊断单。

(3) 小组展示：交流设置故障及找到故障的过程方法，展示变化单与诊断单。

学生总结：电压表和电流表的导电性能分别接近绝缘体和导体，归纳找电路故障的方法。

(4) 小组讨论：诊一诊电路“病历”，请给出诊断并开出“药方”。

[“病历”1]在一次实验中需要测量小灯泡两端的电压和流过它的电流，电路连接如图 2 所示。

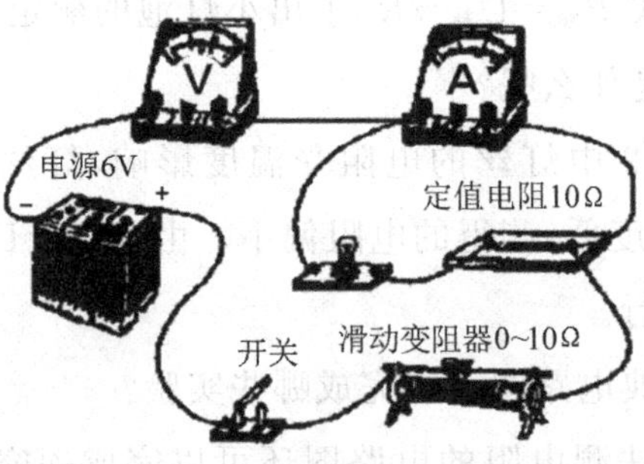

图 2

[“病历”2]伏安法测电功率时，调节滑片，测得三组数据如表 2 所示。

表 2 调节滑片后的三组数据

实验次数	电压 U/V	电流 I/A
1	5	0.20
2	6	0.15
3	7	0.10

设计评价：此处的教学设计极大地激发起学生的兴趣，设置电路障碍的学生挖空心思想将故障设置得巧妙而不易被发现；寻找电路故障的学生群策群力，实验、分析、讨论，共同想办法。小组间展开了一场思维大博弈。学生在展示环节通过故障设置的变化单与故障分析的诊断单的比对，积极思考，主动寻找电路故障的分析方法，总结电路故障的原因及对应现象。最后老师再提供 2 个电路“病历”让学生诊断，让学生总结的电路故障分析方法学以致用。

参考文献

[1] 高英.初中物理比较法教学且行且思[J].中学物理，2016，34(8)：38-39.
[2] 王健.浅议高中语文教学中的比较法教学[J].教育教学论坛，2012(18B)：86-87.
[3] 卢晓中.比较教育学[M].北京：人民教育出版社，2005.

初中英语多媒体教学中板书优化策略研究

许　岚

一、板书设计的现状

随着科学技术日新月异，许多英语教师都已擅长甚至依赖使用多媒体进行教学，于是他们越来越忽视传统的课堂教学板书的设计，从而导致课堂板书存在以下几个问题：

（一）态度随意化

不少英语教师认为没有使用现代化教学手段的课就不是能体现新课程理念的好课，于是课前他们将大量精力放在课件制作上，缺乏教案，更不用提课堂板书的预设；课中，板书成了教师率性而为的即兴发挥，在黑板上他们想写什么就写什么，想怎么写就怎么写，想写哪儿就写哪儿，板书杂乱无章。

（二）内容极端化

不少英语教师认为“课堂重难点都已经呈现在幻灯片上了，又何必在黑板上重复书写呢？”于是教师上课就是放课件，板书内容仅仅是课件中无法呈现的单词或词组，且有的还被潦草书写在黑板上。在他们看来，板书只是课件的附属品，有的教师甚至一节课上完，黑板上只字未留或只写了该课的标题。

(三) 形式单一化

不少英语教师的课堂中的板书形式过于单调乏味，千篇一律；在黑板上经常写的无非就几个英语单词、词组或句型，缺少板演和板画，也很少让学生到黑板上来板书。他们还都用白粉笔单一书写，懒得利用彩色粉笔来吸引学生注意力。

这种搭上“现代化快车”、忽视传统知识沉淀的教学手段导致学生上课的兴趣常被转移到多媒体画面或音乐上，其注意力更容易被分散；从课件中所记的零散知识点使得学生对课堂内容云里雾里，整节课反而滋长了学生的浮躁状态；教师不严于律己的板书形象也必然会给模仿能力较强的初中生带来消极影响。

二、板书设计的意义

的确，多媒体教学方式能创造出一个声情并茂的教学环境，但板书这一传统的教学媒体依然具有其独特的艺术魅力。

(一) 提供思想记忆的空间

与多媒体课件内容的快速、短暂呈现不同，板书不但能给学生提供一个思想缓冲的空间，让学生在老师板书时有时间思考问题或做笔记，还能一直呈现在学生眼前，提供记忆的框架结构，便于学生理清思路、总结归纳。

(二) 搭建实现灵感的平台

与教师事先设计好的多媒体课件不同，板书能随写随看，其内容还可方便地增删。因此，对于教师突发的灵感及学生提出的一些教学设计之外的问题，教师可以随时通过板书把教学艺术的动人之处带到课堂教学中来。

(三) 演绎动态教学的生成

板书能把那些不能完整呈现、需经过逐步动态或师生共同板书才能逐步形成整体的教学内容，以简明的文字或图画，生动地反映其互动、演绎的过程。

这样，教师不仅能做到及时反馈，还能使教学更显人性化，而这也是多媒体课件无法做到的。

（四）体现春风化雨的师魂

板书会影响学生非智力因素的发展。设计巧妙的板书往往是教师对教材进行了深入钻研的结果。教师这种严肃认真的钻研态度及书写规范的板书习惯，具有很强的示范和引导作用，对学生发挥着潜移默化的影响。

总之，教师课堂板书的持续性、生成性、情境性、示范性等是任何高科技不能比拟或取代的，因此，研究初中英语多媒体教学中板书设计的优化策略就显得很有价值。

三、板书在英语多媒体教学中的优化策略

板书是课堂教学的重要组成部分，而教师是板书设计的主体，是板书优化与否的决定性因素。教师可从以下几方面入手优化课堂板书：

（一）转变教学观念，重视板书设计

教师不能再被多媒体的便捷和活力蒙蔽了双眼，而应客观、理性地看待板书和多媒体这两种教学手段，让板书教学回归课堂，得到应有的重视。例如：集团一位教师在旧版《新目标英语》八年级上“Unit 4 How do you get to school?”第一课时的磨课中，板书了以下内容：

Unit 4 How do you get to school?	
—How do you get to school?	
—I get to school by bus/by bike.	subway
I take a bus/ride a bike to school.	helicopter
—It takes me...	taxi

很明显，该教师在备课时并没有精心设计过课堂板书，在课堂中也未重视板书的价值，以至于本节课有好多重难点都未被落实，例如：重点问句 How long does it take? 忘写在黑板上，“乘车或骑车”的两种句式的区别重点也未

被强调,更不用说两个 take 的用法区别等,教学效果欠佳。于是,该教师在后次磨课中改进课堂板书如下:

Unit 4　How do you get to school?

—*How* do you get to school?

—I get to school *by bus/by bike /on foot*.　　subway

I **take** a bus/*ride* a bike/*walk* to school.　　helicopter

—How long does it **take**?　　taxi

—It **takes** me 30 minutes.

结果显而易见,后次磨课中的板书使学生能以旧促新,清晰地梳理该课的重难点,在句型操练时变得游刃有余,课堂教学效果有了大幅改善。

可见,教师在教学中是否重视板书,带来的教学效果是不同的。因此,在课前备课过程中,教师不能只备课件,还需潜心研究教材、准备教案,尤其要精心设计好一个切实可行的课堂板书提纲,让板书成为教师授课的支架,加深学生对授课重点内容的印象和理解,启发他们的积极思维,从而提高英语课堂教学效率。

(二)优化板书内容,提升学生能力

教师要设计出质高有效的板书,就要认真剖析教材,让自己的板书内容具有科学性、准确性、完整性和创造性等,以提升学生的学习能力。

1. 提纲挈领,加强学生的理解记忆

教师要明确教学目标,用精练简洁的语言将教学重难点清晰地在板书中展现出来,使学生能够轻松明确地理解和记忆所学内容。对于重中之重,教师可以适当用彩色粉笔来书写以引起学生的注意;对于板书中可有可无的内容,教师可以通过省略号的办法使之隐去,让学生凭借教师的讲述去领会,这样不仅可节省教学时间,突出教学重点,而且对启发和调动学生积极主动学习都大有裨益。例如,《新目标英语》八年级上 Unit 2,Period 1 中,笔者将课堂板书设计为:

—What's the matter **with** you/him ?

—I have/He has **a** { **...ache.** / **pain** in my/his... / **sore...** }

—What **should** I/he do?

—You/He **should** + v.

此板书简明地提炼了该课时要操练的句型,更突显了学生需注意的地方,学生通过认真听课及句型操练定能更清楚、深刻地体悟到本节课的重难点。

2. 准确语言,强化学生的认知水平

教师板书揭示的内容要客观,符合学生的认知发展水平;呈现的信息要准确,符合教材的思路。例如:旧版《新目标英语》九年级 Unit 3 第一课时教学中,有的教师急于求成,在学生第一次正式接触被动语态时就把各个时态的被动语态形式写在黑板上让学生记忆操练,这种拔苗助长式的教学严重违反学生的认知发展规律。其实,熟读教材的教师都知道在之后的单元中还会有被动语态的教学内容,教师完全没有必要在第一课时就将之倾囊相授,加重大部分学生学习英语的畏难情绪,而应该突出动词 allow 的用法及一般现在时和含情态动词的被动语态教学,教师可以板书如下:

	Unit 3, Period 1
School rules:	School allows us to...
	We are allowed to... (by school).
Ideas about rules:	School should allow us to...
	We should be allowed to... (by school).

此板书准确地反映了教材内容,不仅从语法角度突出了两种形式的主动和被动语态之间的变化,还从意思角度体现了两种句式概念上的不同,清晰地体现出本课时的重难点,使学生能扎实地迈好学习被动语态的第一步。

3. 丰富形式,激发学生的学习兴趣

众所周知,新奇的东西很容易成为注意的对象,而千篇一律的、刻板的、多次重复的东西，就很难吸引人们的注意。因此，教师要注重板书形式的多样性，巧妙运用好各类简笔画、图片等方式让板书求新、求活、求变，激发学生学习英语的兴趣，活跃课堂气氛。例如：旧版《新目标英语》七上 Unit 6，Period 1 的教学中某教师将课堂板书呈现如下：

这位教师利用写有“Big Thumb Restaurant”字样的卡纸带学生进入一定的语境，用先前精心画好的图纸导出本课时中的生词，之后她又逐一翻转这些板画，灵活巧妙地引出这些生词的复数形式，最后该教师还将本课时的重点句型总结性地张贴在板书的中心位置，并用简笔画将这些板画联结成一幅苹果的图案，升华本课时的德育主题“An apple a day, keeps doctors away. Let's eat healthy food”。很明显，这种将抽象文字和形象图案紧密结合、灵活多变的生动板书更能成功吸引学生的注意力，有效帮助他们理解课本知识和加深记忆。

4. 巧妙构思，提升学生的创造性思维

要想让自己的板书夺人眼球、促人思考，教师就要选好角度、优化构思。教师的板书构思要努力做到自然巧合、妙趣横生，给人一种“出乎意料又在情理之中”的美感。例如：在上旧版《新目标英语》八年级上“Unit 6 I'm more outgoing than my sister.”的第一课时中，某教师的课文导入部分让人印象深刻：

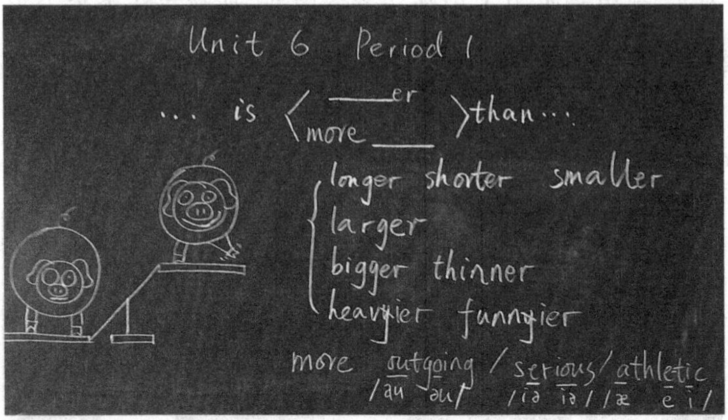

她先在黑板上用简笔画的形式画了三把尺和几个不同的圆圈，让学生充分操练含 longer 和 shorter 以及 bigger 和 smaller 的比较级句式。之后，出人意料地，该老师给黑板上的圆和尺添了几笔就变出了一个天平和几个圆球，让学生操练“Ball 1 and Ball 3 are heavier than Ball 2 and Ball 4.”这个句子。接着该教师又把黑板上的图画稍做改动，竟神奇地变出了两只小猪，取名为 Shooby 和 Dooby，并让学生用比较级句式操练。最后教师通过 Shooby 的微笑面容和 Dooby 的严肃脸庞导出本节课的重点之一：形容词比较级的另一种形式“... is more_________ than...”，以及本课时中涉及的生词如 outgoing、serious 等。

此教师用快速简洁的简笔画、直观形象的图画有效地创设了语言情境，激发了学生的好奇心，又在和学生的交流总结和举例造句中，充实板书，帮助学生理解、记忆和操练所学内容，引导学生的思路，从而自然并成功地导入课文。

（三）提高板书技能，彰显教学魅力

板书内容是教师授课的“脚手架”，但这个“脚手架”能不能让学生感受到教学的魅力，还要看教师运用板书的技能如何。

1. 合理布局板书，培养学生审美能力

整体布局是给人的第一印象。教师要充分利用黑板的有限版面，使整个教学板书紧凑、协调、美观。

通过实践，笔者认为可把黑板版面分为主体和辅助两部分。主体部分是不能擦掉的，并放在黑板的居中、显眼位置。一般来说，笔者会把当天教学的

知识要点有层次地在此处书写清楚。而辅助部分则分两处：一是黑板的最左边，作为课堂学生评价区，教师可以将课堂上进行的各类比赛进程和结果记录在此区间里；二是课堂学习的机动区，一般在黑板的右方，记录课堂教学过程中师生思想碰撞时的灵感等，这部分较为灵活，可随写随擦。

2. 创设规范板书，改善学生书写习惯

板书是给学生看的。教师的现场板书是最直观、便捷和有效的示范方式，直接影响学生书写的规范，能起到潜移默化的作用。现在有很多英语老师为了保证课程进度，在板书过程中只求速度，不求质量，书写潦草、随意、不规范。例如：他们潦草书写的字母 u 让人觉得是 n，字母 r 让人觉得是 v，字母组合 cl 可看成是 d，ar 字母一连写就变成了 w。这样的板书非但不能提高教学效率，反而会造成教学上的混乱，让学生越看越糊涂，严重的还会传递错误的信息，加重学生的学习负担。因此，英语教师应该苦练教学基本功，以身作则，让自己的板书力求工整、规范，不乱写乱涂，随时校对改正，给学生树立端正书写的好榜样。

3. 动态生成板书，提高语言习得效率

有些老师为了图方便，经常在课前就把预设好的重难点在黑板上板书完毕，其实此做法欠妥。因为板书具有生命力，虽然它的内容可以在课前就设计好，但它在课堂上呈现的次序和时间还是挺有讲究的。

板书应随着学生的学习过程不断生成。教师应按照教学需要，让有些板书先讲后写，从而加深学生对问题的理解；让有些板书先写后讲，引导学生追寻教师的思路；当然，还可以边讲边写有些板书，使授课内容、教师思路和学生思路合拍共振。

4. 采用互动板书，构建课堂和谐氛围

新课程理念倡导自主、合作、探究的学习方式，宽松、民主、和谐的教学氛围。作为服务于这种教学活动的手段，板书也应体现民主。

在英语课堂上，教师应把板书权和学生分享，让学生参与板书生成过程。这种由师生共同参与而成的板书不仅能加深学生对知识的记忆，培养学生的学习能力，发展其思维创造力，还能调动学生的学习积极性，让黑板成为课堂师生情感交融的重要场所，从而构建和谐的课堂氛围。

(四)结合板书课件,优化授课环节

作为辅助教学的手段,课件是动态的,能让学生"眼见为实",为课堂教学带来勃勃生机;板书是静态的,有利于学生沉思感悟,为整节课增添光彩。教师应根据实际教学情况,对板书和课件进行灵活调度、巧妙结合,才能使其相得益彰,从而达到提高课堂实效的目的。教师在整合板书和课件时,应做到以下两点:

1. 以教学任务为主旨

新课标提倡任务驱动式教学模式,无论是板书还是课件,都应为完成课堂教学的各项任务服务。笔者认为,课件应用应以增强教学的丰富性和生动性、激发学生的学习兴趣、拓展学生的知识面为主,适合用在离学生生活经验较远的、抽象的教学内容;而板书设计则应以突出教学重难点、生成教学灵感、增强教学的深刻性和创造性为主,适合用在需静思才能有所得的或通过唤起学生已有经验能完成的教学内容。

2. 以关注学生为主体

新课程理念提倡以学生为主体的教学模式。因此,教师在整合板书和课件时,必须重视学生的主体地位。教师要根据教学内容和目标,灵活运用板书和课件,不能生搬硬套。例如:对于英语基础相对较差的班级,教师应该把课件做得更朴实,减少不必要的动画等,从而集中学生们的注意力;板书书写更细致,讲解更透彻,以加强学生们的理解力和记忆力。

总之,课件、板书都要服务于教学。板书是课件的点睛之笔,课件是板书的有效补充。教师要让板书与课件密切配合,在课堂教学中起到相辅相成的作用。

四、结束语

虽然设计出一个好的板书,并不等于一堂精彩的英语课,但成功的英语教学绝不可没有出色的板书。好的板书设计,既有利于传授知识,又能发展学生的智力;既能激发学生的学习兴趣,又能活跃学生的思维。无论教师的教学手段多么先进,多媒体课件制作多么精美,都不能代替板书设计。一线教师应该

让板书在课堂上不再是一个被遗忘的角落，而是使它可以绽放自己独特的风姿，让它和多媒体等教学手段更好地有机结合，通过教师的精心构思、合理运用，使它更好地服务于教学、服务于学生，让英语教学的课堂更加熠熠闪光。

参考文献

[1] 中华人民共和国教育部.义务教育英语课程标准(2011年版)[M].北京：北京师范大学出版社，2011.

[2] 王松泉.板书学[M].上海：上海交通大学出版社，1995.

[3] 刘丽群，石鸥.课堂讲授策略[M].北京：北京师范大学出版社，2010.

[4] 廖丽芳.教师课堂教学技术与艺术[M].长春：东北师范大学出版社，2010.

[5] 朱良才.让教学更生动[M].重庆：西南师范大学出版社，2011.

[6] 刘巧平.板书与CAI技术在小学英语教学中的综合运用[J].中小学英语教学与研究，2007(3)：39.

第四篇

多元学习

提高初中生英语阅读技能的策略研究

甘恢玲 陈晓旭

一、研究缘起

(一) 研究背景

1. 学生缺乏基本的英语阅读技能

当前初中生英语课内外的阅读情况不容乐观,学生虽然能认识到阅读策略的重要性,知道一些学习策略,但真正掌握的策略并不多,没有养成良好的阅读习惯,更缺乏阅读实践和基本的英语阅读技能。

2. 教师忽视了阅读教学技巧

不少教师缺乏英语阅读教学技巧,对学生阅读的训练主要以应试为目的。学生始终在被动地阅读,失去了自己的思维空间和思考动力。

3. 教师弱化了学生的主体地位

阅读教学中合作学习的氛围不浓,学生的主体性得不到充分发挥,这严重抑制了学生思维的发展,影响了学生英语阅读能力的提升。

(二) 研究的价值意蕴

(1)“小组合作”学习是课堂教学多元方式运用的需要。

(2) 提高初中生阅读技能是提升学生英语阅读实效的需要。

(3) 小组合作活动能让学生主动投入实践运用和合作交流中,从而进行阅读学习、积极思考,这也是提升学生课堂学习状态的需要。

二、基于小组合作,提高初中生英语阅读技能的实施策略

(一) 读前合作学习——巧设话题,激趣导读

读前小组活动主要是激发学生的学习动机,扫清部分生词障碍,构建文本与学生过去经验和知识之间的联系,为学生迅速进入阅读状态做好铺垫。

1. 捕捉信息,预测主题

预测类似于 warming up 这个步骤,旨在激发学生的阅读兴趣和补充必要的背景知识。在正式阅读前,捕捉大标题、副标题、插图、表格等有效信息,对全文内容进行预测。从 what you know 过渡到 what you want to know。

【教学片断 1】

Go for it 七下 Unit 12 Section B 2b A Weekend to Remember

Group work: Predict what to be read according to the title and the pictures.

(1) The title: A Weekend to Remember

(2) The following pictures tell us what Lisa did last weekend.

【设计说明】 活动要求学生根据标题和图片所提供的信息,预测故事情节的发展和可能的结局,为阅读做好准备。学生带着浓厚的兴趣很快进入合作讨论和质疑猜测环节,前半部分大多数学生基本能形成统一的意见:因为图片中展示有搭帐篷、生火做饭、在月光下享受美食等场景,所以 Lisa 上周末可能和家

人乘公共汽车去野营了。通过惊恐的面部表情，Lisa从帐篷中向外张望时可能发现了蛇。至于后面的翻跟头和小树林及其跟蛇有什么关系，就是学生们讨论的焦点和高潮，甚至同一组内的组员都不能形成统一的预测结果，这也许正是标题 A Weekend to Remember 所暗示的让 Lisa 记忆犹新的原因吧。这样的合作质疑预测活动有助于增强学生的阅读意识，提升学生的阅读兴趣。

2. 创设情境，且论且思

阅读前的情境创设，其实就是导入。创设与阅读内容相适应的具体事件、场景或氛围，引起学生的情感体验，激发和吸引学生主动阅读的兴趣，帮助学生迅速而正确地理解阅读内容，自然地进入阅读主题，以此达到最佳阅读效果。

【教学片断 2】

Go for it 八下 Unit 9 Section B 2b Singapore—A Place You Will Never Forget!

Group work: If you want to introduce Hangzhou to foreign tourists, what will you choose to say?

Requirements:

(1) Each group should choose one thing to introduce about Hangzhou;

(2) For the thing you choose to say, each group should think one sentence which can help to attract more people to visit Hangzhou;

(3) Each group member should say one sentence about the thing you choose to introduce;

(4) The thing you can choose to introduce: the special foods, places of interest, the best time to visit Hangzhou, etc.

【设计说明】 活动要求学生讨论：如果你向游客介绍杭州，你会选择介绍什么？并给出了要求和评价标准。同时教师还为学生提供了一些主题，如特色食物、旅游景点、游览杭州的最佳时节等。学生首先讨论选择谈论话题，然后进行发散思考，每个组员为这个话题准备至少一个句子，各组员积极思考、集思广益，最后由本组中能力强的组员将各组员的语言材料加上连接词串联起来，在全班面前展示自己小组的活动成果。在这个读前小组合作预学活动中，学生们讨论的过程即伴随思考，培养了学生的阅读思维能力，也为本节课后面的阅读教学做好了充分的情境和语言准备。

3. 欣赏视频，活跃思维

视听导入是通过视觉和听觉，第一时间激发学生的兴趣，把学生的目光都吸引到视频的播放中。播放过程中，教师还能看到学生惊讶的表情，听到他们欣喜的赞叹。视频能充分激发学生的兴奋点，让他们积极主动参与到课堂中来，使得课堂气氛非常活跃。而且视频浅显易懂，学生很容易掌握其中要领，对阅读文本的展开也做了很好的铺垫。

【教学片断 3】

Go for it 八上 Unit 5 Section B 2b Reading P37

Group work: Enjoy the cartoon about Mickey Mouse and then discuss the following questions.

(1) Do you like to watch cartoons? Why or why not?

(2) What do you know about Mickey Mouse? Can you think of some stories with Mickey Mouse?

(3) What do you think of Mickey Mouse?

【设计说明】 通过播放一段经典的迪士尼卡通片——米老鼠横空出世，引发一系列有关卡通片，特别是有关米老鼠的问题探讨，从而激活学生的背景知识，活跃学生的阅读思维，为接下来的阅读活动做准备。

(二) 读中合作学习——循序渐进，集思广益

读中活动是语篇教学的核心环节，教师往往组织学生采用略读、查读和精读方式，进行填写表格、回答问题、匹配练习、复述课文等活动，帮助学生获取有效的阅读信息，引导学生整体感知语篇，培养学生的阅读策略和技能。

1. 语篇细读，合力填图

利用图表或思维导图展现阅读新知，可有效地突破课文长、词汇量大的难点，充分体现文章的层次和脉络结构，帮助学生抓住关键、总览全篇，从整体到细节，再从细节到整体的角度理解阅读语篇。这样可以有效地激活学生的思维，帮助学生记忆阅读新知、了解阅读文本大意。

【教学片断 4】

Group work: Read Jane's first diary entry about her vacation and fill in the chart.

Monday, July 15th	in the morning	weather	sunny and ________
		place	Penang in ________
		activity	go ________
		feeling	Paragliding is ________.
	at noon	lunch	Malaysian ________ ________
	in the afternoon	transport	rode ________
		place	________ in Georgetown
		what Jane and her family saw	1.old ________ 2. ________ of the Chinese traders from 100 years ago.

【设计说明】 学生根据Jane第一天马来西亚之行的日记记录合作填图，表中所给关键词信息概括了文章的细节，充分关注了文章的语言知识，更加清晰明确地呈现阅读内容，吸引学生眼球和注意力。这是在快速阅读的基础上进行的仔细阅读，目的是让学生进一步获取信息，培养阅读技能。

2. 提问设计，探索新知

提问设计能把学生引入问题情境，激发学生探索知识和阅读的欲望，引导他们积极思考，促使他们掌握知识、发展智力；能充分地激发学生的思维活动，使学生通过独立思考获取知识，积极探索。

【教学片断5】

Group work：Read Jane's second diary entry about her vacation and find the answers to the questions.

(1) Did Jane and his father walk to the top of Penang Hill? Why?

(2) How long did they wait for the train?

(3) When was it raining hard?

(4) What food did they have? How did Jane like it?

【设计说明】 在了解Jane的第一天马来西亚之行后，为了减少学生的视觉疲劳，对于第二天的行程和感受，笔者设计了4个问题，先让学生借助问题提示，独立思考，了解阅读文本中的主要信息。然后通过小组讨论的方式确认核对，让小组中基础较弱的组员更有信心展示小组合作成果，教师也尽量把展示的机会留给这些组员。

3. 角色扮演,感受情境

角色扮演在初中英语阅读教学的巩固与训练中起着关键的作用,它既能锻炼学生的口语表达能力,又能帮助学生进一步理解阅读文本,巩固所学内容。

【教学片断 6】

Group work: According to 2d, role play the conversation. Encourage students to show appropriate feelings when they are speaking.

Anna: Hi, Jane. Where did you go on vacation last week?

Jane: I went to Penang in Malaysia.

Anna: Who did you go with?

Jane: I went with my family.

Anna: What did you do?

Jane: The weather was hot and sunny on Monday, so we went paragliding on the beach. Then in the afternoon, we rode bicycles to Georgetown.

Anna: Sounds great!

Jane: Well, but the next day was not as good. My father and I went to Penang Hill, but the weather was really bad and rainy. We waited a long time for the train and we were wet and cold because we forgot to bring an umbrella.

Anna: Oh, no!

Jane: And that's not all! We also didn't bring enough money, so we only had one bowl of fish and rice.

【设计说明】 在完成 P6 2d 的活动后,小组内组员两两合作,分别扮演 Anna 和 Jane,组员们表现得非常踊跃。这种有趣的形式锻炼了学生的口语能力,使学生在实际运用中巩固和强化所学知识,并给了他们发挥和创造的空间,帮助学生综合运用所学语言,进行读后的语言输出。

4. 图画提示,复述课文

复述课文不仅可以帮助教师评估阅读课文教学的效果,也可以为学生提供锻炼口语能力和写作能力的机会,帮助他们复习和巩固所学的语言知识,加深对篇章的理解。通过图表、图片对课文进行复述，学生对整篇文章的结构一目了然，极大地提高了对课文的理解和记忆，同时也给组内基础较差的组员提供足够的语言支持，降低了他们对复述课文的畏难情绪。

【教学片断 7】

Group work：According to the following pictures，retell Jane's trip to Penang，Malaysia in Anna's words.

【设计说明】 要求学生以 Anna 的口吻对 Jane 的马来西亚之行进行复述，为了降低难度，可以辅以图画提示，每个组员复述 1～2 句，完成"Jane's trip to Penang，Malaysia"。当部分组员复述的时候，还可以鼓励擅长表演的组员同时以短剧表演的形式将课文内容展示出来。这样既可以锻炼学生阅读的概括能力和复述能力，又可以挖掘学生的表演潜力，培养学生的团队协作能力。

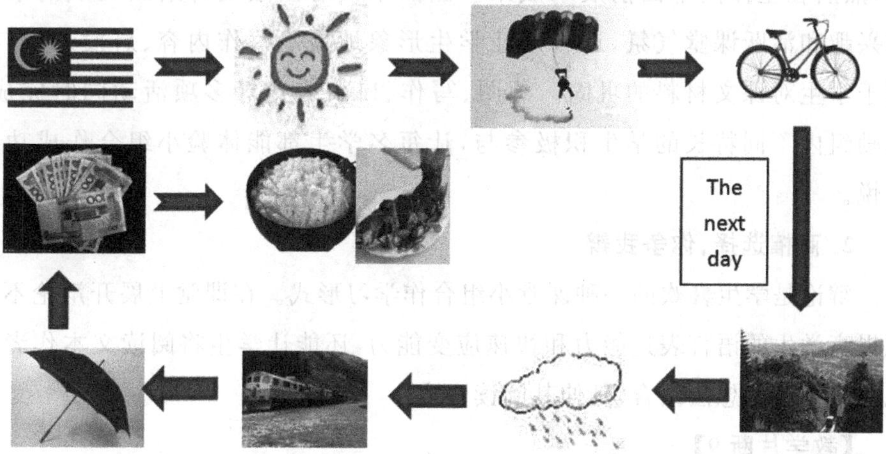

（三）读后合作学习——自由合作，延伸课堂

读后活动往往是对语篇阅读教学质量的检查评估，也是对文本内容的拓展、延伸和运用。学生在合作中运用所学的英语知识，达到学以致用的目的。

1. 齐心画图，动手动脑

画图能给学生直观感受，让学生动手又动脑，还跨学科运用到美术知识，任务的完成既使学生更好地理解了阅读文本，又培养了他们的动手能力和团结协作的精神。

【教学片断 8】

Go for it 七下 Unit 8 Section B 2b P47

Group work：Write a passage about our school.

Requirements：

(1) Have the students work in a group.

(2) Draw a map of the neighborhood of our school. Mark some places such as school，supermarket，bank，hospital，clothes stores，hotel and so on.

(3) Write a passage about our school with the words in the box.

on Jiaogong Road	across from	between…and…	next to	walk along
on the left/right	You can see…	I like…，because…		

【设计说明】 活动要求学生画自己学校所在社区的图并进行笔头描述，然后在全体同学面前展示成果。画图不仅可以激发有绘画天赋的学生的兴趣和活跃课堂气氛，还可以让学生形象地展示写作内容、启发思维，有利于学生对课文材料的巩固。画图、写作、口头表达等多项活动同时完成，鼓励组内不同特长的学生积极参与，让每名学生都能体验小组合作成功的喜悦。

2. 商榷选择，你争我辩

辩论是学生喜欢的一种课堂小组合作学习形式。在课堂上展开辩论不仅能提高学生的语言表达能力和快速应变能力，还能让学生将阅读文本作者的观点与自己的想法结合，延伸其阅读内容。

【教学片断 9】

Go for it 八上 Unit 4 Section B 3a P31

Group work：Choose your favorite cinema in Hangzhou and give your reasons.

UME International Cinema	Bigao Movie Theater
Xinyuan International Cineplex	Cuiyuan Film World of Zhejiang

Tips：cheapest，nearest，best sound，biggest screens，most comfortable seats，shortest waiting time，most popular，buy tickets most quickly…

【设计说明】　小组商榷讨论，从所给的杭州四大影院（UME国际影城、比高电影院、新远国际影城和翠苑电影大世界）中选择本组组员们最喜欢的影院，根据所给有关形容词、副词最高级的提示词汇，对最喜欢的原因进行阐述并进行详细说明，同时对其他影院的缺点进行讨论，最终确定哪家才是杭州最佳影院。活动话题贴近学生的实际，学生辩论时气氛热烈、畅所欲言，巩固了阅读文本中最高级的学习，让阅读教学更加有效。

3. 调查采访，拓展提升

合作、探究、体验等调查采访的小组活动形式，能巩固学生英语阅读内容，培养学生综合运用英语解决实际问题的能力，是英语阅读的有效延伸。

【教学片断 10】

Go for it 八上 Unit 4 Section B 2b P29

Group work：Make an interview and give a report.

Places	How much is a meal?	How far is it from school?	Is the service good?	Is the food good?

【设计说明】　学生调查了解学校附近的三家餐馆，获取相关信息，填写表格，最后各小组组员集思广益，完成调查报告。这项活动既拓展了学生阅读思维的广度和深度，又提升了学生的实践能力即实际运用英语的能力。

三、研究成效

1. 提升了学生的阅读实效

小组合作学习依照阅读难易度划分，要求学生以分工合作的方式，分别完成老师规定的活动内容，降低了阅读难度，提升了阅读实效。

2. 激发了学生的阅读兴趣

小组合作进行阅读，同伴之间能相互启发、诱导、监督，把每个同学已有的知识系统激活。当自己的意见得到同伴的肯定时，学生体验到了成功的喜悦，对英语阅读也更有信心，从而激发了他们的阅读兴趣。

3. 提高了学生的阅读技能

小组合作的阅读课堂教学中，学生的学习环境更为宽松，自主发挥的空间更为广阔，从而为学生的积极思维创造条件，同时也提高了学生的阅读技能。

4. 提高了学生的自主学习能力

小组合作学习能使学生变被动阅读为主动参加。活动过程能充分发挥学生的主动性，培养学生自主学习的良好品质，提高学生的自主学习能力。

五、研究思考与展望

1. 确定目标，明确任务

英语阅读教学的基本目标是要求学生在预定的时间内运用正确的阅读策略快速、准确地筛选有效信息，为达到此目标，学生阅读的任务必须具体，阅读的材料必须难易适中，这样才能调动全员参与的兴趣，以保证合作阅读的有效性。

2. 优化组合，自主学习

为保证小组合作阅读的健康推进，教师对学生的基础要做到心中有数，以"组内异质、组间同质"为分组原则，积极发挥好学生的引领作用，鼓励基础差的学生克服自卑心理，让不同层次的组员互相帮助、共同进步。

3. 小组反思，完善评价

反思、评价是学生对自己合作阅读中的得失进行重新认识、提高阅读实效的重要保证。教师要引导学生在自我反思的基础上再进行小组评价，同时注意评价方式的多样化，并防止简单化、形式化，从而有力推动合作学习向前迈进。

这是课题组成员在初中英语阅读教学中的新尝试，要使小组合作学习模式发挥出最大功效，仍有赖于教师对课堂合作学习活动进行更深一层的探讨、尝试和研究，设计丰富多彩的小组合作阅读活动，以减少学生合作过程中的低效现象，进一步提高学生的阅读效率。

初中生音乐实践能力培养的策略研究

徐 艳

马卡连柯说:“培养人,就是培养他对前途的希望。在实践中成长,体现了教育的真正内涵。”随着新课改理念的不断深入和教学手段的不断更新,我们对如何让学生更好地参与音乐实践的认识还是有些片面的。比如:让学生“动”起来即可,脱离了关注音乐本体;只重视实践,忽略了教学目标和教学重点;过多地使用多媒体设备;教学内容多而杂乱等。因此,音乐教学应从音乐学习的特点出发,设定生动有趣的音乐实践活动的内容、形式和情境,以增进学生对音乐的喜爱,获得对音乐的亲身体验。为了能够有效地培养学生的音乐实践能力,笔者进行了一系列的实践研究。

一、以情境创设法为教学的切入点,激发学生参与音乐实践的欲望

一堂出彩的音乐课需要有一个良好的开端,一节课的成败好坏与情境导入密不可分。新课程的学习强调在情境中展开,在实践活动中推进。我们应该在音乐课上创设各种情境,让学生用充分的想象力进行积极思考,真正成为参与音乐实践的主体。

1. 创设生活情境,深化学生的情感体验

教师要从学生熟悉的生活出发,创设良好的生活情境,鼓励学生参与音乐实践活动。这样不仅有利于学生理解生活中的音乐,也使学生体验到音乐在生活中是无处不在的。

【案例1】 七年级上册第五单元“劳动的歌”：学习劳动号子的有关内容时，我要求学生联想自己平时的劳动场景来进行表演。在听到打场号子《催咚催》时，两个男生随手拿起墙角的扫帚，和着音乐做起锄地的动作，非常形象。当欣赏到抬木号子《哈腰挂》时，一些男生说：“听到这个音乐我们想到平时抬饮水机的劳动场面了。”几个男生拿起自己坐的凳子扛在肩膀上，对我说：“老师，我们没有木头和饮水机可抬，就用凳子替代吧。”接着，和着音乐的节奏，嘴里整齐统一地吆喝着“嘿哟嘿……”，非常生动地完成了表演。

上述案例让学生在表现和创造活动中得到了丰富的劳动感受，用贴近他们生活中劳动时的音乐素材让学生体会到音乐的无处不在，感受到音乐在生活中的乐趣和无限价值。

2. 创设表演情境，培养学生的表现能力

“表演是通过人的演唱、演奏或人体动作、表情来塑造形象，传达情绪、情感，从而表现生活的艺术。”初中生或许没有小学生那么喜欢和愿意主动参与表演，这就要求初中音乐教师要多思考、多选材，看看教材中有哪些适合学生来表演的素材，多给学生搭建展现自我的舞台。

【案例2】 八年级欣赏课“两个犹太人”：这个班有两个体型胖瘦较悬殊的学生，我临时起意，指定他们来进行表演。让他们边倾听这首乐曲，边进行穷人和富人之间的对话。胖学生扮演富人，瘦学生扮演穷人。富人很胖，穿着也比较华丽、富有，他的神情显得很自满、狂妄、傲慢，当低音区大号响起时，这个胖学生就开始盛气凌人地对瘦学生呼喝、喋喋不休起来……穷人很瘦弱，穿着破旧，他看见富人后显得很紧张、不安。当小号微微颤抖的音色响起后，扮演穷人的瘦学生就开始浑身发抖起来，仰视着胖学生，眼神楚楚可怜，缩头缩脑。当富人和穷人的音乐同时响起时，两个学生表演得更加声情并茂：富人居高临下，指指点点，盛气凌人；穷人畏畏缩缩，战战兢兢，惶恐不安。他们表演完后，全班同学给予他们相当热烈的掌声。

这两个学生形象的表演，让全班学生更直观地感受到了乐曲中一穷一富两个形象的深刻对比，更深刻地感受到了穆索尔斯基对社会不平等的控诉。

这两个学生的表演向其他学生传达了一种思想、一种精神、一种感悟。通过亲身表演的音乐实践，学生更好地体验了音乐所要表现的深刻寓意。

二、以作业展示法为教学契机，发挥学生参与音乐实践的潜能

新课标指出："教师应激发学生的积极性，给学生提供充分参与音乐实践的机会，使得他们在自主探究与合作交流的过程中，真正获得音乐的审美体验。"这就是说，学生是学习的主体，教师应尽可能给学生提供一些自主探究的机会。初中生较小学生来说有较强的自主探究能力，因此笔者在教学实践中用了"作业展示法"，让学生进行自主学习和探究，在展示学习中得到交流和进步，并充分挖掘出他们参与音乐实践的潜能。

1. 音乐家用资源网站来介绍

音乐是一门资源丰富的学科，许多知识在课本中难以全面体现。网络已成为音乐课堂中获取知识的一个良好途径。学生可以通过网络进行资源共享，并在网络中搜索文字、声音、图片等各种信息，网络使学生了解到更深、更广的知识，接触他们周边环境中无法接触到的信息。

学生在制作网站的过程中能培养自主学习的能力，不少学生纷纷展示自己制作的网站，从各个方面来介绍贝多芬，达到了很好的参与实践的课堂效果。学生只有经历了亲自参与的实践过程，才会有丰硕的活动成果，才能自愿地、积极主动地参与到音乐的学习中来。

2. 知识点用音乐小报来呈现

在音乐课堂中，我们会给学生讲述不少知识点，比如音乐体裁、要素、风格、概念等。但是学生究竟掌握了多少我们所传授的知识呢？我们很难得知。因此，如何让学生在课上掌握了一定的知识后回去得到更好的理解和巩固是笔者所关注的一个问题。

【案例 3】 八年级下册第四单元"歌剧世界"：单元主题是让学生了解什么是歌剧、欣赏著名歌剧唱段。在课上让学生初步了解歌剧以后，布置作业：创编关于歌剧的音乐小报。

学生通过亲自实践创编，搜集更多关于歌剧的内容，不再局限于课堂上

教师所传授的非常有限的知识，开阔了自己的眼界，活跃了自己的思维，培养了自己的创编能力。在课上，大家都展示出自己设计的音乐小报，进行了充分的交流与学习，使自己参与音乐实践的层次又得到了升华。

三、以体会音乐作品的内涵为教学的升华，提升学生参与音乐实践的能力

有人说："语言的静止就是音乐的开始。"能用语言完全说清楚的音乐，就是没有存在价值和存在必要的音乐。因此，音乐教师要善于引领学生在各个领域进行音乐实践活动，在活动中感受美、体验美、表现美和创造美。初中生已经有相对成熟的艺术表现能力，对于音乐作品内涵的理解，不能只局限于欣赏实践中，还可以在各个实践领域中提升他们参与音乐实践的能力。

1.在律动中感受作品意境

让学生从刚开始接触音乐起，就用听觉去感受音乐，用身心去感受节奏、旋律和情绪变化的规律。达尔克罗兹的体态律动教学法、奥尔夫的基本形体动作教学等都属于这类律动教学法。在八年级下册第六单元"婆娑舞姿"里的场景音乐，笔者进行了大胆的尝试。

【案例】 芭蕾舞剧《天鹅湖》场景音乐：挑选最为简单的芭蕾舞基本动作——三人的手、双肩同时向头顶鼻子的上方抬起，手心朝头顶，肘关节略向后用力掰开，双臂仍保持弧形，脚尖向外。和着《天鹅湖》的音乐，我先示范这个动作，让学生起立在原地跟我不断练习这个动作，等到完全能和上音乐以后，让学生分组练习，并且进行表演。课堂情境如图1所示。

图1 课堂情境

通过教师的引导示范，学生随着音乐做芭蕾手位的协调动作，锻炼了形体美，体会了芭蕾美，理解了作品美。学生从身、心两个方面入手去学习感受《天鹅湖》的场景音乐，欣赏和舞蹈律动结合，更好地体会了作品所要表达

的寓意。

2. 在“合作实践”中体会作品寓意

俗话说：“三个臭皮匠，顶个诸葛亮。”“合作实践”是众多“臭皮匠”智慧和汗水的结晶。它符合音乐教学原则，充分尊重学生的个体差异，让有不同特长和兴趣爱好的学生都能主动参与和表现音乐，并深刻体验参与音乐实践的成功与快乐。

【案例 4】 七年级《伏尔加船夫曲》：将学生分成四组，并且让每个小组进行角色的设计和分配来进行纤夫拉纤的合作表演。有的小组有人扮演船工头头儿，手里拿着鞭子来抽打纤夫；有的小组全体学生都扮演纤夫，嘴里哼着“哎嗨呦嗨”，拖着沉重的步伐来扮演拉船的纤夫；有的小组还故意表现出纤夫拉不动船、艰难而吃力，以至于最后跌倒的场面。整堂课的场面非常生动、热闹，学生把纤夫吃力地拉船的场面表现得淋漓尽致。表演完成后，教师对于各个小组的表演进行客观、公正的评价。

《伏尔加船夫曲》小组竞争评价情况如下：

(1) 自我评价

学生在完成小组合作后，对自己组的表现进行评价，结果如图 2 所示。

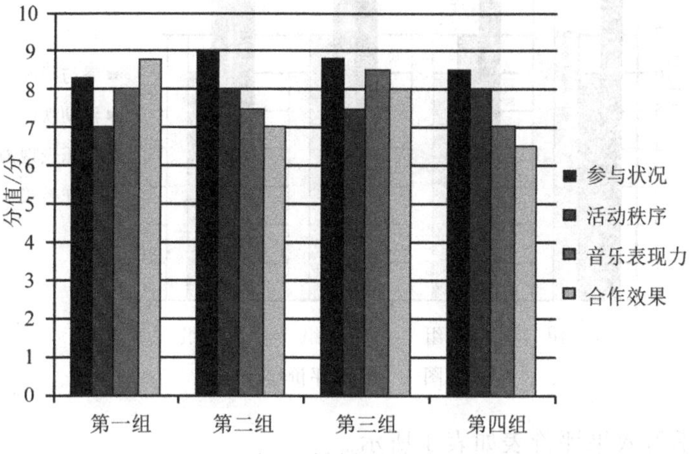

图 2　自我评价结果

（2）小组互评

各个小组进行相互评价和打分，以体现公平性。

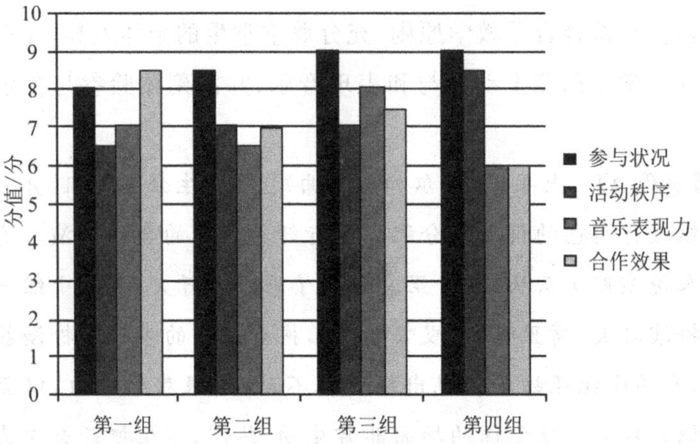

图 3　小组评价结果

（3）教师评价

为体现小组评价制度的公正性，教师根据小组自评和小组互评进行最终评价。

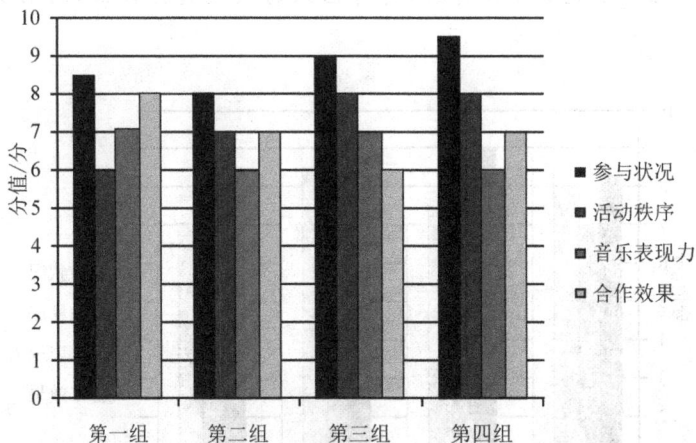

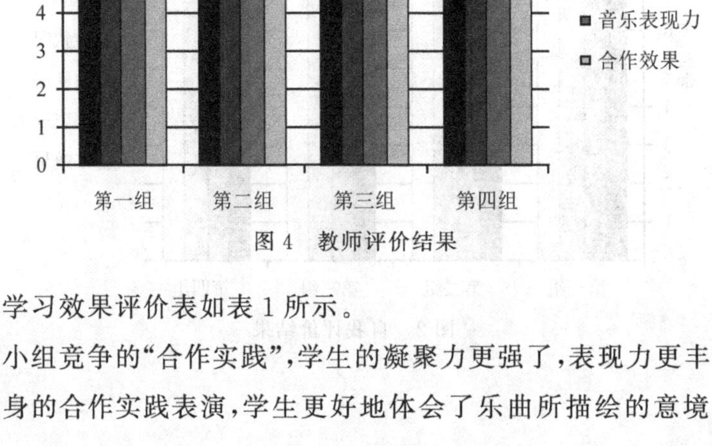

图 4　教师评价结果

课堂学习效果评价表如表 1 所示。

通过小组竞争的“合作实践”，学生的凝聚力更强了，表现力更丰富了。通过自己亲身的合作实践表演，学生更好地体会了乐曲所描绘的意境。每个小组为了能赢得老师和同学的更多赞许，都用上浑身解数来演绎和表现，使课堂中到处充满了学生参与表现的和谐、生动、合作的课堂氛围。

表1　课堂学习效果评价表

评价内容	评价方式			评价等级（A—5 分；B—3 分；C—1 分）
有兴趣地积极参与各类音乐实践活动	自评	学生互评	教师评价	A. 积极　B. 一般　C. 不参与
对作品的演唱或演绎的情感把握				A. 准确　B. 一般　C. 难把握
在学习过程中有坚持不懈的毅力				A. 坚持　B. 一般坚持　C. 半途而废
勇于表现并大胆创新				A. 突出　B. 一般　C. 不足
合作竞争意识				A. 强　B. 一般　C. 不足
课堂实践过程中的学习态度				A. 认真　B. 一般　C. 不认真
课堂学习与生活联系程度				A. 紧密　B. 较紧密　C. 无联系
总　评				

一线音乐教师应当立足实际，结合具体情况从各个不同的方面努力探索，把开发学生的音乐实践能力作为教学的根本任务。在今后的音乐教学中，我们会从初中生的心理需求出发，设计适合他们的音乐实践活动，以真正体现了音乐实践活动的根本目的——促进每一位学生健康、快乐地成长。这是一条漫长而需要摸索的道路，希望我们能在这条道路上不断前行、不断成长！

参考文献

[1] 肖川，薛晖.义务教育音乐课程标准[M].武汉：湖北教育出版社，2011.

[2] 教育部基础教育课程教材专家工作委员会.义务教育音乐课程标准[M].北京：北京师范大学出版社，2011.

[3] 郑莉.初中音乐教学策略[M].北京：北京师范大学出版社，2010.

以助读材料为核心的文言文高效导学课堂实践

史尚海　李　浩

一、从碎片化到架构化的努力——文言文教学课堂的现状分析

在文言文教学的长期实践中，文言文知识点较多的特质，导致了教法死板、学法死板、合作死板的弊端，这引起了集团语文组的重视。经过分析，笔者发现如下问题：

1. 教法死板——学生效率低下

"文言文教学是语文教学改革的一个'死角'。"这是钱梦龙先生在1997年进行教育改革时做出的判断。传统文言文教法其实从某种意义上来说，已经成为某种所谓规范到死板的"课型"①，变成了一种成熟甚至死板的教法，不能满足学生和教师在实际教学过程中的需要，传统文言文课堂对培养学生文本解读能力、合作探究能力有先天性缺陷，笔者在同一个班级的小范围测试，对两篇同样写风景的文章《答谢中书书》《与朱元思书》分别采用两种模式进行课堂实践，随后下发调查问卷，学生对课堂文本的理解的反馈如表1所示。

---

① 课型理论在国内大规模推广远远晚于传统教法的形成，所以文言文传统课型的称谓并不准确，在全国教育科学"十五"教育部规划课题中提出的"课型"理论，其指向性是"以突出学生的主体性为核心、以学生的全面和谐发展为宗旨的教学组织形式"。课型对应的是以学生为主体的素质教育，理应没有传统课型这个说法。

表 1　学生对课堂文本的理解的反馈

教学方式	完全理解	基本理解，有疑问	有疑问，不能理解	彻底不理解
传统教授方式	7	13	19	4
自主发问方式	12	14	16	1

学生自主发问带来的主动性对学生理解文言文的内容是非常有帮助的，这正可以达成我们课程标准的要求。而作为真正的课型，高效导学课型下的文言文课型则为文言文教学提供了一种新的途径。

2. 学法死板——学生兴趣不足

受限于文言文的类型，学生不能放弃对字词翻译知识的练习，这就造成学生对文言文的文化思考不足，进而造成学习兴趣不足。笔者挑选了所在学校的四个初三毕业班级发放了调查问卷，其中关于学生对文言文的第一印象（如图 1 所示）的自填项目中，学生竟然出奇一致地写下了：文言文意味着“题目”和“背诵”，令人感慨我们的文言文在学法上竟给学生留下了严重的“应试”印象。

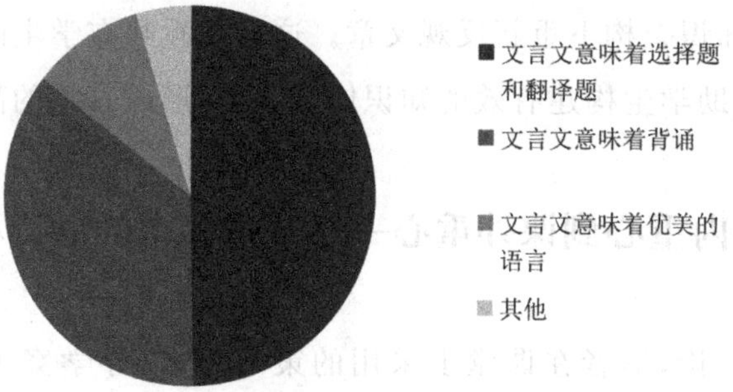

图 1　学生对文言文的第一印象

3. 合作死板——自主导学无力

如果我们抛弃了传统课堂的教法、学法，在合作探究方法的帮助下将课堂的中心环节集中到合作探究环节，是否能够顺利解决我们的问题呢？答案仍然是不确定的，因为目前合作探究课堂中最大的问题其实并不在于教师的引导层面，而是集中体现在学生的合作探究无话可说或者质量不高层面，为此笔者又在班级中进行了问卷调查，调查结果如图 2 所示。

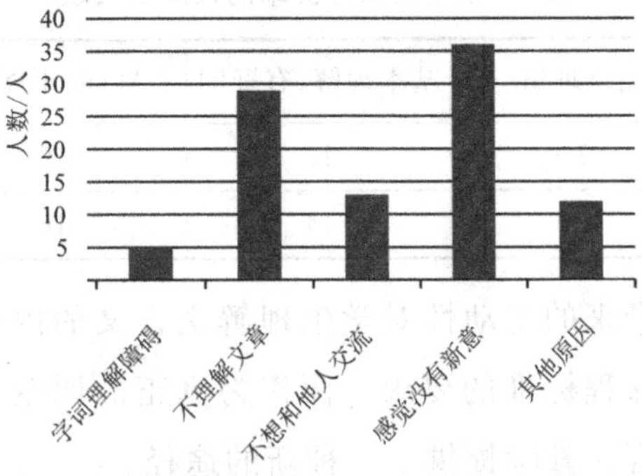

图 2　学生合作探究中无话可说的原因(多选)

从笔者课堂的小范围调查可以看出，不理解文章和感觉文章没有新意是学生无话可说的主要原因，深究这两个问题的根源，主要还是教师的课堂设计中可能没有给学生提供开拓创新和迅速理解文章的抓手，如果合作探究性课堂教授的知识如同传统课堂中那样碎片化，不能够让学生从风格、方法上对文言文进行整体感知，那么即便环节层层紧扣，学生仍然没有主心骨。

在这样的前提下，笔者开始寻求让学生通过知识阅读形成一定的知识架构的方法并在知识架构下重新反观文章。这需要教师在学生的预学过程中提供助读材料，帮助学生构建有效的知识体系，从而形成真正的高效导学。

二、从课内重心到课外重心——导学课堂的助读材料设计策略

根据以上讨论，笔者在课堂上采用的策略是，以导学案形式设计助读材料，引发学生课堂上高效的合作探究。这其中最核心的环节在于设计好课前助读材料。助读材料作为高效导学课型的破解点，是通过课前导学案呈现的，但是助读材料在导学案中并不承担练习的功效，而是负责提升学生思维，为学生的思维提供抓手，所以在其设计的原则和内容上需要进行说明。

(一) 助读材料设计的原则

1. 围绕主问题原则

助读材料提供的信息是能够让学生进行思辨的，也是能够激发学生兴趣

的，这需要教师在设计课堂讨论主问题时，配合助读材料。如图 3 所示，笔者在进行《五柳先生传》教学设计时，在主问题设计为“请你在陶渊明和五柳先生之间添加一个数学公式，并结合你所了解的信息和助读材料写出你的理由”时，出示助读材料中关于陶渊明的各种传记和评价，引导学生自主地探究这些助读材料，这样的设计才能够使助读材料被学生“活用”。

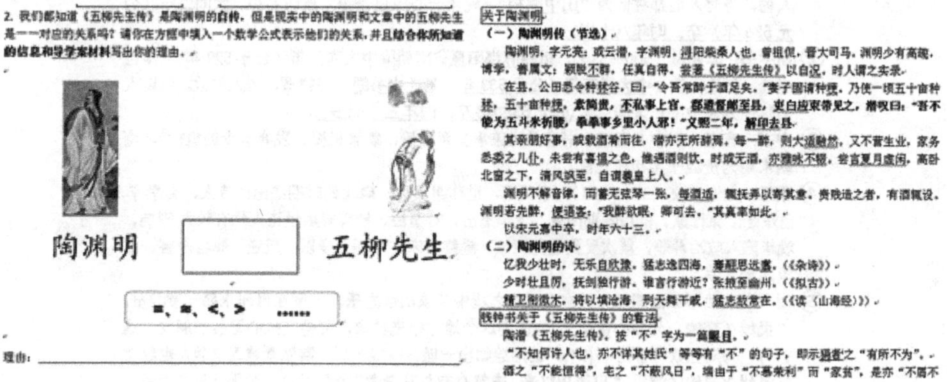
2. 我们都知道《五柳先生传》是陶渊明的自传，但是现实中的陶渊明和文章中的五柳先生是一一对应的关系吗？请你在方框中填入一个数学公式表示他们的关系，并且结合你所知道的信息和导学案材料写出你的理由。

陶渊明　［　　］　五柳先生

=、≠、<、>　……

理由：____________________

关于陶渊明

（一）陶渊明传（节选）

陶渊明，字元亮；或云潜，字渊明，浔阳柴桑人也。曾祖侃，晋大司马。渊明少有高趣，博学，善属文；颖脱不群，任真自得。尝著《五柳先生传》以自况，时人谓之实录。

在县，公田悉令种秫谷，曰：“令吾常醉于酒足矣。”妻子固请种秔，乃使一顷五十亩种秫，五十亩种秔。素简贵，不私事上官。郡遣督邮至县，吏白应束带见之，潜叹曰：“吾不能为五斗米折腰，拳拳事乡里小人邪！”义熙二年，解印去县。

其亲朋好事，或载酒肴而往，潜亦无所辞焉。每一醉，则大适融然。又不营生业，家务悉委之儿仆。未尝有喜愠之色，惟遇酒则饮，时或无酒，亦雅咏不辍。尝言夏月虚闲，高卧北窗之下，清风飒至，自谓羲皇上人。

渊明不解音律，而蓄无弦琴一张，每酒适，辄抚弄以寄其意。贵贱造之者，有酒辄设。渊明若先醉，便语客：“我醉欲眠，卿可去。”其真率如此。

以宋元嘉中卒，时年六十三。

（二）陶渊明的诗

忆我少壮时，无乐自欣豫。猛志逸四海，骞翮思远翥。（《杂诗》）

少时壮且厉，抚剑独行游。谁言行游近？张掖至幽州。（《拟古》）

精卫衔微木，将以填沧海。刑天舞干戚，猛志固常在。（《读〈山海经〉》）

钱钟书关于《五柳先生传》的看法

陶潜《五柳先生传》，按“不”字为一篇眼目。

“不知何许人也，亦不详其姓氏”等等有“不”的句子，即示狷者之“有所不为”。

酒之“不能恒得”，宅之“不蔽风日”，端由于“不慕荣利”而“家贫”，是亦“不屑不

图 3　关于陶渊明的助读材料

2. 围绕原文本原则

作为补充材料，助读材料要尽量避免将与课文无关的背景或其他趣味知识补充进去。因为助读材料的意义在于帮助学生在课前进行自我导学，与内容无关的内容让学生分散了精力，看似帮助学生形成了知识体系，但这类资料完全可以在课后提供，在课前提供不利于学生培养回归文本的意识。

（二）助读材料设计的内容

1. 延伸式——以课文关键词为主体

助读材料应当是课文内容中的关键词、学生兴趣点的延伸，教师不应舍本逐末，将助读材料作为教学和讨论的主体。文化概念是以往导学案中最容易以零碎的、不成体系化的方式呈现出来的内容。

教师应当在设计过程中加入与课文作者和创作相关的文化背景，例如明末的历史有助于学生理解张岱的言行；又如《答谢中书书》一文导学案如果在陶弘景的介绍中重点加入关于道家庄子的“曳尾于涂中”的内容及陶弘景的道家背景（如图 4 所示），则可以为学生提供抓手，联想到陶弘景对自然山水的热

爱中有道家思想的延续。

【推断材料】

① 陶弘景（456—536）：出身于南朝士族家庭。二十岁被引为诸王侍读，后拜左卫殿中将军。三十六岁梁代齐而立，隐居句曲山（茅山）华阳洞。梁武帝早年便与陶弘景认识，称帝之后，想让其出山为官，辅佐朝政。陶画《二牛图》，画上两头牛，一个自在地吃草，一个带着金笼头、被拿着鞭子的人牵着鼻子。梁武帝一见，便知其意。后来，梁武帝时常将国家大事写成信件，派人送到曲山请教陶弘景，陶弘景也时常写信给梁武帝，指点政策。于是，朝廷与曲山间音信不断，陶弘景虽身在方外，却俨然成为了朝廷决策人物，当时人们都称他为“山中宰相”。晚年一心佛道兼修，走访名山。大同二年（公元536年）卒，时年八十岁。

② 谢中书：即谢徵（500—536），祖籍陈郡阳夏。南朝梁中大通元年（公元529年），年位尚轻，任遇已重。中大通五年（公元533年）累迁中书郎、鸿胪卿，舍人如故。所以人们称他为谢中书。大同二年(公元536年)卒，时年三十七岁。

③ 中书：官名。属中书省（中书省是为秉承皇帝意旨，掌管机要、发布政令的机构），南朝末期为贵族子弟初任之官。

④ 康乐：指谢公义（385—433），字灵运，世称谢灵运，南北朝时期杰出的诗人、文学家，也是一位旅行家。祖籍陈郡阳夏。才华杰出，对李白、杜甫等后世诗人均有较大影响。晚年陷入政治斗争，屡次受到罢免流放，最终被宋文帝刘义隆以“叛逆”罪名杀害，终年四十九岁。

⑤ 谢灵运政治不如意期间，经常在艰险之境中寻求山水之乐，一度在温州永嘉一带游览。“灵域久韬晦，为与心赏交”。他认为这个地方韬光养晦，可结交推心置腹的朋友。这首诗，与陶弘景《答谢中书书》的描绘如出一辙。许多年后，陶弘景修习道教，也经常到温州永嘉地区游历。“自康乐以来，未复有能与其奇者”就是对自己游历所见的感慨。

图4　推断材料

2. 背景式——以创作背景为拓展

笔者在导学课型构建中，结合文言文自身的特点，将助读材料作为重要的学生预学、思考的内容。在助读材料的选择中，笔者的导学案构成如下：

（1）交代作者

教师尽量在导学案中节选难度适中的历史传记原文。学生在提升文言文能力的同时，对文章的作者有了初步感知，有利于其对于作者风格感知的构建，例如《岳阳楼记》中范仲淹、《醉翁亭记》中欧阳修被贬经历的补充，能够让学生更好地理解课文思想；又如《湖心亭看雪》重点不在于介绍张岱是哪里的人，而是重点引用他的自述，从而发现他的为人，进而为文中理解“痴”提供非常好的抓手，如图5所示。

（2）注释字词

对字词的掌握并不能因为是导学课堂而有所放弃，对文字的鉴赏是学生能够深入文本进行合作探究的前提，所以教师可以利用甲骨文、文字的原意，以图画的形式告知学生文言文中的汉字的本来面目和意思，让学生领会汉字的美，并且尝试和文本链接进行鉴赏。例如《大道之行》中“鳏寡孤独”的理解

■助读材料

张岱：明末清初时人。少为纨绔子弟，极爱繁华。好精舍，好鲜衣，好美食，好骏马，好华灯，好烟火，好梨园，好鼓吹，好古董，好花鸟，可谓纨绔子弟的豪奢享乐习气和晚明名士文人纵欲玩世的颓放作风兼而有之。经史子集，无不该悉；天文地理，靡不涉猎。虽无缘功名，却有志撰述。一生笔耕不辍，老而不衰。著有《琅嬛文集》《陶庵梦忆》《西湖梦寻》等绝代文学名著。

《陶庵梦忆》：张岱所著散文集，成书于甲申（1644 年）明亡之后，直至乾隆四十年（1794 年）才初版行世。其中所记大多是作者亲身经历过的杂事。

图 5　关于张岱的助读材料

就可以通过导学案的助读材料题目化的探究予以解决，如图 6 所示。

下列四个字分别是鳏、寡、孤、独中的一个，请分析一下理由。

我认为这是＿＿＿字，理由是＿＿＿＿＿＿＿＿＿＿＿＿＿＿＿＿＿＿＿＿；

我认为这是＿＿＿字，理由是＿＿＿＿＿＿＿＿＿＿＿＿＿＿＿＿＿＿＿＿；

我认为这是＿＿＿字，理由是＿＿＿＿＿＿＿＿＿＿＿＿＿＿＿＿＿＿＿＿；

我认为这是＿＿＿字，理由是＿＿＿＿＿＿＿＿＿＿＿＿＿＿＿＿＿＿＿＿。

图 6　辨字题目

3. 拓展式——以学习技巧为补充

教师可以为学生在课后提供一些知识化的小技巧，从而和以后的导学课进行衔接，形成一种连续性。不过单纯的文本的知识性内容还需要教师划出重点，提供抓手（如图 7 所示），同时注意增加趣味性，让学生在接触这类知识时感到是自我发现的，所以这类知识可以放在导学案的前面或者后面，从而提升学生的自主感。

■ 解读技巧

◎技巧 1：

在疏通字义的基础上，我们要学会有**感情地反复吟诵**，注意停顿、轻重、缓急、情景语气。

◎技巧 2：

文言文的语言凝练而形象，具有丰富的表现力，仔细推敲品味，才能发现其中意蕴和情味。品读时，可以通过**删减、增加、联想、比较、替换**等方式去仔细玩味词句的内容或表现形式，感受文言文语言特色，真正走进作者的情感世界。

◎技巧 3：

孟子认为，文学作品和作家本人的生活思想以及时代背景有着极为密切的关系。因而只有**知其人、论其事**，即了解作者的生活思想和写作的时代背景，才能客观正确地理解和把握文学作品。

图 7　解读技巧

三、从教师指路到学生探路——导学课堂的助读材料操作实践

机制建立后，重点在于对每一部分机制的操作。笔者根据教师和学生的不同任务，将不同阶段的重点分配给师生，如图8所示。

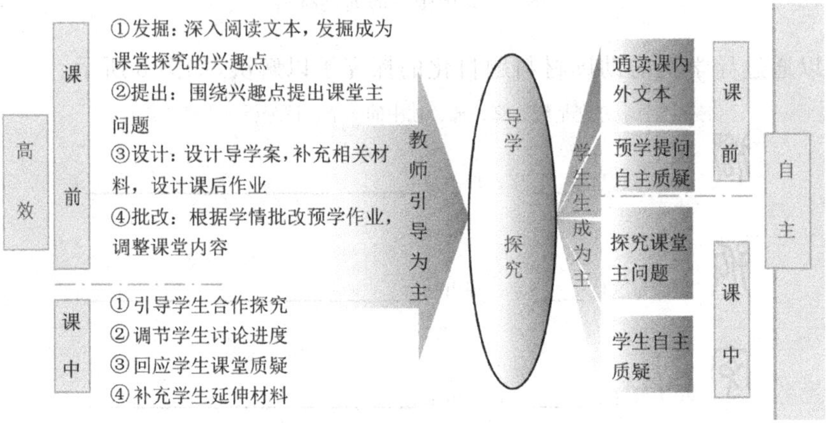

图8　不同阶段的重点

1. 课前预学——教师主体设计

教师作为这一阶段的主体，需要进行大量课前准备，在充分阅读课文的同时，还要带着文化意识广泛涉猎相关文本和资料，从而寻找到适合激发学生兴趣的问题，并且准备好助读材料；随后利用这些材料设计课堂讨论问题和导学案，围绕课堂主要问题补充助读材料，适当拓展、完善学生的知识架构。而学生要完成预学作业并且根据兴趣点对文本进行初步感知。

2. 课中导学——学生主体探究

这个时间段内，学生是课堂的主体，学生的生成效果来源于预学，而导学案中的助读材料有没有为他们搭建良好的知识体系则是其中的关键。

(1) 学之"细致"，方为高效——有效覆盖课本知识点

助读材料对字词可以从更加有趣、深入的角度进行解读，只要适量，就能够使学生对字词掌握到更深的程度，具备鉴赏力。

例如笔者在《伤仲永》的公开课实践中，在导学案的导读资料中将文中的难点字进行了兴趣解读，其中对于"扳"字的解释特意加上了原意。

扳，用手将物体反向移动。"反"意为"镜像对称的事物或动作"。"手"与

“反”联合起来表示“拗手腕”。

在正式的课堂中，有学生就这个字提出了自己对课文的理解。

师：关于方仲永为什么沦落为普通人，各个小组还有什么见解吗？

生：老师，我认为原因主要是他的父亲，方仲永是无辜的，因为原文中提到“父利其然也，日扳仲永环谒于邑人，不使学”。导学案中讲了(其他学生开始翻导学案)，“扳”的本义是“将物体反向移动”，而课文注释是“拉着”，两者结合起来，这个拉着其实是方仲永不乐意的，因为这个字原意有“反向移动”的意思。

(2) 学之“丰富”，方为高效——有效拓展学生思维

合作探究最怕学生是“死”的，这个“死”指的是思想的“死”。为学生补充知识背景，让学生可以自主将知识联系起来，那么课堂也会充分体现出高效的特征，能够让学生在有限时间中自主探究出文章内容主旨。

例如笔者在《答谢中书书》的公开课实践中，事先在导学案中添加了关于庄子的背景知识，不仅告知学生庄子是著名的道家人物，而且还将《庄子·秋水》中“曳尾涂中”的段落留给学生：庄子宁愿做一只在泥水中自由自在的乌龟，也不愿意做一只被供奉在庙堂的死龟。而陶弘景创作过《二牛图》，笔者在边上“貌似不经意”地注释了赵孟頫对《二牛图》的解释：“昔梁武帝欲用陶弘景，弘景画二牛，一牛以金络首，一自放于水草之际。梁武叹其高致，不复强之，此图殆写其意云。”就是为学生搭建一个讨论的平台。

课堂探究时，学生围绕一个主问题“为什么陶弘景在这封‘书’中没有一句话提到谢中书，也没有和他说任何事情，只是描写风景？”进行了深入讨论。

生1：我们小组认为从陶弘景感觉“山川之美”能够看出他是不想做官的，因为山川很美，所以就不用去做官了。

生2：还有可能是谢中书写信想让陶弘景来做官，但是陶弘景回信拒绝了。

师：为什么？

生2：因为正常人写信时总要问问对方好不好，把自己的想法写出来，但是陶弘景没有写他想不想做官，只是说山川很美，而谢灵运和他都是喜欢山水而不想做官的，所以……

师：我来补充一下，是从侧面表达了自己不想做官的想法，对吗？

生2：对！

师：请下一个小组上来发表一下你们探究的观点。

生 3：我们组注意到陶弘景画过《二牛图》，这一点我想起了老师之前上课讲过的庄子（八年级上语文读本中有庄子的《吾将曳尾于涂中》一文），《二牛图》中的两头牛和庄子说过的两只乌龟非常像，从这里能够看出陶弘景和庄子在思想上是相通的。

师：这是什么思想？

生 3：道家思想。

(3) 学之“架构”，方为导学——有效构建学生知识体系

学生构建了良好的知识体系，其实可以在文言文学习中做到举一反三。

当学生通过《答谢中书书》对道家崇尚自由自在精神有了初步了解后，笔者在教学陶渊明的《五柳先生传》和李白的《行路难》，以及谈到关于嵇康等魏晋风度的时候，学生都自然而然地在课堂中提出这些人会不会都受了道家思想的影响；在教范仲淹的《岳阳楼记》时，学生能够更加迅速地提出“先天下之忧而忧”是儒家思想的内容。

3. 课后回顾——学生自主生成

值得一提的是，学生的课后巩固并不仅仅是课后作业的完成，更是把课堂中学到的知识和方法作为一个拼图，纳入自己的知识板块中，这培养了学生的自我探究精神，开启了学生的学习兴趣。

在掌握方法并构建知识体系后，学生的自我阅读兴趣更浓，习惯对所阅读的所有内容进行思考，这是开展课外名著导读的根本目的，从课内到课外，这样的延伸让学生具备了自我思考能力。学生提问的截图如图 9 所示。

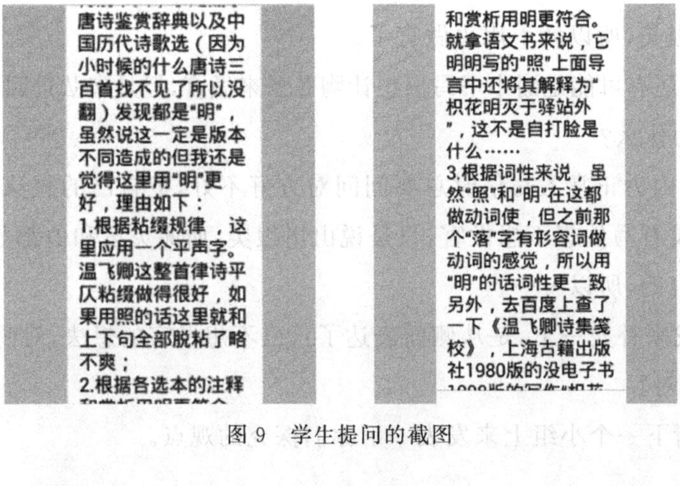

图 9　学生提问的截图

四、从高效课堂到高效的人——导学课堂的助读材料实践思考

在高效导学文言文课堂的实践中，笔者始终在尽力让课堂符合导学的内涵，那便是：突出学生的主体性，提升学生的综合素质。而在实践中，笔者发现学生越来越不满足于接受那些可以从课本上、教辅书上就能获得的知识，因为无论何种程度的学生，对知识的渴求都是一样的。

文言文课型的知识性和人文性是天然一体的，但是要在课堂中将这两者天然一体地呈现出来，仍有难度。助读材料可以参与构建学生的知识体系。教师在导学课过后，跟踪引领，帮助学生进一步在课后对知识进行强化巩固，有体系、有方法地寻找出适合中学生们阅读理解的课外内容，并让它们能够很好地与课内知识相结合，成为学生知识体系的一部分。

让学生能够充分发挥自主能力，感受到学习知识、进行思考的快乐，那么就达到了教学的根本目的。正因为有了高效的课堂，我们才塑造出了高效的人，这也是我们一直努力的方向！

集众彩，织经纬，成锦绣

——初中语文交互式作文评改策略探究

赵　琼

一、如石投海——当前作文评改的现状

作文教学作为语文综合能力运用教学的主要环节，其意义深远自不用提，然而当前的情况却是：教师基本沿用一贯的方式方法，把作文教学简化为“三步式”，即“老师命题—学生作文—老师批改”。这一过程没有激起学生的写作兴趣；而目前的作文评改为评语式、评分式或评级式，没有给学生以批改的权利，割裂了作文教学过程中写与改、导与学的互动性。

笔者针对此问题进行了初中三个年级的问卷调查，在40个班级1800名学生中发放问卷280份，收回256份，抽出50份，进行数据分析。发现问题主要集中在“无效”上，本文将从以下几个方面进行分析和思考：

1. 反馈时间较长

教师的作文评改反馈时间一般集中在一周到两周，学生对于自己所写作文的评改热情已经消退，处于一个冷淡期，这不利于作文教学的深入与展开。

2. 评改形式单一

现在学生所面对的信息量如此之大，教师如果仍是延续老式传统的单调评改形式，显然已经满足不了学生参与作文教学活动的主体性愿望。

3. 评语侧重批评

以批评为主的评语最多，其次为表扬、鼓励，再次为建议。当受体为学生

时，居高临下的评语无疑会打击学生的主动性，进而使学生对写作形成畏葸不前的态度，甚至排斥、厌恶。

二、叩石垦壤——交互式作文评改的理性思考

（一）交互式作文评改的特点

交互式作文评改，就是让教师从单一性作文评改的主体中退出，采用学生与学生之间交互式评改的方式，恢复学生的主体地位。并在此基础上，尽可能多地让每一个学生都获得来自不同学生的多角度评改——以此来避免单一式评价模式，以学生的智慧碰撞、贴近他们生活并能引起情感共鸣的情境来点燃学生评改作文的热情。

当然，因为学生未经批改训练，学生的评改会处于一种虽然热闹却盲目的无序状态，因此系统而有序地进行作文评改方法引导就显得尤为重要。作文评改的序列化教学就是抱着这一宗旨，依照学生的认知规律，由浅入深、循序渐进地进行系统、全面的方法引导，从而充实学生对于作文评改的认知。

（二）交互式作文评改的意义

1. 拓展作文外延，进行再次创作

当前学生普遍认为，作文写完就是大功告成，其实从审题、构思，到写作完成后交作文，这只是写这篇作文全过程中的一个环节；评阅后，学生根据修改意见修改成定稿（有的还需要再次评阅、再次修改），这篇作文才算全部完成。交互式作文评改策略能大大丰富写作的外延，使得学生对于其后续的自我修改充满积极性，而作文的评改正好是联系两个写作环节的纽带。

2. 形成系统方案，完善有效指导

要写成一篇好文章，需要经过反反复复地修改。以学生目前的能力水平而言，依靠其自身的力量，还不具备对写好作文来说必要的监测、反馈功能。交互式评改策略就从如何评改上着手，让每一个学生依据一定的标准，不断对比自己与同学的作文，在比较中一步步落实作文的各个环节，形成系统有序的评改机制，从而慢慢培养写作能力，掌握写作的方式与方法。

3. 体现主体意识，提高创作热情

在当前作文教学中实现学生的主体地位，就是要在作文评改中体现学生的主体性，将评改权交还给学生，培养学生自我评改的能力，而学生有了这种能力、这种素质，就会“终身受用”。

三、垒石成山——交互式作文评改的实践演练

成就一篇好的文章就像是沙海淘金，需要不断地滤去泥沙，去芜存菁，删繁就简。特别是学生在完成习作时，因为构思的仓促、行文的随意、遣词造句的草率等，会出现各种各样的问题。因而教师不仅要从宏观审题立意、谋篇布局方面对其加以指导，更要从微观遣词造句、表情达意方面予以点拨；要有针对性，并且遵照循序渐进的原则，由浅入深，由易入难，逐步推展。

以下就是笔者在日常作文评改教学中的尝试：

(一) 文网滤沙——发现误差

在进行作文评改之初，可以将学生就写作能力尽可能均衡地分成几个小组，每组成员写作能力好差相间，这就使得写作资源均衡化，不会造成几个小组能力很强，而个别小组被边缘化的情况。然后下发各人的作文，提出初次评改的内容与要求。

评改任务：1.自评自改与组内评改；

2. 推选一篇组内最优作文。

评改要求：组内根据内容进行打分，并写出评改理由。

评改内容：1. 有无错别字(5分)；

2. 语句是否通顺(5分)；

3. 表意是否清楚恰当(5分)；

4. 段落之间是否过渡自然(5分)；

5. 前后内容是否有矛盾(10分)；

6. 感觉分(70分，并谈谈你给分的理由)。

美国哈佛大学心理系教授罗森塔尔曾说：“由于每个人的心里都存在某种期待，一旦外界(他人)对他(她)给予了热情积极的评价或鼓励，满足了他(她)

的这种期待，那他（她）的这种期待就会转化成其前进的动力。”每个孩子都希望得到他人的认同，与此同时，学生又期待着看其他同学的作文，渴望交流与对话。所以“人性化作文教学还关注一个重要的关系，那就是对话与交流关系。这个关系不是人际关系，而是心灵的对话，是情感的共鸣”。

而在交互评改中，教师给出了简单易操作的参照方法，学生对初次评改上手很快，在同组同学作文的评改过程中反复操练，就会熟悉作文自我修改的初步任务。

（二）文海拾贝——发现作品

教师可以收集各小组经过初步评改的作文，汇集被推选的优秀作文，整理组员的评语，在学生感性的直观体验下，设计作文教学的进一步要点，提出新的评改要求。

在新的评改要求下，让优秀作文的作者准备发言，自述行文思路、得意之处与可改进之处。

最后设计作文评改导学案。将优秀作文印发给每位同学，要求学生在作者发言后对每一篇作文给出小组综合评价与评改意见。

这样的一堂课，是让师生都得到美的享受、情感熏陶和精神提升的课，是让作文课成为师生情感共鸣的课。作文评改的形式都能化成实实在在的内容与灵感思维的碰撞。无须再说什么“细节生动”“取材生活”“内容翔实”，对于作文带给学生的情感体验，他们已经自然领会出要点。

（三）文山取珍——发现良材

如果说第二堂作文评改课为大部分学生在广度和深度上提供了作文评改优秀范例，那么第三堂作文评改课，就是将这种范例带来的影响落实到每一位学生的作文评改中。

在第二堂课的引领下，第三堂课就应将第二堂课的成果有具体要求地落实下来。于是笔者在第三堂课中提出了进一步的评改任务：

1. 完成个人与组内作文的二次评改；

2. 筛选组内精彩片断或语段，并进行润色；

3. 进行小组成果展示并交互评价。

评改要求：1. 中心是否明确(10 分)；

2. 选材与中心是否统一(10 分)；

3. 选材是否典型(10 分)；

4. 首尾是否照应(5 分)；

5. 细节是否生动(15 分)；

6. 语言是否有文采(10 分)；

7. 主题是否新颖深刻(10 分)。

对于大部分学生而言，第三堂课是最重要的。优秀的作文在一开始教学的时候往往只有少数，重点评改优秀作文正是为大部分学生进行二次作文做好了深度与广度的思维拓展，让每一位学生都能发现自己与他人作文中的闪亮之处，能够最大限度地提升学生对于习作的自信心及评改兴趣。进行小组与小组间的成果展示，能够在组内汇集一定程度的修改意见，进行片断式修改与语言描写的修改。

(四) 文聚众彩——以成锦绣

如果说在第三堂课里，学生已经完成了由词句到语段的评改，那么在第四堂课里，就需要让学生从整体上把握作文的修改，并尽自己所能地将作文进行完善。

因此，我在第四堂课前筛选了一些中下程度的作文，抹去作者姓名，让这些作文在小组间进行交换评改，商讨并完善修改。在此过程中，每一个小组都不会拿到自己组员的作文，因而可以放开手脚进行修改。而同时，每一个人的思维不同，经历不同，体验不同，因此能形成多姿多彩的修改方式。教师这时要从整体上进行方法引导，以及进一步强化评改内容的操练。

评改任务：1. 组内商讨并制订修改意见；

2. 组内完成作文修改；

3. 各小组展示修改成果并进行交互评价。

修改要求：1. 着眼全篇，把握主题；

2. 由整体到局部，梳理内容；

3. 去除沉闷，刻画细节；

4. 手法多样，语言生动；

5. 文从句顺，无错别字。

评分标准：1. 有无错别字(5分)；

2. 语句是否通顺(5分)；

3. 表意是否清楚恰当(5分)；

4. 段落之间是否过渡自然(5分)；

5. 前后内容是否有矛盾(10分)；

6. 中心是否明确(10分)；

7. 选材与中心是否统一(10分)；

8. 选材是否典型(10分)；

9. 首尾是否照应(5分)；

10. 细节是否生动(15)；

11. 语言是否有文采(10分)；

12. 主题是否新颖深刻(10分)。

在进一步明确评价要求后，学生明显对作文的评改有了一定的熟悉度。三次评改下来，学生已经能根据要求，完成一篇作文的修改。集思广益之下，学生很兴奋，更有期待。而他们看到修改后的作品，在一定程度上促发了其创作热情。

(五) 文苑汇奇——厚积薄发

完成一次交互式作文评改机制下的序列化教学看似耗时很多，却收获颇丰。作为教师，我们需要的是有效的教学。只要是卓有成效的，我们不应吝啬提供给学生发挥的时间和空间。

然而对于上述评改机制，学生的热情会慢慢消退，其兴趣也会随时间流逝而淡去，我们还必须将他们的成果用书面的形式保存下来，以便他们时常回顾。因此，笔者设计了方法总结与制作《班级作文成长集》的收官之课——让学生自我总结在作文评改方面的心得体会与方式方法；将所有集体修改的作文与所有学生的评改意见都收编成册，制成《班级作文成长集》，以供学生阅览。

如假期里完成的“我行桥上——我的文化之旅”就成了继“站在童年的尾巴上”之后，第二次收录的内容，共有优秀作文8篇，修改精彩作文5篇。之后又有“盲孩子和他的影子——童话诗创作”收录佳作11篇，“大城小事——我们的家园”收录佳作15篇。

四、投石问路——交互式作文评改策略的反思

交互式作文评改机制下的序列化教学，就如同一座灯塔，引领着学生写作的前行方向。学生们跃跃欲试，各种生动体验的交流让他们笔下的文字流光溢彩。而同学交互的讨论与教师引领性的点拨，使得学生一点便通，而且能活学活用。它最大限度地调动了学生的积极性，让他们不仅输出知识信息，还输出情感信息，形成了师生、生生互动，使师生情感更加融洽，同学关系更加和谐。学生在相互表扬中，获得写作文的自信；在取长补短中，形成竞争优势。

在交互评改的机制下，学生有过经验，自然会对下一次的习作有新的自我要求。因为这是要进行交互循环评改的，所以学生会有意地将读者意识渗入写作当中，自发地去完成对构思与行文的深度思考与改进。

当然这一切都建立在教师对于全局的统筹把握上。如何有序并有效地引领学生总结理论并以理论指导实践，需要教师对作文的评价方式有一个新的认识，作文的要求不能偏离孩子的身心发展规律、背离孩子的认知水平和情感体验。

参考文献

[1] 何炳骅，云天椿，林志荣.语文教学系统理论纲要[M].广州：广东高等教育出版社，1996.

[2] 覃国平.关于人性化作文教学的实践与思考[J].语文教学与研究(教师版)，2009(4)：26-29.

[3] 刘淼.当代语文教育学[M].北京：高等教育出版社，2005.

立足文本资源提高学生阅读效能

——基于初中英语阅读课的实践与研究

吴　芳

阅读是现代社会中人们生存和发展所必备的一项社会文化技能。对于外语学习者来说，阅读是理解和吸收书面信息的手段，是形成语言综合运用能力和进行真实语言交际的基础。因此，英语阅读教学在英语教学中占有极其重要的地位。新课程中学英语教学大纲就要求"侧重培养学生的阅读理解能力"。

为了达到这一目标，广大的英语教师和学生都付出了相应的努力。但目前而言，学生的英语阅读能力的水平还有待提高。随着阅读文本的增加，学生觉得阅读有难度，甚至有的学生在阅读过程失去了兴趣和信心。从初二升入初三的学生英语成绩同比差异大，尤其体现在英语阅读方面。

那么教师是否可以让45分钟的课内英语阅读课效率提高一点？能否在教学方式上进行一些改变呢？

一、目前初中英语阅读教学中的常用模式的利弊

1. 读—听说—写的教学模式

此教学模式由读、听说、写三大环节及各环节中的若干步骤组成。第一环节是读，包括导读、速读（跳读和掠读）和细读。第二环节是听说，在理解课文的基础上，通过一连串听说活动进一步安排理解语言的训练，然后深入开展运用语言的训练，把理解与运用有机地结合起来。第三环节是写，应当立足于

说。另外,可以把写的练习安排在课外,作为课内的后续活动。

这种教学方法可以系统地引导教师备课,将学生的听说读写能力列入训练项目。但在实际执行当中,有的教师对读的环节倾心投入,对听说和写的环节略微带过,导致整个课堂以教师为主体,学生只是课堂的参观者,学生的主体性不能充分展现。

2. 中学英语阅读"三阶段"教学模式

第一阶段:阅读前(pre-reading)。教师的任务是介绍阅读材料的主题,开展内容预测活动,激发学生的阅读兴趣;让学生明确阅读的目的;帮助学生扫除语言上的障碍。

第二阶段:阅读中(while-reading)。教师的任务是帮助学生了解作者的写作意图;组织学生扫读、跳读和细读,弄清楚课文的结构和具体内容。

第三阶段:阅读后(post-reading)。教师的任务是帮助学生巩固和表达阅读的内容;利用学生已有的知识、兴趣或观点,完成一些交际任务。

这种教学方式以"task"为基础,即每一部分都给出了相应的任务,教师是课堂的主导者,学生是课堂的主体。课堂氛围热烈,但该教学方式在语法点的解析上没有前一模式到位,对学生的能力培养侧重于读。

3. "听、读、解、析、述"五环节课文教学模式

五环节课文教学模式是指一听录音、二读课文、三做 Workbook 中的练习、四讲语言点、五做简单归纳。该模式包含学生学习语言的三个方面,即获得基本知识、培养基本能力和形成基本技能。这种方法虽简单易行,但只注重语言知识的积累和少量的语言技能的训练,而忽视了课文教学的其他目标。因此这种教学方法并不能适应当前外语教育形势发展的需要。

除了以上的主要模式外,英语界还有不少教学模式,如语篇"三主教学"模式、图式法阅读教学模式、中学英语"导学—自悟"教学模式等,但都各有利弊,这里不一一列举了。

二、充分利用文本资源,以"三阶段"教学模式为依托,加入"解析"环节的教学方法运用

以上教学模式各有优缺点,而如何在阅读课中提高学生的语言表达能

力，增加学生背景知识的储备量，培养学生的阅读策略和良好阅读习惯却是笔者要在阅读课堂中解决的问题。笔者考虑在“三阶段教学模式”基础上对各种教学模式进行整合，将泛读与精读相结合，同时加入解析环节，以实际的阅读材料为根本，设计各种活动，促进学生理解，提高英语阅读课的课堂效率。

1. 阅读前准备阶段

教师应抓住文本中的主题或关键单词，精心设计阅读前活动或问题，激发学生阅读兴趣。

这一部分作为新课的“导入”(introduction)，旨在激活学生永久记忆中的相关知识，使他们产生阅读的愿望和心理准备。虽然导入有各种方式，但对一节只有45分钟的英语阅读课而言，教师与其花尽心思去课堂外找导入资源，还不如就近取材，好好挖掘一下阅读材料本身的资源，看是否能找到一个合适的切入点，直接从材料本身进入阅读程序。

(1) 通过讲述相关的故事和展示图片等方式激发学生的阅读兴趣和求知欲

【案例1】 Do you think you will have your own robot？(八年级下 Unit 1)

教师展示课文中的图片并询问学生：它们是什么？有什么用？学生积极思考并给出自己的想法。

教师用这种方式直接把学生吸引到文章中去，这既有利于培养学生的发散性思维，学生可以根据问题陈述自己的观点，充分发挥想象，又有利于学生理解阅读材料中的语言知识，大大提高了阅读教学的效率。

(2) 直接让学生根据文本标题，猜测阅读内容

【案例 2】 Maybe you should learn to relax!（八年级下 Unit 2）

教师只给学生看标题，学生就文章题目进行讨论猜测，决定从为什么和怎样进行合理放松休息的角度写这篇文章，这就达到了教师的目的。

2. 阅读中活动阶段

教师以文本内容为载体，使用快捷问题，教会学生如何获取信息，培养阅读能力。

这个阶段通常被分成两个部分，即泛读与精读。课文既被当作泛读内容让学生从中获取信息，又被当作精读材料由教师进行适度的讲解、讨论来梳理全文的信息和语言，同时加强对学生阅读策略的指导。

(1) 泛读——略读、速读，了解大意

教师根据阅读材料设计部分“大问题”。

具体要求：数目不能多，1～3 个，多了会影响学生的阅读速度，对培养学生快速地获取信息的能力不利；问题要求浅显易懂，学生通过快速阅读(或听力训练)，能很快找到答案。

目的：培养学生的成就感，提高他们课堂参与的积极性，激发他们阅读的兴趣。

建议：教师可以根据文章标题、开头、结尾或每段的第一句话来设计这些问题，慢慢地不知不觉地引导学生学会把握文章大意。

(2) 精读——详读、细读，了解整篇文章内容

精读主要是为了了解整篇文章的内容、细节、暗示等。教师可以精心设计部分“小问题”，促使学生加强对段落的理解，理顺事件发生的顺序、人物行为，加深对文章整体的把握，获取中心意思。在此过程中，一定要注意给学生足够的时间独立阅读，使其尝试解决泛读中看不懂的地方，并在其他不明白之处做好标记。因为“学生如能独立阅读课文，课文教学便易于突出重点和解决难点，从而节省讲解的时间，加强听、说、读、写的综合训练”。

(3) 解析——针对学生的提问，有选择地讲解

通过精读，学生已经尝试解决自己在阅读中遇到的问题并在其他不懂的地方做好标记了。这些难点正是教师需要讲解的重点。教师可以有的放矢地讲解课文中的词组、句型、语法等知识点。同时，根据学生对问题的回答，教师

可精选几个重点段落、篇章，引导学生加强朗读，在朗读中猜测生词、难句的意思，加深对句子章节、文章的理解，体验作者意图、态度、感受，渗透教学策略，从而培养学生的英语阅读和分析能力。

3. 阅读后巩固阶段

教师充分挖掘阅读材料，精心设计“读后”任务，适当进行“说”与“写”的锻炼，巩固学生所学。

阅读不仅是为了理解文章，也是为了“能说”和“会写”。在处理了语言点知识，对文章进行整体认识后，教师应注重对阅读材料的“消化”和“吸收”，提高学生的口头和书面表达能力。

(1) 积极组织学生活动，合理利用文本资源，锻炼学生“说”的能力

①学生合作分角色表述或表演课文内容

课文一般较长也较难，可以让学生分块讲，分角色表述，同时通过角色对话、话剧、小品等形式让学生发挥想象力，自主编写、表演，鼓励学生进行口头表达。如 Would you mind keeping your voice down?（八年级下 Unit 7）可以让学生进行角色扮演，并前后对比（恰当的和不恰当的表达用语），以展示不同情境下礼貌用语的表达方式和重要性。由于内容涉及西方的“礼节”“礼仪”，还可以就中西方文化的差异进行探讨，培养学生跨文化交际的能力。

②学生分两方，就文中主题进行自由辩论

辩论赛的形式对学生来说难度较高，并且参与的人数较少，不利于提高多数学生的积极性，所以可以采用自由辩论的形式。如 Should I be allowed to make my own decisions? 在阅读文章后，学生可以对 Do you agree with Liu Yu's mother or not? 来进行分组辩论。自由辩论不仅可以给学生自主发言的机会，让学生说出自己的心声，而且可以让学生通过换位思考，体谅父母的良苦用心，引发学生对父母的感激之情。

(2) 以文本为出发点，落实笔头，提高学生的书面表达能力

美国作家德尔文·G.舒伯特在“Reading is Writing”一文中曾指出：教科书所编写的阅读文章是写作素材的集散地，是语言现象的展示厅，是语法规则的剖析室，是载体的示范本。教师通过对教材进行充分和多角度的挖掘和多样化设计，可以培养和提高学生不同体裁、不同形式的书面表达能力。

①转换人称，改写文章

以课文为基础，转换人称来改写文章的方法是比较简单的，对学生要求不高，但可以提高学生写作的积极性，还可以训练学生在人称、谓语部分上做相应的转变，减少写作中的错误。I've been studying history in China.（八年级下Unit 6）中现在完成进行时的表达中，就需要将第一人称I改成第三人称she/he，而have也要相应地改成has了。改写时学生可以根据自己的掌握程度选择部分文章或是全部。

②根据文章大意，缩写课文

在了解文章大意后，要求学生根据提示组织短文，可以在学习小组内对课文进行简短的描述接龙，然后请学生独自复述，最后给学生布置作业：把所复述的内容整理成文。这样的活动可以帮助学生理解并掌握文章的主题、概要和表达所需的句型和语法知识。

③利用课堂讨论，续写阅读材料

在学习了文本后，对于后续故事将如何发展，同学们可以在课堂上进行集体讨论，代表发言，然后以小组为单位列出较为详细的写作提纲及每段的主题句，这样，通过合作解决了写什么和如何写的问题，在降低了写作难度的同时，增强了学生的自信心，尤其是使部分英语基础薄弱的同学也有了"我能说、我能写"的观念。

这种对阅读材料进行多种书面表达能力的设计，可以激发学生表达的兴趣和积极性，而且能帮助学生树立写作的信心，学生的书面表达能力就在无形中不知不觉地得到了提高。

三、提高阅读课堂效能实践所引发的反思

在英语阅读教学过程中，教师针对学生的具体情况，对阅读材料进行有效处理，可以充分发挥教材的优势，丰富课堂教学内容，提高学生的英语阅读理解能力、英语综合运用能力，但是教师在阅读教学中还需要学习和注意如下几点：

(1) 在阅读教学的过程中，教师要注意以学生为主体，以学生为出发点，教学设计要符合学生的特点，遵循语言学习的规律，力求满足不同类型和不同

层次学生的需求。

(2) 阅读是一个综合过程,理解能力的提高更是循序渐进的过程,为此在教学的不同阶段应有不同的阅读达标要求,课堂上的阅读教学也需要有所侧重,并进行相应的改变、调整,以提高教学效果。

(3) 教师应注重自身素质的提高,加强教学策略学习;自觉加强中外文化修养,拓宽知识面。

(4)"教无定法"。教师应寻求更多的方法来解决教学过程中遇到的难题,加强学生阅读的兴趣和阅读能力的培养,加强学生英语的实际运用能力。尽管在教学中困难重重,但只要教师从学生入手,采取行之有效的措施,一定能让学生在英语阅读课中学有所悟,学有所得,学有所用!

参考文献

[1] 孙鸣.英语学习与教学设计[M].上海:上海教育出版社,2004.
[2] 黄远振.新课程英语教与学[M].福州:福建教育出版社,2003.
[3] 格拉贝,斯托勒.阅读教学与研究[M].北京:外语教学与研究出版社,2005.
[4] 张志远.英语课堂教学模式[M].北京:中国物资出版社,2010.
[5] 程晓堂,陈琳,高洪德.英语教学研究与案例[M].北京:高等教育出版社,2007.
[6] 刘倩.初中英语教学新课程教学法[M].北京:开明出版社,2003.
[7] 梁承锋,张丹.初中英语新课程教学法[M].北京:首都师范大学出版社,2004.
[8] 何玉平.优化英语阅读课的教学设计[J].中小学外语教学,2005(4):17-20.
[9] 邢娜.初中英语阅读教学策略探讨[J].新课程研究(基础教育),2010(2):41-42.
[10] 邵利群.初中英语阅读课的有效教学设计[J].中小学英语教学与研究,2008(12):46-47.

以解题反思为切入点，提高初中生数学解题能力的实践研究

丁新宇

一、问题的提出与思考

（一）两个教学案例（缘起）

【案例 1】 初中阶段代数模块方程、不等式和函数练习中常见的一道习题“已知关于 x 的方程 $k^2x^2+(2k-1)x+1=0$ 有两个不相等的实数根，则 k 的取值范围是________”。

类似的问题在复习中学生曾进行多次练习，但经统计两个班的错误率还是超过了 50%，大部分同学忽略了隐含条件“有两个不相等的实数根”，忘了考虑二次项系数不为 0。通过对一部分解题错误的同学的访谈，笔者发现这是一种顽固性错误，而且在二次函数、分式方程正（负）根、含字母系数等很多不同题型的解题过程中，学生都有犯类似错误。

【案例 2】 学校三月月考试卷 22 题第二问。

如图 1 所示，点 M、N 分别是正方形 $ABCD$ 的边 AB、AD 的中点，联结 CN、DM。设 CN、DM 的交点为 H，联结 BH，求证：$\triangle BCH$ 是等腰三角形。

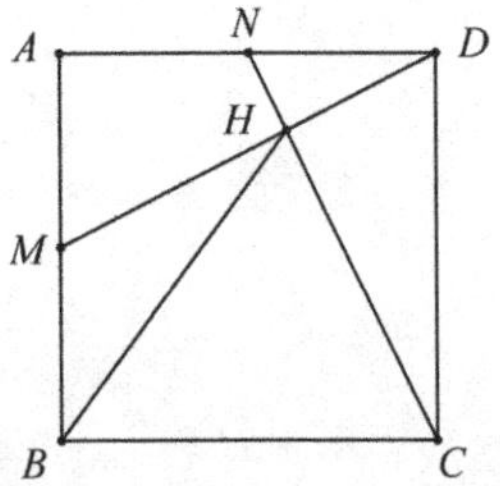

图 1

这道题全年级的得分率惊人得低，只有26%。在试卷讲评的过程中，教师和学生一起分析，反思问题本身和思维的“堵点”，充分发掘问题的解决方法和思路，纵贯初二四边形和一次函数、初三圆相似和三角函数的知识，分别运用几何和代数的方法解题，并进行了适当的变式，起到以反思带动知识、方法的回顾、综合、提高的复习目的，学生收获比较大。

（二）课标要求与现实分析

1. 课标要求

2011版数学课程标准把“反思”这一教学理念提到了应有的高度，提出：评价应关注学生“能否不断反思自己的数学学习过程，并改进学习方法”，“教材的呈现应为引导学生自主探索留有比较充分的空间，有利于学生经历观察、实验、猜测、推理、交流、反思等过程”。同时要求初中阶段学生“初步形成评价与反思的意识”，“养成认真勤奋、独立思考、合作交流、反思质疑等学习习惯”。

2. 现实分析

教师很少反思教学过程，学生很少反思学习过程，通过调查发现，绝大部分学生没有反思的意识和习惯。当他们面临新情境、新知识的时候，往往变得束手无策。近几年的杭州中考中“新题”的答题情况就是一个有力的佐证，学生往往“不怕难题，就怕新题”。教师教学中几乎没有真正意义上的解题回顾，学生就更不知需要和如何进行解题回顾，培养学生数学解题反思能力迫在眉睫。

（三）数学解题反思是提高学生解题能力的重要途径

1. 关于反思与解题反思

“反思”是指对自身的思维过程、思维结果进行再认知和检验的过程，是学生调控学习的基础，是认知过程中强化自我意识、进行自我监控、自我调节的主要形式。解题反思是对解题活动的反思，对解题活动的深层次的再思考，不仅仅是对数学解题学习的一般性的回顾或重复，而是深究数学解题活动中所涉及的知识、方法、思路、策略等，具有较强的科学研究的性质。

2. 解题反思与学生的数学解题能力

荷兰著名数学家和数学教育家弗赖登塔尔（Freudenthal H）教授指出：“反思是数学思维活动的核心和动力。”美籍数学教育家波利亚（Polya C）也说:“如果没有反思,他们就错过了解题的一次重要而有效益的方面。”“通过回顾所完成的解答,通过重新考虑和重新检查这个结果和得出这一结果的途径,学生可以巩固他们的知识和发展他们的解题能力。”

二、以解题反思为切入点,提高初中生数学解题能力的实践

研究的过程中,首先要解决的问题是:学生“解题反思”究竟要反思什么?怎么进行反思?在实践的过程中,我们总结出可以从以下几个角度指导学生进行解题反思。

(一) 对于“解”的反思

1. 反思解的合理性和正确性

【案例 3】 图 2 是学生作业本中的两个错误解答。

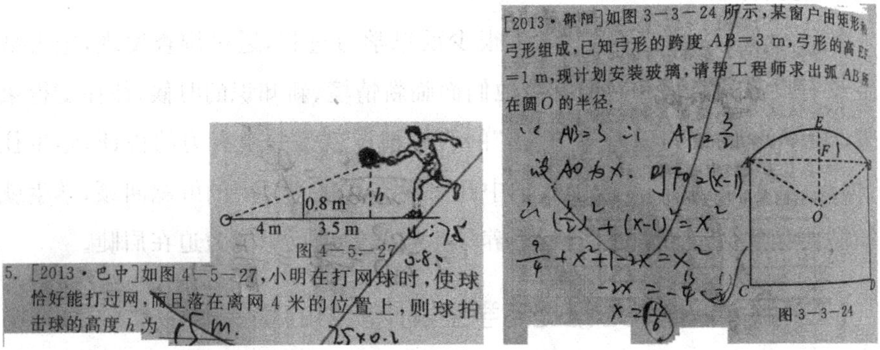

(a) (b)

图 2

两例虽然错误明显且容易改正,但学生由于缺少反思意识而没有发现错误,所以在教学中,首先可以引导学生反思题解,从计算、符合实际、逻辑过程、符合题意、隐含条件等方面去反思,提高做题的正确率。

2. 反思解的完备性与逻辑性

初中数学还有比较多的问题考查学生的逻辑是否严密与正确,思考问题是否完整,比如对于分类讨论思想的考查就是重点,而学生在这些方面比较薄弱。

【案例 4】

在三角形 ABC 中，AD 是高，且 $AD^2=BD\cdot CD$，那么 $\angle BAC$ 的度数是(　　)。

A. 小于 90°　B. 等于90°　C. 大于90°　D. 不确定

教师引导学生分析，这个结论默认了"点 D 在 BC 内"。如图 3 所示，当"点 D 在 BC 外"时则有∠BAC<90°。反思错误原因，当然有知识性错误，分类不全又有逻辑性错误，主要还是分类不全造成的，进而总结教训：注意三角形的垂足可以在边上，也可以在边的延长线上。实践证明，这样反思解题过程中的易错点，有助于更加深刻地理解知识，破解思维定式。

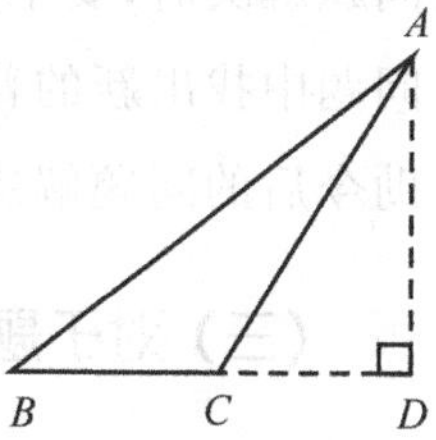

图 3

3. 将得到的"解"作为条件，反思和优化过程

在某些数学问题解决以后，反思得到的结论，可以发现一些新的方法，能够优化解题过程，从而将解题成果扩大，使学生得到新的收获。

【案例 5】

如图 4 所示，⊙O 的两条弦 AB、CD 互相垂直，垂足为 E，若⊙O 的直径是 2，则 $AC^2+BD^2=$ ______。

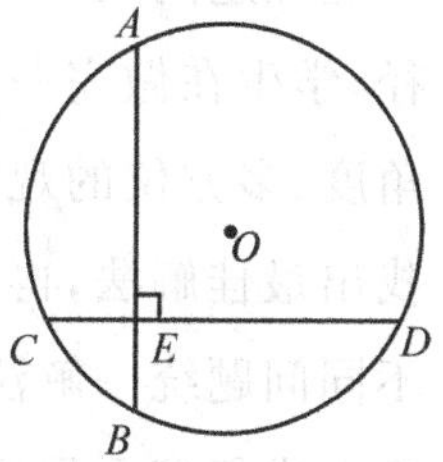

图 4

本题是一道较难的几何题，而且每届初三学生几乎都会碰到。通过调查，大部分同学无法入手，少部分能解答的同学基本上是通过特殊值法(特殊位置)求解的。但是教学中，我们可以引导学生通过特殊值法求解答案后，去观察答案的特点，学生都能发现 AC^2+BD^2 等于直径的平方，由此思考是否可以添加直径？是否可以通过构造直径为斜边、已知的 AC、BD 为直角边的直角三角形？通过这样的思考，大部分学生能顺利求解，思维能力也得到提升。

(二) 对于解题过程的反思

1. 反思解题过程中思维的关键点和切入点

在反思解题的过程中，还要学会捕捉有用信息，提取相关信息(如"已知实数 x")，把"有用捕捉""有关提取"(罗增儒教授语)的信息组合起来，找到解题的关键点和切入点，准确、快速解题。

2. 反思解题过程中所用的数学技能与技巧

数学问题通常可以通过一定的技能和技巧，转化为各种类型问题，从而得到解决。同一类型的问题，解题方法往往有其规律性，因此当一个问题或一类问题解决后，要不失时机地引导学生反思解题所用的数学技能与技巧，从解决问题中找出新的普遍适用的东西，抓住问题本质，以现在的解决问题的经验帮助今后的问题解决，提高解题能力，强化学生的基本技能。

(三) 对于题的反思

1. 反思变式与拓展

反思解题的技能和技巧后，通常应反思问题本身，能否变式拓展，及时巩固提高，真正掌握一类数学问题。

2. 反思一题多解和多题一解

数学知识有机联系，纵横交错，解题思路灵活多变，解题途径繁多，但最终却能殊途同归——一题多解和多题一解。关键是从已知和未知中寻找解题途径，学生在做完一道题后的反思，应根据题目的基本特征与特殊因素，进行多角度、多方位的观察、联想。反思有无新的解题途径，若有另解则应分析比较，找出最佳解法，再总结一下解答此类题目有无规律可循。通过多样的解法，或不同问题统一解法，促进学生思维的灵活性，让学生在做好每一道题的过程中都能进行多元思维，全面把握各个知识点，从而培养学生认知迁移、灵活运用、深刻理解、解决问题的能力。

【案例 6】 学习七年级上第六章时解决过下列问题：

(1) 线段上有 n 个点(含两个端点)，共有多少条线段？

(2) n 条直线两两相交，最多有几个交点？

(3) 从 B 开往 A 的列车，途中要停靠两个站点，任意两站间的票价都不相同，那么有几种不同的票价？

(4) 如果一个锐角内部有 n 条射线，那么有几个角？

学习八年级上一元二次方程应用题时解决过下列问题：

(1) 全班同学两两握手，共握手 780 次，全班有多少同学？

(2) 元旦某小组成员互寄贺卡，共寄贺卡 90 张，小组成员有几人？

在八年级上的数学学习时，应该反思、串联七年级上的解题经验，将以上问题共同处理，学生容易发现问题的实质与联系，任问题如何变化，都能找出本质和处理方法，通过这样的反思，达到多题一解的效果，把书读薄，提高效率。

当然，一题多解的训练也不是解法越多越好，应当综合考虑学生的适用情况；对于每一个解法，关键要分析为什么这样解，多问问“你是如何想到的？”；还要提醒学生首先掌握通解通法，做到“大法必依，小法灵活”。

3. 反思问题本质

好的数学问题往往有比较深刻的内涵，简约而不简单，如果在解后反思，挖掘本质，深化认识，能帮助学生举一反三。

三、运用解题反思提高学生解题能力的思考

（一）解题反思对提高学生解题能力的作用

(1) 帮助学生实现从“会”向“对”的转化。

(2) 帮助学生掌握解题规律，领悟数学思想方法。

(3) 提高学生的思维能力。

(4) 帮助学生发现知识内在联系，形成体系。

学生知识与能力的获得需要通过解题去落实，恰当的解题反思可以帮助学生更好地理解相关知识，发现知识的内在联系。如学生在学习二次函数时，大量的题目需要数形结合，比如通过图像解决相应函数问题，在一定积累之后就可以引导学生进行反思：

初中阶段函数学习的基本路径是什么？

为什么学习函数时，我们通常是先画图再研究性质？

画图后，我们通常研究函数哪些方面的性质？

不画图，你能研究函数的性质吗？

（二）运用解题反思提高学生解题能力的策略提炼

运用解题反思提高学生解题能力的实践和研究中，教师教学策略非常重

要，从上述案例和实践中可以提炼出如下策略：

(1) 教师要注重题组的设计，以促进学生的反思。

(2) 鼓励学生用好错题本，写反思性总结。

学生通过错题本，反思自己思维上的错误，提出正确思路，这使反思有一个好的载体和实现方式。

(3) 教师要提供充足的反思时间和空间。

教师要提供充足的时间和空间给学生反思解题，合理安排课堂的留白时间给学生反思。教师或学生自己讲解思路后，教师一定要再问学生还有什么想法、困惑。

(4) 充分利用小组进行合作学习。

参考文献

[1] 弗赖登塔尔.作为教育任务的数学[M].陈昌平，唐瑞芬，译.上海：上海教育出版社，1995.

[2] 波利亚.怎样解题：数学思维的新方法[M].徐泓，冯承天，译.上海：上海科技教育出版社，2007.

[3] 罗增儒.数学解题学引论[M].西安：陕西师范大学出版社，1997.

[4] 罗增儒.中学数学解题的理论与实践[M].南宁：广西教育出版社，2008.

[5] 王大前."解题记录+解题反思"：一种有效的"提优"模式[J].中学数学教学参考(中旬刊)，2015(9)：4-6.

穿越虫洞，探险边缘

——极限思想之于初中数学的思考

胡鹏翔

极限之于数学就像是边缘之于宇宙，穿越时空虫洞，我们可以探索宇宙的边缘，穿越数学“虫洞”，我们同样可以领略极限的风采。理论上，虫洞是联结遥远时空的多维空间隧道，就像大海里面的漩涡，是无处不在但转瞬即逝的，因此必须把握好正确的地点和时间才能实现穿越。同理，要运用极限思想，明确数学中“虫洞”的分布是十分必要的。下面我们就从初中数学内容入手，探索“虫洞”分布。

一、遇上无尽的“循环”

1. 循环小数的秘密

对于循环小数我们可以从以下这个熟悉的问题入手。

例1 0.9999⋯＝1吗？请说明理由。

[解一]设$A=0.9999\cdots$

所以$10A=9.9999\cdots$

故：$10A-A=9$，得$A=1.00000\cdots$，所以$1=0.999999\cdots$

[解二]因为$\frac{1}{3}=0.3333\cdots$

所以$0.3333\cdots\times3=0.9999\cdots=1$

通过以上两种证明确实可以发现$0.9999\cdots=1$确实是成立的，但是常规的思路总觉得这两个数之间会有微小的差距，为了消除这种疑虑，我们通常可以借助极限思想来解释，0.9 和 1 相差 0.1，0.99 和 1 相差 0.01，0.999 和 1 相差 0.001，0.9999 和 1 相差 0.0001，……会发现这样下去相差越来越小，若是趋向于无穷，差距就是小到无穷小，即没有差距，所以说 1 和 0.9999…之间没有差距，即相等。当然这样的讲解就是一种思想渗透。对于无尽的循环我们再来看另外一类案例。

2. 无限有限的转化

例 2 求二次根式$\sqrt{2+\sqrt{2+\sqrt{2+\sqrt{2+\cdots}}}}$（无限多个）的值。

解：假设 $x=\sqrt{2+\sqrt{2+\sqrt{2+\sqrt{2+\cdots}}}}$

那么$\sqrt{2+\sqrt{2+\sqrt{2+\sqrt{2+\cdots}}}}=\sqrt{2+x}$，因为此处第一个根号下的根号仍然有无穷多个，所以可把它用 x 替换。左边又是一个无穷项，所以仍然用 x 替换，则变成

$x=\sqrt{2+x}\quad(x>0)$

解得 $x=2$

变式：如图 1 所示的一个并联电路中，每个电阻的电阻值都是 5Ω，那么整个电路的电阻是多少？

解：这个电路可以看成由无数个前 3 个电阻组成，由于后面重复出现了无穷多次，所以假设总电阻为 $R_{总}$，那么从第二组开始的部分电阻也是 $R_{总}$，就变成如图 2 所示的情形。

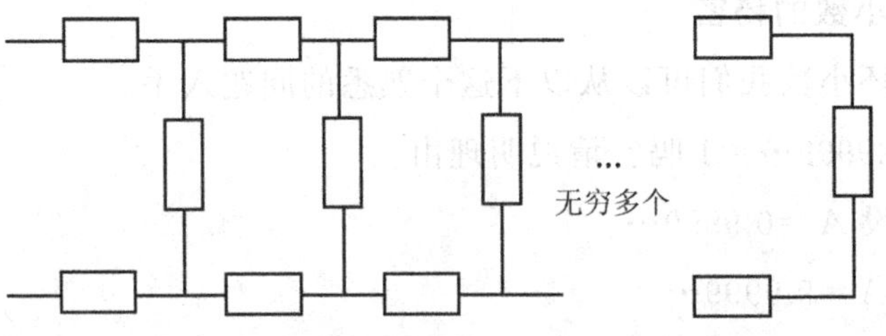

图 1

所以，设 $R_{总}$ 为 x，则可列方程为

$$5+\frac{1}{\frac{1}{5}+\frac{1}{x}}+5=x(x>0)$$

解得 $x=5+5\sqrt{3}$

所以总电阻为$(5+5\sqrt{3})\Omega$。

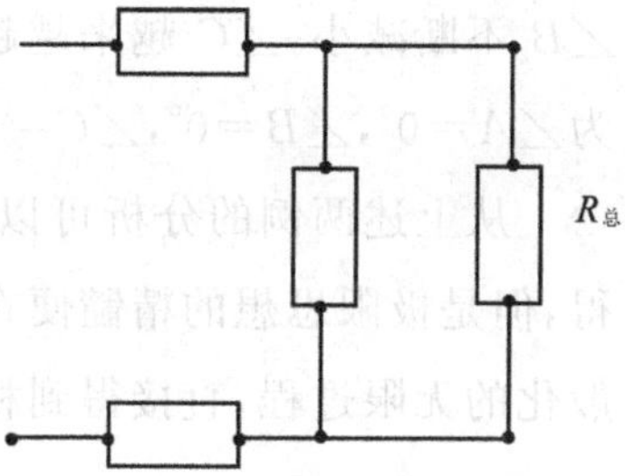

图 2

有限与无限相比,有限显得具体,无限显得抽象,对有限的研究往往先于对无限的研究。人们对有限个对象的研究往往有章法可循,并积累了一定的经验,而对于无限个对象的研究,往往不知如何下手,于是将对无限的研究转化成对有限的研究就成了解决无限问题的必经之路。反之,当积累了解决无限问题的经验之后,可以将有限问题转化成无限问题来解决。

二、探险条件禁区

例 3 在锐角三角形 ABC 中,边长 $BC=1$,$AC=2$,则线段 AB 的取值范围是________。

解析:根据条件,先固定 AC,以 C 为圆心,1 为半径画圆,如图 3 所示。

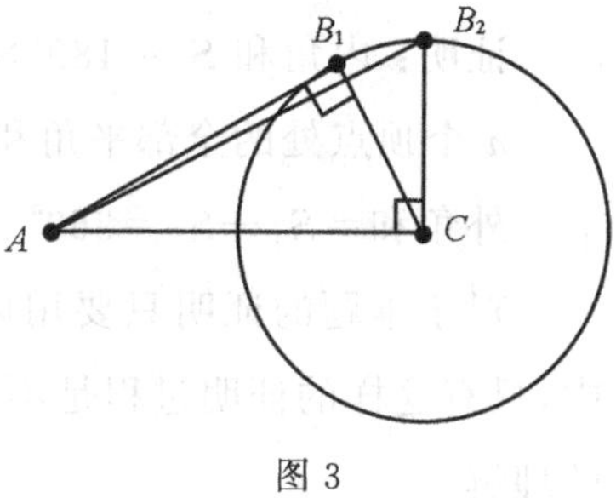

图 3

因为 $AC>BC$,所以$\angle A$ 不可能是最大角,只可能是$\angle B$ 与$\angle C$ 是最大角,又因为明确是锐角三角形,所以极限状态是$\angle B$ 或$\angle C$ 是直角。于是做出如图 3 所示的 B_1,B_2 两个极限点,所以:

$AB_1<AB<AB_2$,由勾股定理易求:$AB_1=\sqrt{3}$,$AB_2=\sqrt{5}$

即有:$\sqrt{3}<AB<\sqrt{5}$。

例 4 请证明三角形的内角和为 180°。

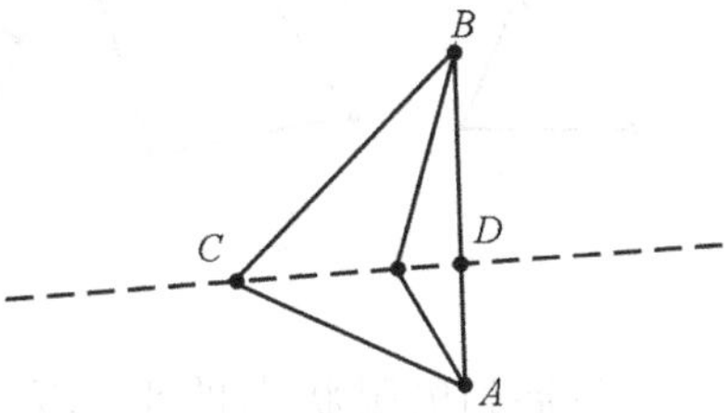

图 4

解析:这个例题在初中数学中是用添加平行线的方式证明的,难度比较大。但在教学中,我们可以通过极限思想让学生加深理解。如图 4 所示,在三角形 ABC 中,过程:让点 C 逐渐向 AB 靠近,会发现$\angle A$、

$\angle B$ 不断减小，$\angle C$ 越来越趋近于平角，当到达极限位置点 D 时，三个角分别为 $\angle A=0°$，$\angle B=0°$，$\angle C=180°$，所以内角和为 180°。

从上述两例的分析可以看出，一些特殊的位置，根据题意其实并不能取得，但是极限思想的精髓便在于反其道而行之，通过条件禁区的探索，摆脱一般化的无限过程，直接得到相应的结果。

三、逼近终极形态

“无限≠极限”，其原因在于无限的结果可能是收敛的，亦可能是发散的。由于中学生的生活经验、数学知识还比较匮乏，他们只能通过一些具体的事例，逐渐感悟到什么是“无限逼近”，为将来学习“收敛”这个数学概念积累一些感性的认识。因此，逐步理解“逼近”是形成极限思想的另一个重要方面。下面我们就来探究下初中阶段的那些“逼近”。

1. 极限图形的奥秘

例 5 求证任意的凸 n 多边形的外角和为 360°。

证明：内角和 $S_1=180°\times(n-2)$

n 个顶点处的全部平角和为：$S_2=180°\times n$

外角和 $=S_1-S_2=360°$

对于本题的证明只要用内角和的计算方法证明是不困难的。但在教学中，只有这样的证明过程是不够的，我们应该渗透极限思想，加深学生对结论的理解。

先从特殊多边形出发，三角形→四边形→正五边形→正六边形……→正无穷多边形，如图 5 所示。

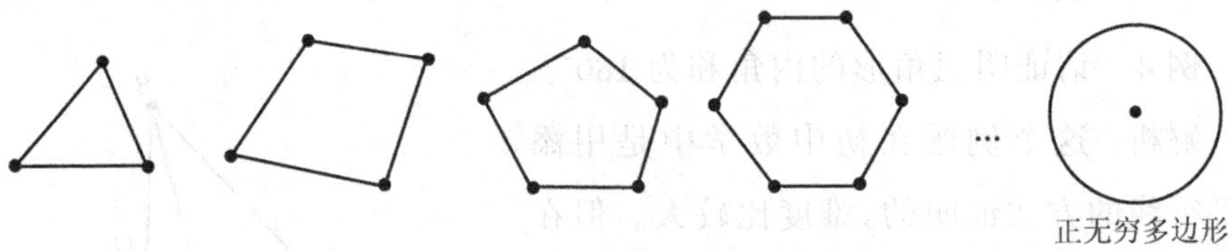

图 5

发展到极限状态的正无穷多边形时，图形已经趋向于圆，因此外角和为 360°。

例 6　二次函数 $y=-\frac{1}{2}x^2+2$ 的图像在 x 轴上方的一部分如图 6 所示，对于这段图像与 x 轴所围成的阴影部分的面积，你认为与其最接近的值是(　　)。

A. 4

B. $\frac{16}{3}$

C. 2π

D. 8

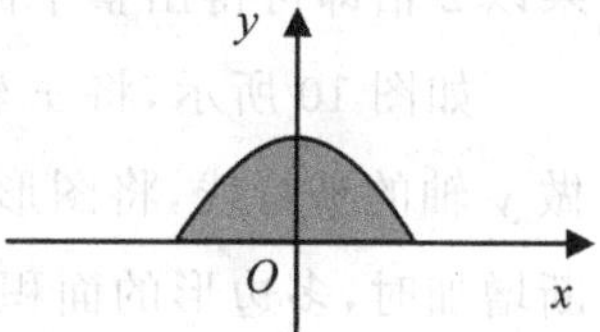

图 6

初看此题，求二次函数抛物线与 x 轴围成的图形的面积，题目条件看似简单，细想之后却极不寻常，稍有点高等数学基础的人就会意识到用初等数学几乎是没有办法解决的。而用高等数学的定积分就很容易彻底解决这个问题。解法如下：

$$S=\int_{-2}^{2}\left(-\frac{1}{2}x^2+2\right)\mathrm{d}x=\left(-\frac{1}{6}x^3+2x\right)\Big|_{-2}^{2}=\frac{16}{3}$$

然而这道题是出自 2008 年泰安的中考试卷，运用初中的数学知识我们能够解决这道问题吗？答案当然是肯定的，且其中留给我们探索的空间很大，这恰恰也是这道题的魅力所在。这个问题并不要求学生直接求其面积，而是选择四个答案中最接近的值，于是我们可以另辟蹊径，先来观察四个选项的特征：

如图 7 所示，我们易知 $S_{\triangle ABC}=4$，显然阴影部分的面积大于 4；如图 8 所示，我们易知半圆 O 的面积为 2π，显然阴影部分的面积小于 2π；如图 9 所示，矩形 $ABCD$ 的面积为 8，综上所述，D 选项首先应排除，但就此并不能在 A，B，C 选项中做出判断。

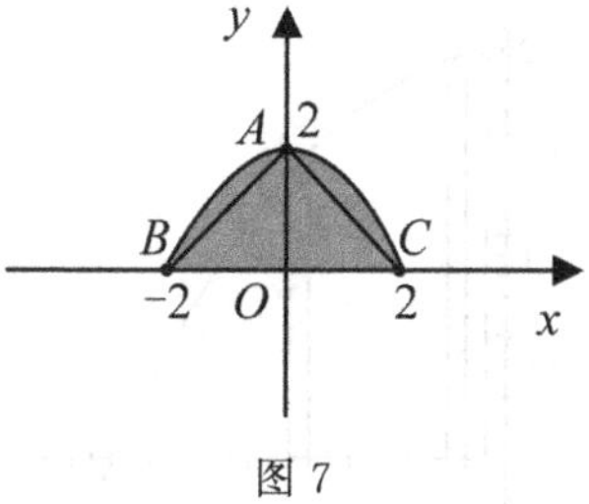

图 7

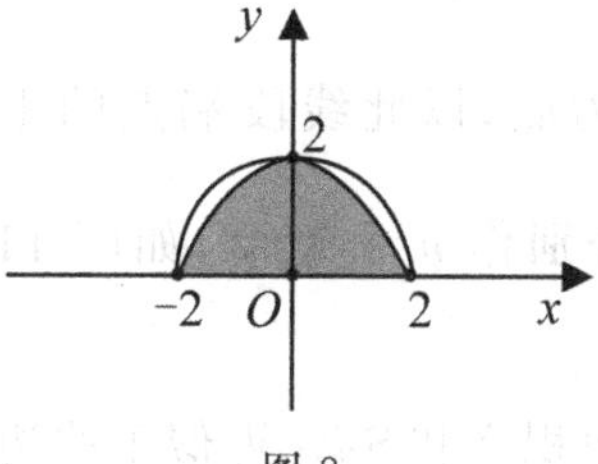

图 8

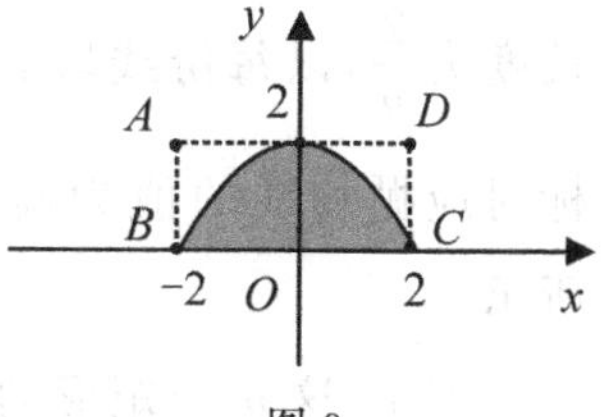

图 9

分析下来，似乎我们还是要算出阴影部分的面积，最起码也应该是近似值，以判断哪个选项与之最接近。根据抛物线的轴对称性，为了方便后面说明，我们直接探究图像在第一象限内的面积计算，最后只要将这个面积相应地乘以 2 倍即可得出整个面积。

如图 10 所示，将 x 轴上线段[0,2]等分成 1 份，2 份，4 份，……，从等分点做 y 轴的平行线，将图形分割成多个直角梯形和一个三角形，当等分的份数不断增加时，多边形的面积便不断接近于所求阴影部分的面积。通过此法，我们可以无限接近那个面积的准确值。如：

$S_1=2, S_{阴影}\approx 4$；

$S_2=\frac{5}{2}, S_{阴影}\approx 5$；

$S_4=\frac{21}{8}, S_{阴影}\approx \frac{21}{4}$；

$S_8=\cdots$

由上面的数据我们可以知道最接近的值应该为 B 选项$\frac{16}{3}$。

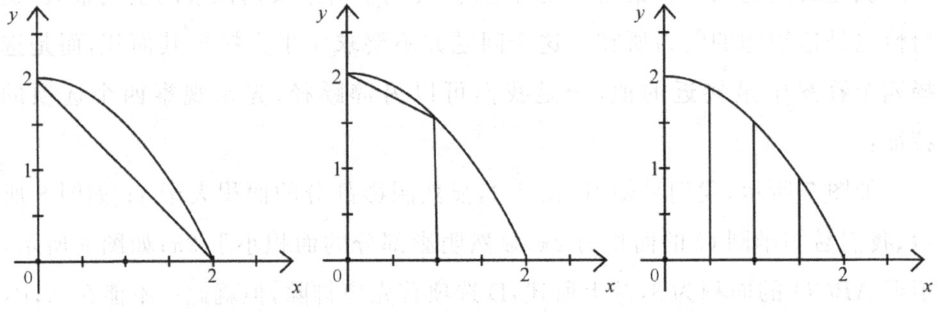

图 10

解：在 x 轴上将线段[0,2]等分成 n 份，每份长度为$\frac{2}{n}$，以每份线段长为底，以此线段端点的坐标对应抛物线的值为高分别作 n 个矩形，如图 11 所示。

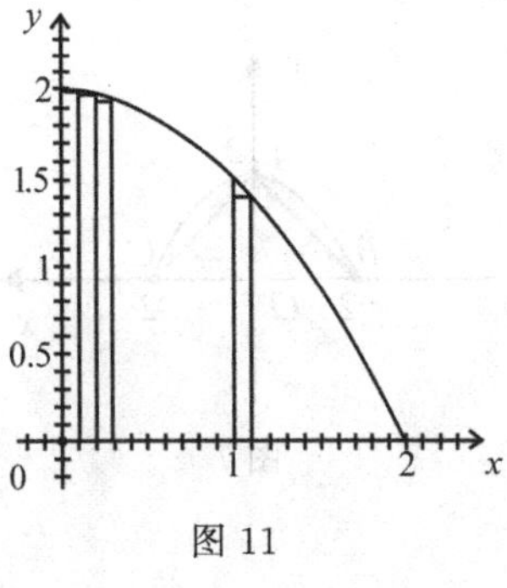

图 11

可见，这 n 个矩形的面积之和 $S_{矩形}$ 近似于曲边围成的面积 S，当 $n\rightarrow\infty$时，$S_{矩形}=S$；

$$S_{矩形}=S_{矩形1}+S_{矩形2}+S_{矩形3}+\cdots+S_{矩形n}$$

$$=\frac{2}{n}\left[-\frac{1}{2}\left(\frac{2}{n}\right)^2+2\right]+\frac{2}{n}\left[-\frac{1}{2}\left(\frac{4}{n}\right)^2+2\right]+\frac{2}{n}\left[-\frac{1}{2}\left(\frac{6}{n}\right)^2+2\right]+\cdots+$$

$$\frac{2}{n}\left[-\frac{1}{2}\left(\frac{2n}{n}\right)^2+2\right]$$

$$=\frac{2}{n}\times 2\times n-\frac{1}{n}\times\frac{2^2+4^2+6^2+\cdots+(2n)^2}{n^2}$$

$$=4-\frac{4(1^2+2^2+3^2+\cdots+n^2)}{n^3}=4-\frac{4\times\frac{1}{6}n(n+1)(2n+1)}{n^3}$$

$$=4-\frac{\frac{4}{3}n^3+2n^2+\frac{2}{3}n}{n^3}$$

所以

$$S=\lim_{x\to\infty}S_{矩形}=\lim_{x\to\infty}\left(4-\frac{\frac{4}{3}n^3+2n^2+\frac{2}{3}n}{n^3}\right)=\frac{8}{3}，即\ S_{阴影}=\frac{16}{3}。$$

2. 无限伸缩的奇迹

重看例 4(见图 12)：请证明三角形的内角和为 180°。

过程一：让点 C 逐渐向 AB 靠近，会发现$\angle A$、$\angle B$ 不断减小，$\angle C$ 越来越趋向于平角，当到达极限位置点 D 时，三个角分别为$\angle A=0°$，$\angle B=0°$，$\angle C=180°$，所以内角和为 180°。

过程二：让点 C 不断向右边移动，移动到无穷远的地方，此时可以看成 BC 平行于 AC，那么此时 $\angle C=0°$，$\angle B+\angle A=180°$。

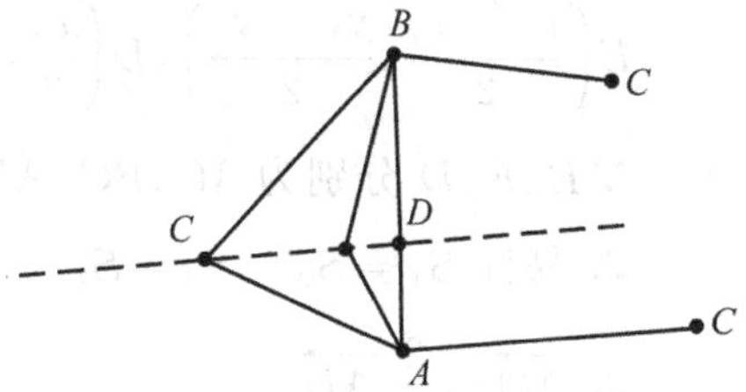

图 12

过程二中，让 BC 和 AC 无限地伸张可以发现另外一个特殊的情况：三条平行的极限状态。在这个状态中同样简单地得到了内角和为 180°的结论。

例 7 求证：三角形的三条中线交于一点。

该问题的解决在初中阶段一般使用纯粹几何方法证明。

[证明一]

如图 13 所示，延长 OE 到点 G，使 $OG = OB$。

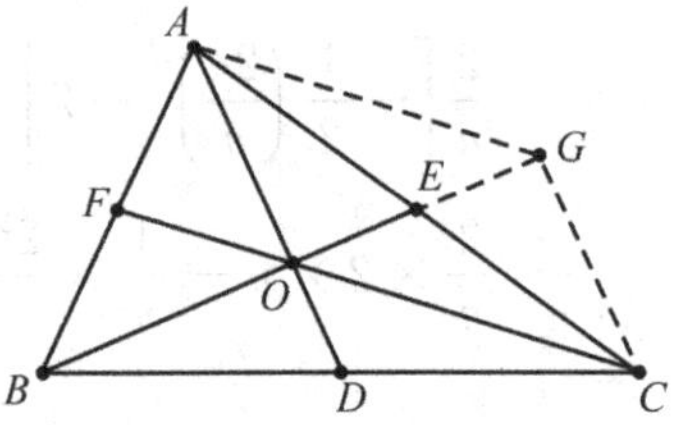

图 13

$\because OG = OB$ $\therefore$ 点 O 是 BG 的中点

又 $\because$ 点 D 是 BC 的中点

$\therefore OD$ 是 $\triangle BGC$ 的一条中位线

$\therefore AD \parallel CG$（三角形的中位线平行于第三边，且等于第三边的一半）

$\because$ 点 O 是 BG 的中点，点 F 是 AB 的中点

$\therefore OF$ 是 $\triangle BGA$ 的一条中位线 $\therefore OF \parallel AG$

$\because AD \parallel CG, OF \parallel AG$

$\therefore$ 四边形 $AOCG$ 是平行四边形

$\therefore AC$、OG 互相平分 $\therefore AE = CE$ 命题得证。

而到了高中阶段可以采用向量方法证明。

已知：如图 14 所示，点 D、E、F 为 $\triangle ABC$ 三边的中点，其中联结 AD、CF 交于点 O。

求证：点 O 在 BE 上。

[证明二]

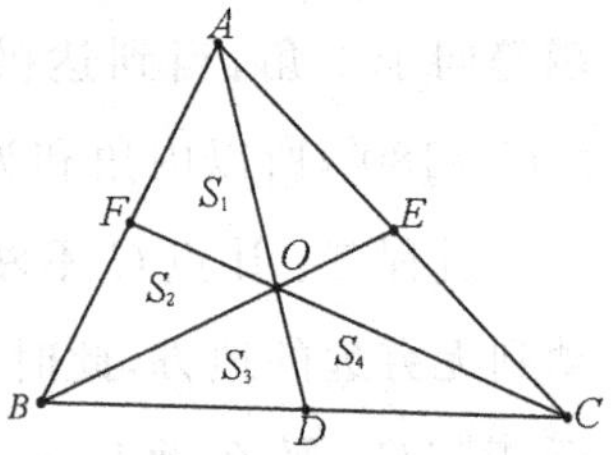

图 14

不妨设 $B(0,0)$，$A(x_1, y_1)$，$C(x_2, y_2)$，则

$E\left(\dfrac{x_1 + x_2}{2}, \dfrac{y_1 + y_2}{2}\right)$、$D\left(\dfrac{x_2}{2}, \dfrac{y_2}{2}\right)$、$F\left(\dfrac{x_1}{2}, \dfrac{y_1}{2}\right)$

$\because E$、F、D 分别为 AC、BC、AB 的中点

$\therefore$ 易证 $S_1 = S_2 = S_3 = S_4$

$\therefore \overrightarrow{AO} = \dfrac{2}{3}\overrightarrow{AD}$

$\therefore \overrightarrow{BO} = \overrightarrow{BA} + \overrightarrow{AO} = \overrightarrow{BA} + \dfrac{2}{3}\overrightarrow{AD}$

即 $\overrightarrow{BO} = \left(\dfrac{x_1 + x_2}{3}, \dfrac{y_1 + y_2}{3}\right)$

$\because \overrightarrow{BE}=\left(\frac{x_1+x_2}{2},\frac{y_1+y_2}{2}\right)$

$\therefore \overrightarrow{BO} // \overrightarrow{BE}$，即 O 在 BE 上。

通过以上两种方法的比较可以发现，初中阶段添加辅助线的方法难度很大，用向量来证明确实降低了难度，但是数形结合的方法本身一般初中生就不易想到。因此用极限的思想来解释显得非常直观，当然此处的理论依据还是大学中的聚点定理：

取三角形各边中点，并联结成小三角形，易知大、小三角形有共同的中线。这样继续下去，再取小三角形三边中点并联结，发现中间的三角形会越来越小，最后趋向于一点，这一点不仅证明了三条中线会交于一点，而且这一点就是他们的交点。这样的证法在解释大、小三角形有共同的中线时比较直观，也可以借助三角形中位线和平行四边形的知识进行解释。

图形的极限变化不仅能很便捷地解决难题，本身更是很好的渗透极限思想的载体。图形的直观性降低了学生对于极限的理解难度，教师在处理此类问题时应该多渗透这样的思想。

通过以上例题的分析可以看出，极限通常会趋于一个稳定的状态，这个稳定的状态通常可以根据变量的变化趋势直观得到，它不受有限变化过程的影响，因此可以省去中间复杂的变化过程而直接得到相应的结论。通过以上分析，我们也必须承认，极限思想的应用很多时候不能是直接呈现的解题过程，这自然不能成为排斥这种思想的理由，因为更多时候，它可以通过直接得出结论对思路进行引导或直接得出反例，从而使得问题得以顺利解决。

极限思想帮助我们从有限中认识无限，从近似中认识精确，从量变中认识质变……它的意义是重大的，但在初中的教学中没有得到普遍的认可和推广，学生对这种思想方法比较陌生。教师应该站在学生终身发展的角度，系统规划教学并及时渗透。本文特别从“循环”和“逼近”两点对极限思想的应用和渗透进行研究，希望对学生的发展有所帮助。

参考文献

[1] 白淑珍.对极限思想的辩证理解[J].中国校外教育,2008(2):39-40.

[2] 赵春祥.极限思想在解析几何中的应用[J].数学教学通讯,2002(4):48.

[3] 王兵.初中数学也有极限思想[J].新课程,2011(11):160.

[4] 波利亚.怎样解题:数学思维的新方法[M].徐泓,冯承天,译.上海:上海科技教育出版社,2007.

[5] 程心亮.关于初中数学极限思想的教学反思[J].中小学教学研究,2014(1):7-9.

[6] 郑辉龙.极限思想在初中数学教学中的渗透和应用[J].福建教育,2012(6):49-51.

第五篇

孩子的课堂

初中思想品德、历史与社会导学课堂的教师追问艺术

林久杏　戴建华

追问是指教师针对某一内容或某一问题，在学生对已提问题有一定理解基础上的再次提问，通过补充、深化与提高，便于学生更准确透彻地理解与掌握知识。在导学课堂中，学生的知识掌握和观点理解更多建立在自主学习的基础上，这有利于激发学生学习的兴趣，使学习真正建构在自身的学情基础上。但往往学生学得不够深入，不够全面，需要教师及时加以追问，以进行有效的拓展和深化。有效的追问有赖于教师对追问内容的精心设计、对追问方式的精确选取与对追问时机的精准把握，源于教师正确的教学理念与灵动的教学智慧。思想品德课教师需要深入思考、努力实践，以便更准确地把握课堂追问艺术。可以这么说，没有有效的追问，就没有高效的导学课堂。

一、精心设计追问内容

1. 要切合课程标准要求，把准教学的重难点

课堂追问不是无章而为，而是有章可循的。“追”和“被追”都需要一定的“跑道”。课程标准是国家课程的基本纲领性文件，是学科教学必须遵循的基本规范与质量要求，因而也是课堂追问需要首先遵循的“跑道”。为此，教师要认真研读课程标准，深刻领会课标编写意图，了解课程的基本理念与设计思路，熟悉心理健康与道德教育、法律教育、国情教育等各

模块的课程内容及课程目标。只有这样，才能高屋建瓴，把握课堂追问的总体方向与路径，彰显追问的适标性。另外，教师要在熟悉课标的基础上，准确把握教材，紧扣教学目标，切准教学的重点、难点及学生可能会出现的疑惑点，并依据课堂教学的整体架构，预设课堂追问，使追问有的放矢，突出追问的针对性。

2. 要考虑学生的德行认知水平，真正做到“以学定教”

学生是教师进行教学的出发点与归宿。学生现有的实际水平是教师设计与实施追问的重要依据。这也是“以学定教”教学理念在课堂教学中的具体演绎。维果茨基的“最近发展区”理论认为：“教育不是在原有的水平上原地踏步，也不是远远高于个体现有的水平，而应稍稍高于儿童原有的水平。”在思想品德教学过程中，教师设计的追问过于浅显或过于深奥，都会使学生丧失思考与探究的动力，影响学生的学习兴趣与积极性。教学实践证明，追问不在于多少，而在于是否有效，这在很大程度上取决于教师是否能结合学生的实际水平，有针对性地把学生引向“最近发展区”，使每个学生均能在原有的基础上有所发展与提高，真正“问得其所”。思想品德课程强调教学要从学生的生活实际出发，并将学生逐渐扩展的生活作为课程建设与实施的基础，是一门实践性很强的课程。所以我们在运用追问艺术时，还应关注并借助学生已有的个体生活经验，精心设计难易适度的追问，促使学生将“最近发展区”转化为“现有发展水平”，并不断创造更高水平的“最近发展区”。

3. 要反映追问的层次与梯度，体现循序渐进的教学原则

《学记》曰“善问者，如攻坚木，先其易者，而后其节目”，认为提问应由易而难，层层递进。课堂追问也应遵循先易后难、由简而繁、由浅入深的认知逻辑，使学生所学内容由点及面、由表及里、由此及彼渐次递进，体现循序渐进的教学原则。为此，教师必须围绕课程标准，认真分析教材内容，结合学生现有的知识经验与认知水平，使追问与学生独特的认知结构紧密结合起来；并使追问按照难度级差层层递升，体现一定的层次与坡度，以帮助学生的思维向更深、更广的层次漫溯。学生思想品德的发展是一个观念认识、体验内化与践行反思相结合、循环的复杂过程，因而追问还应重视学生思想品德发展的过程性与差异性，分阶段、有针对性地推进每个学生的思想品德学习，使学生在学习内容的认知、体验、践行与反思过程中实现个体思想品德的真正发展。

二、精确选取追问方式

不同的内容、不同的学情决定了追问方式是不一样的。笔者根据自身的教学实践，把追问方式概括为下列几种。

1. 由点到面

由点到面就是学生回答某一局部的观点，通过教师追问，拓展为普遍性的结论。

2. 由面到点

由面到点就是为一个普遍性的结论找支撑的事例。其本质是演绎法在课堂追问中的运用，是思想品德课避免空洞、枯燥的说教的主要方法之一。

3. 诱发反驳

诱发反驳即教师有时故意站在学生的对立面，制造矛盾冲突，让学生在反驳教师的观点的过程中，深化对观点的理解。

4. 层层递进

层层递进即通过不断的追问使学生对问题的认识得以不断深化。学生的学习基础、学习态度与学习习惯存在个体差异，其认知能力与水平也不尽相同。因而课堂追问应尊重学生的这种学习差异，在面向全体学生的基础上，充分照顾学生的个体差异，以调动各类学生的学习积极性，使不同层次的学生都体验到成功的喜悦。针对不同学生设计不同的追问，可以是不同问题的难易梯度，可以是同一问题的难易梯度，也可以是同一问题相对于不同学生的难易梯度。如对于认知水平较高的学生，我们可设计分析型追问、综合型追问、评价型追问等高认知水平的追问；对于认知水平相对低些的学生可采用事实型追问、理解型追问等低认知水平的追问。即便同样是事实型追问，对于认知水平较低的学生可多追问“是什么”，对于中间水平的学生可多问“为什么”，而对于基础较好的学生则可多问几个“怎么样”，使不同层次的学生得到不同程度的提升与发展。

以上是常用的追问方式。追问的方式有很多，这里不一一列举，因为学习内容、学生学情和教师风格各异。

三、精准把握追问时机

在课堂教学的不同时机，追问体现的作用不尽相同。讲求追问艺术，教师还要善于观察学生，把准学生思维过程中的“愤”“悱”状态，巧妙设定追问的不同方式与程度，或浅显或艰深，或单一或综合，或分散或集中，或直接或迂回，或诙谐或严肃，以取得较好的教学效果。

1. 澄清学生模糊认识时

古人云：“读书无疑者，须教有疑，有疑者，却要无疑，到这里方是长进。”追问是一种“催化剂”，它促使学生“有疑”进而“有思”，“有思”促成“无疑”。当学生目标不明或思维受阻时，教师要充分发挥教师的引领和点拨作用，及时“出手相救”，以澄清学生的模糊认识，使其准确理解所学知识。

2. 引发学生深入思考时

“水尝无华，相荡乃成涟漪；石本无火，相击而发灵光。”追问犹如一条引渡的小船，激起学生正确而深入的思考，把学生的思维一步一个台阶地“引渡”到思维的“深水区”，从而使学生的思维更深刻广阔，也更准确到位。

3. 还原学生思维过程时

在学习过程中，学生囿于自身的知识和经验，对于教学内容的认识与理解往往会产生误解。此时，教师就很有必要帮助学生及时还原思维过程与方法，弄清知识间的内在联系和事物的因果关系，以利于学生自觉理解与构建知识，掌握良好的学习方法，为后续学习与探究奠定扎实的基础。

4. 生成课堂意外精彩时

“教学就是即席创作。”课堂教学是一个动态生成的过程，课堂上学生常常不会按教师预定的“轨道”行进。面对学生的质疑，面对学生的各种错误，甚至面对学生“捣蛋”等课堂意外，教师需充分运用教学智慧，给予积极回应和主动激疑，以睿智的追问，激活学生思维，拓展学生的想象空间，让教学中的“旁逸斜出”演绎出独特的教学价值。如此，课堂会因睿智追问而有效生成，因有效生成而精彩连连。

课堂上的质疑，是学生从自身经历出发，在解读文本、建构新知时必然会产生的问题。面对学生的质疑，老师要充分展现自己的教学智慧，利用“你们怎么认为”的追问引导学生思考分析。当学生众说纷纭、莫衷一是时，老师引导学生分析交流，并自然过渡到后续教学内容，为课堂的生成创造出不曾想到的精彩。

以学为中心的数学课堂的“导”

张力奎　毛　妍

课堂导学是指教师在课堂教学时恰当运用“导”的策略和方法，让学生学会思考，自主获得知识和技能，使自身素质得到优化。以下对数学课堂导学的特点和不当的原因进行了深入分析，即对导的特质、导的时机、导的策略三个直接影响导学质量的相关因素进行了分析。

一、掌握课堂导学“导”的特质

1. 以学为中心数学课堂“导”学的整体性

教师服务于学生的学习，注重学生学习过程的动态性，强调学生的活动、学生的表达、学生的交流、学生的分享。教师充分重视学生暴露的问题，重视不同层次的学生的背景、不同的习惯，积极和学生融为一体，不让一个学生掉队。

2. 以学为中心数学课堂“导”学的差异性

不同层次的学生应有不同的发展要求。同一把尺子度量的学生是机械的、没有生机的。对于程度较好的学生，过低的要求会使他们产生骄傲的情绪和思维惰性。而对程度较低的学生提出过高的要求会使他们易于丧失自信心。在教育教学中要以发展的眼光看每一个学生，只要有进步就应该给予肯定，让每一个学生都有机会品味成功、享受成功。

3. 以学为中心数学课堂“导”学的滞后性

初中教学知识与学生已有的客观认知存在差异，学生的学习必须经历一个适应过程，学生的适应程度不同，教师要引导学生尽早完成这一过程。学生自觉地进行数学学习实践，积极进行衔接，减少两极分化，缩小差距，提高自身的学习能力。

4. 以学为中心数学课堂“导”学的有效性

教师充分利用学生的好奇心、好胜心、求知欲和可塑性，多形式、多渠道地培养学生的学习兴趣，引发学生学习的内部动机，引导学生由依赖性向主动性发展，由模仿性向创造性发展。既要引导学生总结模式，又要引导学生突破模式，让学生不只是会模仿几种确定类型的问题的解法，更能用创造性态度，寻求非典型的问题的解法，发展思维的灵活性。教师要指导学生养成做数学笔记、课堂摘记，课前预习、课后归纳整理，先复习再做作业，解题后进行反思、回顾，章节学习完后认真进行小结，课外收集数学相关资料的良好习惯。教师要指导学生规范、整洁地完成作业。教师要及时批改作业，及时反馈信息，要求学生及时订正，把错误扼杀在萌芽时期。

二、把握课堂导学“导”的时机

1. 引导激发情感

数学教学是数学活动的教学，是师生之间、学生之间信息接收与反馈、交往互动与共同发展的过程。如果把思维过程“融”于情境中，学生就会对教学活动产生直接、强烈的兴趣，而兴趣是学生主动学习的原动力。有了兴趣，学习就不会成为负担，而会成为一种执着的追求；有了兴趣，学生才会去积极探索，才能积极地提出问题，才能创造性地运用知识，变苦为乐。要激发学生对数学的兴趣，就要让数学教学充满魅力，就要求教师组织富有成效的教学活动，为学生创设积极思维的情境，这样能使教学过程对学生始终有一种吸引力。教师应根据学生的个性特点，充分利用学生的生活经验，设计生动有趣、直观形象的数学教学活动，引导学生进行自主思考。

思维总是在分析问题、解决问题的过程中锻炼的。当一个人产生了必须排除某一个困难的需要时，或是要了解某一个问题时，思维活动就活跃起来。在传授新知识时，教师可依据内容为学生创设情境，诱导、激发学生的思维，使学生能在教师的引导下通过自己的活动获取新知识，有所提高，并与同学分享成功的喜悦。

2. 拓导另辟蹊径

新课程标准提供的是课堂教学的基本框架，发掘教材内涵，激发学生思维，使学生主动学习、主动探索，这是课堂教学改革的精华所在。数学教学应重视培养学生的思维能力、创新意识和情感价值观。教师要钻研教材，依据教材，同时更要拓宽教材，适时地进行知识的拓展与延伸，给学生留下思维发挥的空间。数学教学主要从两方面引导学生拓展练习题。

(1) 一题多解

一题多解就是对一个问题给出多种解法。进行一题多解的训练，有助于学生开阔视野、拓宽思路、开发智力，进而培养学生的创造性思维能力。以配套练习册和试卷中常见的题目为例。

【案例】 若$|2x-y-3|+\sqrt{2y-x+2}=0$，则$x+y=$________。

【案例分析】 一般解法是联立方程组$\begin{cases}2x-y-3=0\\2y-x+2=0\end{cases}$，分别解得$x$和$y$的值再相加。这种方法运算量大，思维上没有什么难度。另一种解法是通过观察两个非负式中的代数式的特点，发现它们的和等于$x+y-1$，则得$x+y=1$。这种方法要观察、分析之后才能得出结论，运算量不大，准确性高。

(2) 一题多变

一题多变也是引导学生对题目进行拓展的常用、有效的途径，在题目的变化过程中加深了学生对知识点的复习回顾、辨析、反思。

思维能力的培养重在平时坚持，日积月累。要引导学生拓展思维，教师在教学中就不要囿于参考书，要动手编题；注重目标差异性和问题解决，才是激发学生思维的关键。问题的解决不是指答案的得到，而应指向方法的提炼与思维的形成。所以在解决问题的过程中，需要寻求多种解决策略，这样才可以满足不同层次学生的需求，才能更好地拓宽思路，调动学生学习的主动性。学生的思维系统被激活，潜能和素质得到提升，思维就更为活跃，数学课堂、教育教学便充满生机与活力。

3. 助导形成方法

在“以学为中心”理念下的教师的“导”不是在教学的任何时候都介入，在充分尊重和发挥学生主体的同时，教师的“导”要顺其自然，要有艺术性；教师的

“导”要把握好时机，当学生发生错误时，当学生思维混沌时，当学生有创造性见解时，当学生的认知发生冲突时，或当师生对话不畅时，教师就该适时介入，进行指导和点拨。

4. 归导梳理结构

归纳是指在某项教学任务的终了阶段，教师以尽可能简洁精练的语言，富有艺术性地对学生所学知识和技能进行归纳总结和转化升华的教学行为。小结作为教学中最后一步，经常会受到时间、教师情绪的影响，由教师进行接近“完美”的归纳，这使得学生能进一步理解和深化所学知识。

新的课程改革背景之下，一线教师总是在不停地对教学进行学习、探索，尝试着发现各种驾驭课堂的方法，研究各种方法之间的联系与互通。而数学课小结的方法虽有多种，却不是孤立的，各种方法可以在不同的教学课堂上交叉使用，只要使用的时间恰当，问题紧扣学生，就必定会吸引学生，激发学生的求知欲。好的小结是引导学生自主进行归纳，梳理结构，这也会让不同层次的学生在原有的水平上得到发展，能让学生体验到学习数学的乐趣与喜悦，从而树立学好数学的信心。

三、纠正导学课堂的策略

1. 改革教学模式，培养学生良好习惯

（1）“以教导学”树立教学为学习服务理念

《课标（2011年版）》指出：“好的教学活动，应是学生主体地位和教师主导作用的和谐统一。”传统的教学模式是以教师的讲解为主，学生往往只是进行被动的接受学习，也就是我们所说的填鸭式教学，这样的教学很难说得上是以学生为主体的。试想一下，如果教学从问题出发，给学生充分的思考、分析探索、实践的机会，学生还会对现实问题束手无策吗？教师也可以在观察和倾听中欣赏学生。教师应保证课堂有效性，在教学中以问题为导向，引导学生自主、合作、探究，帮助学生改变传统的学习模式，教会学生学习的方法和策略。

（2）“以学定教”促进学生发展

《课标（2011年版）》指出：“在教学活动中，问题情境的设计、教学过程的展开、练习的安排等要尽可能地让所有学生都能主动参与，提出解决问题的策略，引导学生通过与他人交流选择合适的策略，丰富教学活动经验，提高思维水平。”以往的评价方式过多关注学生学习的结果，这必然会导致一些学生辛苦的付出得不到认可，从而失去信心。体现“不同的人在数学上得到不同的发展”，不仅要注重学生对学习知识与技能实践的结果的收集，还要注重对学习过程与方法、情感、态度、价值观的自我成长的认识，这也增强了学生评价的趣味性、参与性。

(3) “授之以渔”引导学生自主学习

人类积累的文化财富浩如烟海，教材中的知识不过是沧海一粟；学生在课堂上时间有限，而要学习掌握的知识却是无边的。想要掌握更多的知识，必须要将视线转移至课堂之外。《课标(2011年版)》进一步明确了教育理念由“知识为本”转为“育人为本”，更是指出：学会思考不亚于学会知识。教会学生用数学的方法想问题，从而使学生终身受益。教师要视具体知识与技能的学习为载体，注重学生的数学思维和数学推理，将教学的设计和实施由“重教”转为“重学”，在教学设计中突出学习活动，教学实施中贯彻“教”为“学”服务的理念，在具体教学中善于发现学生蕴藏的潜能，不断地为发掘这些潜能创造机会，设置情境，引导、启发学生思考，从而教会学生正确的学习方法，最终实现学生“想学”“能学”“会学”。

2. 有效利用数学教材，提升导学能力

(1) 理解教材的编写意图

能否领会教材的编写意图，是衡量一个教师理解教材深度的重要指标。对教材的编写意图领会得越深刻，越能充分有效发挥教材在教学中的作用。为增进教师对教材编写意图的理解，可以采取教研组研讨的方法，全体数学老师集中，分年级组阅读教材、钻研教材、领会教材的编写意图，然后再集中交流反馈总结。

(2) 熟悉教材的编排体系

熟悉教材的编排体系不但是上好一堂课的基础和标准，更是做好知识拓展的重要前提。数学是一门研究数量关系和空间形式的科学，具有严密的符号体系、独特的公式结构、形象的图像语言。相比小学数学而言，初中数学教材结构的逻辑性、系统性更强。这首先表现在教材知识的衔接上，前面所学的知识往往是后边学习的基础；其次表现在掌握数学知识的技能技巧上，新的技能技巧形成都必须借助于已有的技能技巧。

(3) 教材编写≠教材设计

教材编写主要以学生已有的知识水平为基础，把知识从浅到深、由易到难呈现出来。教材中知识体系总是从学生最直观、最熟悉的事物开始。以初中为例，方程、不等式、函数、图像之间是统一的，整数与整式、分数与分式之间是统一的，它们是特殊与一般的关系。加与减、乘与除、乘与乘方之间是统一的。在圆中，角与弦、弧之间是统一的。三角形与四边形是统一的，三角形是四边形的基础，四边形是多个三角形的组合。相似和全等是统一的，全等是相似的特例。平移、旋转、翻折是统一的，它们都是全等变换。数与形是统一的，代数与几何是统一的，一个式子可能有其几何意义，一个几何体可能蕴涵着数量之间的关系。

与教材编写不同的是，教材设计主要是以学生的认知发展水平为根据，在初中阶段，学生的数学思维正逐步由低层次向高层次转化。在设计教材展开顺序时，如何处理学科内容的逻辑体系与学生心理发展特点之间的矛盾，这一问题来源于课程实践，因此是教材编制工作者必然面对并要加以研究的。

基于英语话题整合，突显写作复习实效

李　姝　卢华英

九年级英语单元话题模块重组的教学是指在教学过程中，教师带领学生将七、八年级初中英语教材（人民教育出版社《英语（新目标）Go for it!》）中的教学模块归类到九年级的单元话题中，以话题为主线，构建话题下的词汇网络，归纳话题下的典型句式，梳理话题下的主要语法，训练话题下的口语和书面表达，在完成九年级的教材梳理的同时系统地复习初中阶段所学内容。

九年级英语单元话题模块重组的教学要点为：根据九年级的单元话题引导学生构建词汇网络，归纳典型句式；创设话题情境，在话题中复习词汇和句式，在应用中提高综合语言运用能力；在话题中梳理基本语法，训练话题说话和写作。具体流程如图1所示。

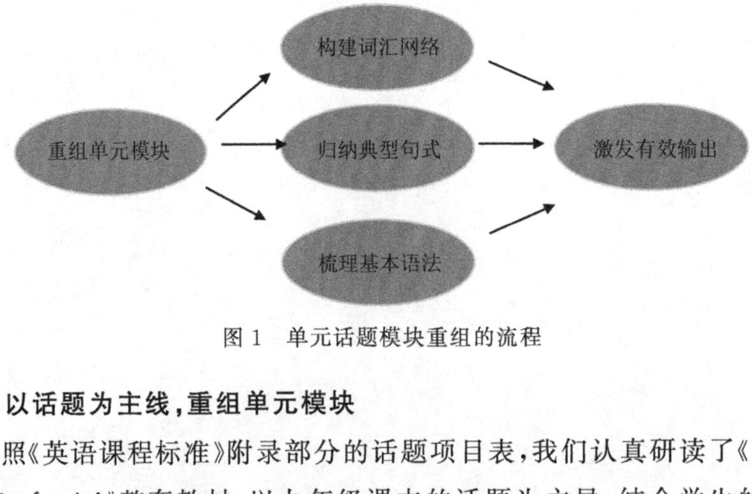

图1　单元话题模块重组的流程

1. 以话题为主线，重组单元模块

参照《英语课程标准》附录部分的话题项目表，我们认真研读了《英语（新目标）Go for it!》整套教材，以九年级课本的话题为主导，结合学生的实际水平，重组单元复习模块，并调整了课时。九年级第1至第5单元重组后的单元复习模块如表1所示。

表1 重组后的单元复习模块

单元	话题	模块重组	课时
1	谈论学校生活	教学模块：九年级 Unit 1(How do you study for a test?) 复习模块：七年级上 Unit 10，Unit 12；八年级上 Unit 8；八年级下 Unit 4	2课时
2	介绍自己、他人(相貌、性格、国籍)	教学模块：九年级 Unit 2(I used to be afraid of the dark.) 复习模块：七年级上 Unit 1，Unit 3；七年级下 Unit 1，Unit 7；八年级上 Unit 6	2课时
3	谈论规章制度	教学模块：九年级 Unit 3(Teenagers should be allowed to choose their own clothes.) 复习模块：七年级下 Unit 12(Don't eat in class.)	2课时
4	问题及建议	教学模块：九年级 Unit 4(What would you do?) 复习模块：八年级上 Unit 2；八年级下 Unit 2，Unit 5，Unit 8	2课时
5	物品所属及放置地点	教学模块：九年级 Unit 5(It must belong to Carla.) 复习模块：七年级上 Unit 2，Unit 4，Unit 5	2课时

2. 构建词汇网络，归纳典型句式

在开展九年级单元教学之前，教师引导学生根据每一单元的话题构建词汇网络。根据语言学家 Michael Lewis 的词块分类法，即单词和聚合短语、高频搭配语、惯用表达法、语句框架，将词块进行梳理、聚合，同一话题下的语块组合成话题词汇网络。这样，原本孤立的词语统摄在话题语义场中，词与词之间有了意义联系，构成语义网络系统。话题的引导使词汇的教学和复习语用化，切实提高了学生在语境中的运用语言的能力。

话题模块重组的教学要求学生在课前根据九年级单元所提供的话题将七、八年级相应的词汇以 Word Map 的形式串联起来，构建一个具有内在联系且与九年级教学同步的词汇网络。在课前准备中，引导学生运用联想、发散等思维方式，对同一话题已经学过的词汇进行查缺补漏，并将九年级新课的词汇进行归类，达到在教学新课中复习旧知识的目的。

例如，在教学九年级 Unit 2(I used to be afraid of the dark.)时，话题是“介绍自己、他人(相貌、性格、国籍)”，教师在课前让学生将此话题下包括七年级上 Unit 1(My name's Gina.)、Unit 3(This is my sister.)，七年级下 Unit 1(Where's your pen pal from?)、Unit 7(What does he look like?)，八年级上 Unit 6(I'm more outgoing than my sister.)的词汇以 Word Map 的形式进行归纳，如图 2 所示。

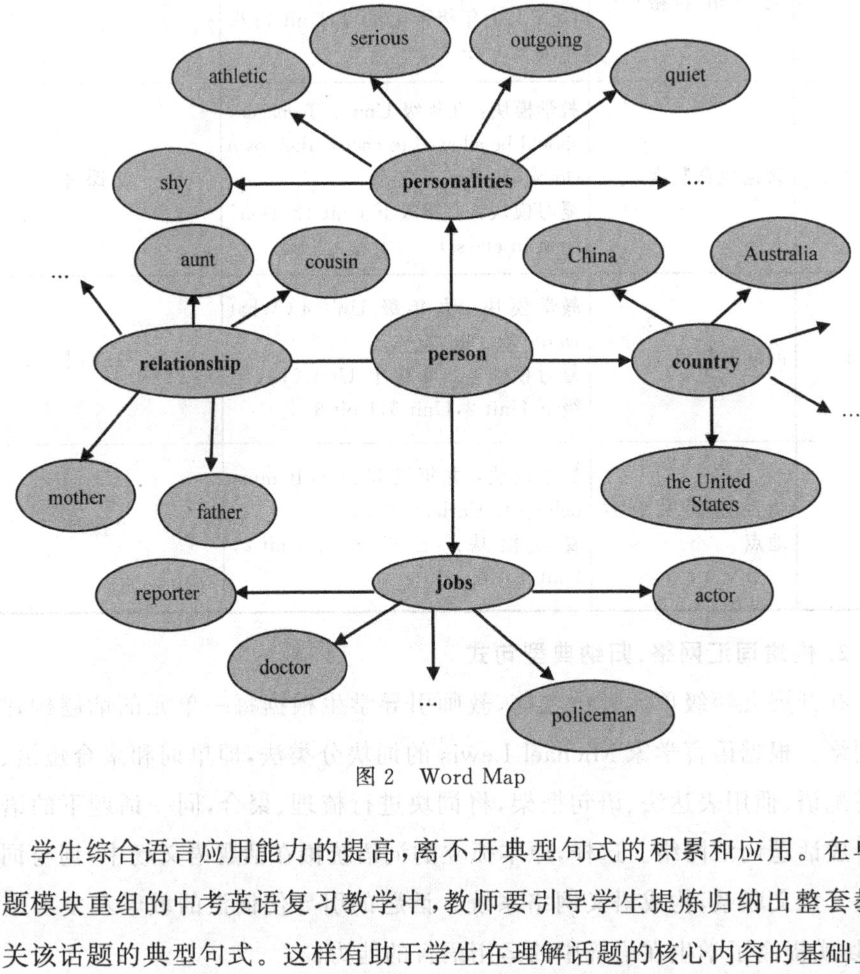

图 2　Word Map

学生综合语言应用能力的提高，离不开典型句式的积累和应用。在单元话题模块重组的中考英语复习教学中，教师要引导学生提炼归纳出整套教材有关该话题的典型句式。这样有助于学生在理解话题的核心内容的基础上很好地提高口语和书面表达能力。

3. 梳理基本语法，激发有效输出

学习语言的目的在于应用。语言应用能力的提高需要学生掌握常用语言形式的基本结构和表意功能，这无法通过教师的单向灌输和题海战术来实现，关键是学生通过大量有效的语言实践内化语言知识，进而领悟语法结构的形式和表意功能。通过对《英语(新目标)Go for it!》教材的分析，我们发现到九年级 Unit 10，中考要求的语法项目已经全部完成教学，而九年级的大部分单元都在对七、八年级学过的语法进行螺旋式的反复。因此，我们以话题为主线，创设情境，将语法的教学和复习与口语和书面表达联系起来，以改变以往语法教学中“重语言形式，轻语言意义”的做法，在帮助学生梳理基本语法的同时，又致力于帮助学生在话题中正确使用语法进行表达，从而真正提高综合语言运用能力。

例如，在复习九年级 Unit 7 (Where would like to visit?)时，教师可以整合七年级下 Unit 10 (Holidays and Vocations)、八年级上 Unit 3(Vacation Plans)和八年级下 Unit9 (Fun Places)，以“Holidays and Vacations”这一话题为主线，引导学生梳理一般过去时和一般将来时态这两个基本语法，如图 3 所示。

A week later, my friends came back. They were talking about their trips. Make a dialogue and practice in pairs.

A: How was your vacation?

B: It was...

A: Where did you go?

B: I went to...

A: What did you do there?

B:...

A: How long did you stay there?

B:...

A: How was (were) the weather/food/people?

B:...

图 3 Holidays and Vacations

通过讨论，学生可以更好地理解一般过去时态及其用法，并能根据情境恰当地运用不同句式进行表达。然后，教师引导学生归纳一般过去时态的基本句式和结构，再结合“My Vacation Plan”这一话题，教师创设情境让学生探讨，并进行书面表达，如图 4 所示。

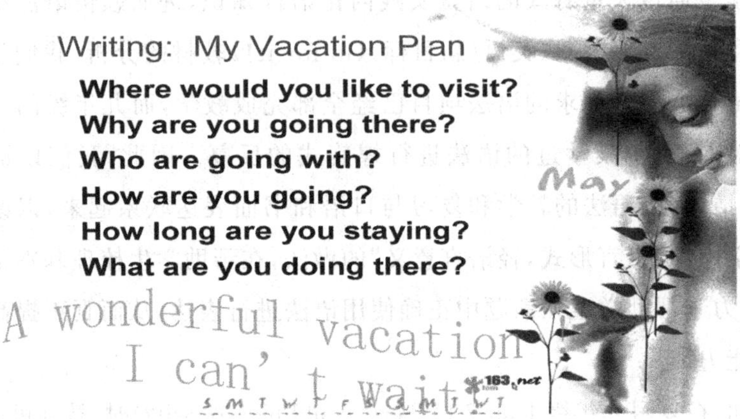

Writing: My Vacation Plan
Where would you like to visit?
Why are you going there?
Who are going with?
How are you going?
How long are you staying?
What are you doing there?
May
A wonderful vacation
I can' t wait!

图 4 My Vacation Plan

教学实践表明，在话题中梳理基本语法，进而进行口语和书面表达，这能激发学生进行有效表达，使学生有话可说、有话会说，从而提高综合语言应用能力。

教师一小步，学生一大步

周伟珍

集团成立伊始，就思考着手建构一所学生喜欢的学校、符合孩子想象的现代学校。2012 年 2 月，杭州市十三中教育集团吹响课改的号角；2012 年 4 月，十三中校区全面推进课堂教学改革。追求教师教学方式的一小步改变，带来的是学生学习方式发生的一大步甚至根本性转变。一切为了学生，课堂改革的最终目的是学生，学校将成为学生幸福快乐的园地。

一、理念先行，走进新课改

（一）思想统一，理念先行

有什么样的理念，就有什么样的行动，教师的教育教学行为受他的意识理念所支配。实施新课改，必须进行理念翻新。观念不变，理念不明，根本无法走进新课改。

学校高瞻远瞩，明令只改制度不改变人，其实没有用。所以学校根本没用制度压教师，没用行政手段命令教师，而是走近教师，走近学生，倾听教师教学困惑、学生的期许，感受教师的需求。教师希望学生不再盲目地以课本上的答案为答案，有自己的想法；学生希望课堂不局限于教室，还在实验室、田野，学习走向生活，科学学习不再“道听途说”。这些信息太重要了，我们知道学生的学习心智模式一旦形成，几乎会成为学生一辈子行为的指南，所以我们必须行动起来。

(二) 开阔视野,接触理念

要改,关键是怎么改好。教师对教改心怀敬畏,需要引导。课改首先要改变的对象是教师,很多还是用经验的双脚在走路。于是,学校采取"走出去""请进来"的方式让教师接触新课改:赴安吉昆铜中学,接触新课堂;去北京学习,看首都的课改方向;听专家讲座,走专业之道。这些为全面推进新课改奠定了坚实的基础。教研组适时提出"以学为中心"的教学策略,鼓励教师根据科学学科特点,按照新课堂运行模式(自主学习→小组展示→全班交流→质疑答辩→多元评价→个体反思→共同提升→新课堂运行范式),进行课堂教学改革创新,以学生的学习为基点,突出学生的自主、合作、探究,强调学的成效。

(三) 校本研修,理念内化

学校一直在营造一种浓厚的新课改氛围,校长身体力行地用小组合作模式给老师上课,让他们感同身受,使他们明白如下几点:

1. 小组合作促进教学思路的一致性

课堂教学中,不管是教师的教,还是学生的学,都具有思路的独占性:教师教时遵循自己教的思路,学生学时也一样。教师如何了解学生的学习思路?最好的方法是给学生表达自我的机会,让学生不仅表达自己学到了什么,还表达自己的学习方法与思路。课堂小组合作学习,通过组内交流、组际交流给了更多学生充分的表达机会,实现了教师和学生教学思路的一致性。

2. 小组合作促进学生"说"的主动性

"听"是个被动的过程,"说"才是主动的组织,"说"动用到很多大脑区域,活化的神经元远比"听"多了许多。"说"的关键因素是思维,"说"的科学性与条理性同思维清晰度成正比。思维越清晰,各种知识、经验、思想越能有序存放在大脑中。课堂上老师要少讲,根据学生自主学习的情况,对其中个别不懂的问题进行指导,对学生在思考、解决问题中碰到的疑难进行疏导,教师讲在点子上,展示的是思路、方法和规律。当一个学生能够把他看的书讲出来时,他就真懂了。

3. 小组合作更好地促进中学科学学习

科学是一门以观察、实验为基础的学科,科学课堂一直非常关注学生实验素养。有了小组合作模式,实验的广度、深度、兴趣度、参与度都可以大大提高。通过团队合作，学生可以在如何设计实验、如何观察和记录、如何制作实验报告、如何交流汇报等方面得到更多锻炼机会。有些科学小实验需要借助实验器材，为了让学生学到哪儿，相应感兴趣的实验做到哪儿，学校让学生将电学、力学、光学实验包一组一组带回去用，使学生通过动手操作、动眼观察、动口交流，充分感悟知识产生和发展的过程。学生体验到协作互助、思维碰撞的好处，培养、锻炼了耐心、细致与严谨。

二、行动推进，实施新课改

课改就这样启动了。老师们态度很积极，发自内心地迎接课改新挑战。学校坚信方法一定比困难多，对新课程理念，一线教师慢慢地由相对陌生走向有所了解，开始身体力行，一批骨干教师脱颖而出，课改理念逐渐注入教师的血液中。

（一）骨干先行，慎行慎思

骨干教师是学校教学的中坚力量，是学校教研、教改的领头羊，学校积极为他们搭建展示自我的舞台，加速他们成长的进程，增强他们的引领、辐射作用。

2012年6月9日，杭州市十三中、丰潭中学、周浦中学、安吉县实验初中教育集团开展了以“理念升华，思维碰撞，以生为本，以学定教——按学生的想象构建现代化课堂”为主题的“两地四校”课改研讨展示活动。科学学科在七年级开设了“地形和表示地形的地图”，在八年级开设了“电的安全使用”“同课异构”式的教学研讨课共10节。

随后，在集团课改展示月，集团学术节名师工作室展示课、各学科录播课等活动中的示范课堂上都有骨干教师活跃的身影，这些课既追求小组合作的“型”，又关注了45分钟课堂的实效，让教师明白一堂课可以有不同的教法，但不管怎么教都必须有利于学生的学习，保证学生的主体地位；教学成功的关键在于让学生主动参与学习的过程，获得成功的体验。

（二）全员推进，边思边创

1. 课前导学设计

推进“主体参与”课堂文化建构，实施“主体参与、分组合作”课堂教学模式，其先决条件是编写好与之相适应的导学案。导学案是高效课堂的路线图和方向盘，在课改中具有举足轻重的作用。导学案就其实质而言就是“脚手架”，注重给学生预习的方向、预习的深度和预习的模式。学生要学会用相应的科学学习方法和策略来解决问题，获得新知识。在导学案的设计使用中，教师们一直在思考如何将“学什么”和“怎么学”相对应，避免印刷浪费现象，避免“试题化”和“问题化”。

现在我们采用更多的是无纸化导学，注入实验导学，虽说有的实验非常简单，但学生同样乐在其中。相比较课内，课前导学实验有足够的时间让学生来完成所有实验项目，并可以进行多次实验来避免实验的偶然性，这其中不光有短时间能完成的：在浴缸中感受浮力，比较盐和糖的溶解能力及影响因素，观察松果，解剖花并认识花的各部分，测笔芯电阻，电解肥皂水，观察蜗牛和蚯蚓，棉线切冰块；也有需要较长时间才能完成的：观察月相，影响种子萌发的影响因素，家庭盆栽（水培）植物向光性、向水性实验。

2. 引入“微课”

“微课”可以实现课前在教师指导下的实验和深度探究，实现课堂上引申问题的进一步自主探究、相互质疑，实现知识内化，混合直接讲解与建构主义。

“水果电池”就是把以学为中心的理念转化为真实课堂的示范。水果电池操作简单，原理复杂，学生运用电学实验包，在家完成了让发光二极管亮起来的实验，甚至用 8 个柠檬让小灯泡也亮了起来。那么哪些因素影响水果电池的电力？课堂内，学生在老师的带领下自然延伸出更高质量的学习活动，归纳出电压、电流、电极、水果等因素，并根据提供的实验器材对最感兴趣的因素进行研究，课堂内的互动和个性化接触时间大大增加。

现在我们在微课的基础上进一步推出“微课程”，一门微课程不少于 5 个系列化的微课。比如“溶液微课程”包含溶解、过滤、溶解度、结晶等专题，“测量微课程”包含长度、体积、温度测量等专题，“简单机械微课程”包含杠杆五要素、杠杆平衡及应用、滑轮、斜面等专题。这些“微课程”的引入让学生在解决问题中逐步对基础知识和基本规律进行系统复习，提高学生观察生活、质疑现象、解释规律、学会总结的能力和水平。

3. 课中小组合作

小组合作学习是新课改教学中应用最多的教学组织形式，如图 1 所示。

小组合作学习的实质是提高学习效率，培养学生良好的合作品质和学习习惯。课前任务、课堂展示、讨论、交流、评价等环节都是以小组为单位完成的。在小组里，学生大胆表达见解，在交流中训练思维及胆量；明确的分工强化了学生的责任意识，而与他人合作培养了学生善于倾听、互帮、互助的优良品质，善于倾听又使学生的点评和补充发言更有针对性和严谨性。

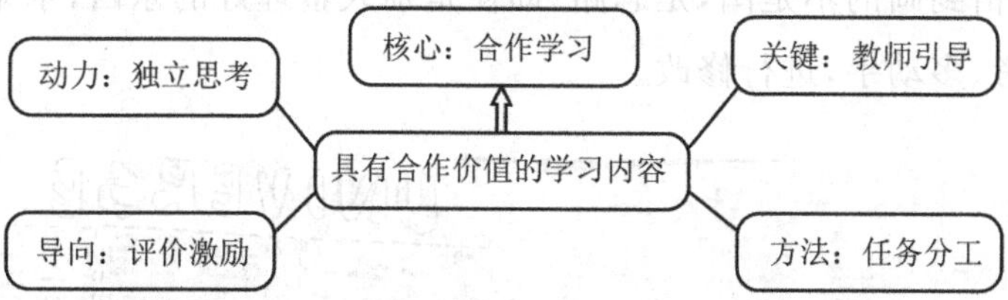

图 1　小组合作学习

小组合作学习的重点在于小组合作是否有效，丁盈老师的公开课“生物与非生物”，其运行范式展现了小组成员在整个课堂中倾力合作的身影，说明了只有有效的小组合作，才能使课堂达到高效。合作学习的课堂如图 2 所示。

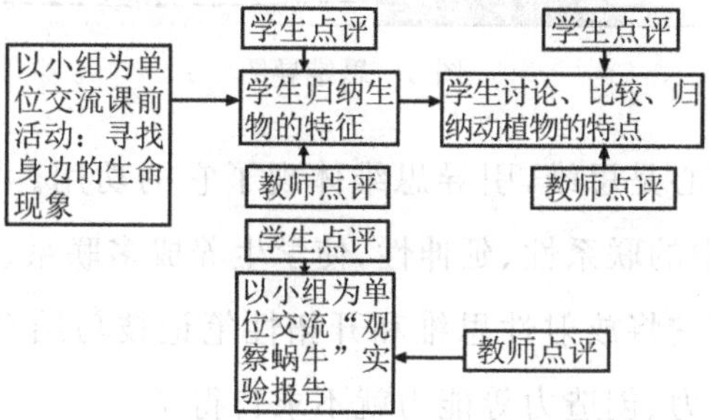

图 2　合作学习的课堂

4. 课后思维导图

学习中的一项重要工作就是克服遗忘和碎片化，学生的应对策略是养成按顺序做常规笔记的习惯。而老师们意识到常规笔记有弱点：埋没关键词。这阻碍了大脑对各关键概念之间做出合适的联想，对记忆造成消解效果，抑制思维过程。所以在学完一个大节或者一章知识后，老师们常建议和指导学生梳理知识体系，画思维导图。

思维导图（见图 3）是大脑思考过程的显化，科学研究发现思维导图能同时运用大脑皮层的所有智能，包括词汇、图像、数字、逻辑、韵律、颜色和空间感知，它能将关键词并列在时空之中，可灵活组合，改善创造力和记忆力，使学生更清晰地思考。

学生刚开始练习，画出来的图比较乱，教师帮助学生不断整理，把一些同类型的知识点集中到一个层次下面。这个过程对学生的思维能力、科学素养也是很好的锻炼。“一图胜千言”，学生也认为图是一种很有吸引力的表达形式，慢慢领悟到画的不是图，是思路，即使是别人整理好的东西，拿来之后自己也要多思考、多动手，进行修改。

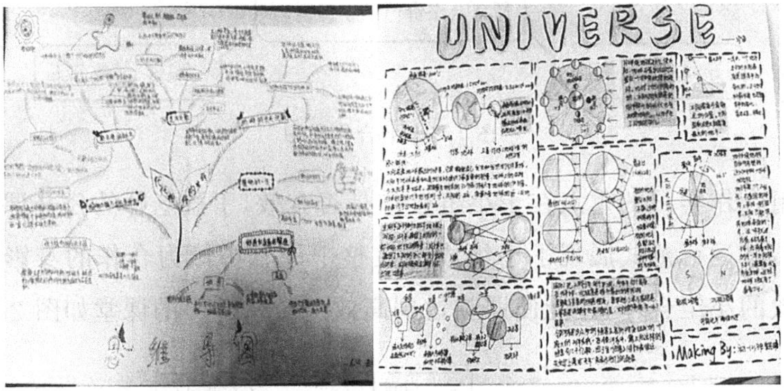

图3　思维导图

思维导图的核心是思维，引导思维体现了它的功用。它将教材中的内容上挂下联，建立其中的联系性、延伸性，使学生养成多联系、勤对照、挖本质、找规律的习惯。由于它将放射性思维和开拓性笔记技巧结合在一起，学生的洞察力、整合力、分析力、创造力等能力就不求自得了。

三、课改成效

（一）学生方面

1. 减轻了学生过重的课业负担

家长和学生本人对学业负担是比较看重的，新课改实施后，学生的书面作业和练习试卷有了很大幅度的减少，取而代之的是到大自然去观察、打开实验包去实验。由于做的是感兴趣的事，就算耗时较长学生也不觉得累，可见负担与情绪体验大有关联。

2. 课堂时空拓展

新课改让学生的生活时空成了学习化时空。课外为课堂学习服务，课外的实验观察使课堂的学习内容、空间得到极大的拓展；课堂对学生的课外学习进行策划。更主要的是学生选择的自由度和自主学习能力大幅度增强。

3. 兴趣素养能力等提升

现在学生阅读思考、练习操作、质疑讨论、对话交流能力及对科学学习的兴趣是以往学生所不能比拟的。

（二）教师方面

新课改为科学教师提供了一个充分展示自我的舞台，使各年龄段教师焕发出新活力。教师们不断地充实自己，提高自己，改变自己，教师的教育教学水平大大提高，自身素质不断增强，课堂教学效率迅速提高。

四、课改反思

国际知名心理学家威廉·格拉瑟博士致力于教育和班级经营的研究，用他的选择理论来说，成为哪一种教师，是每位教师的自我选择，现在更多的科学教师选择为自己建立一幅“成功的教学图像”。

在课改中，教师和学生都会遇到困难，学生也会提出一些看法和意见。教师有时候没有做到学生所期待的，这就需要他们不断摸索。课改不仅仅是一种探索，还得为学生负责，对得起学生，这是教师的工作。

参考文献

[1] 中华人民共和国教育部.义务教育初中科学课程标准(2011年版)[M].北京：北京师范大学出版社，2012.

[2] 格拉瑟.了解你的学生：选择理论下的师生双赢[M].杨诚，译.北京：首都师范大学出版社，2011.

[3] 罗进甫.自主合作探究的泛化及应对策略[J].成才，2004(4)：35-36.

运用思维导图做科学课堂笔记

施　烨

一、激发画思维导图的兴趣

要接受新事物、改变之前的习惯并不容易，需要一些策略与方法。下面举几个常用的例子。

1. 学霸与思维导图的故事

笔者有一个学霸学生，自初二开始用思维导图后，学习成绩一直是年级第一。原本她的学习习惯就非常好，包括做笔记的习惯，如图1所示。一堂课下来，她的笔记密密麻麻，能把老师讲的重难点全都记下来，书写速度快，又工整，是个记笔记的能手。一开始笔者推荐她使用思维导图时，她并不接受，她觉得之前记笔记的方法挺好的，喜欢用自己熟悉的方式。有一次，实习老师在上课，笔者就坐在她旁边，一起听课，一起记笔记。

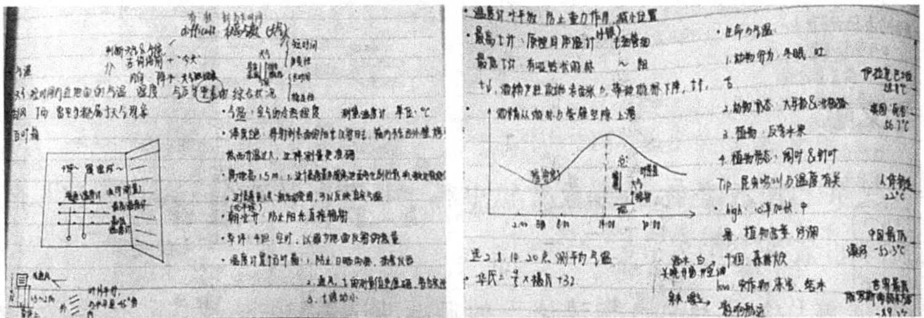

(a)　(b)

图1　学霸曾经的笔记

课后，笔者向她展示了如图 2 所示的思维导图，并做了以下几件事：

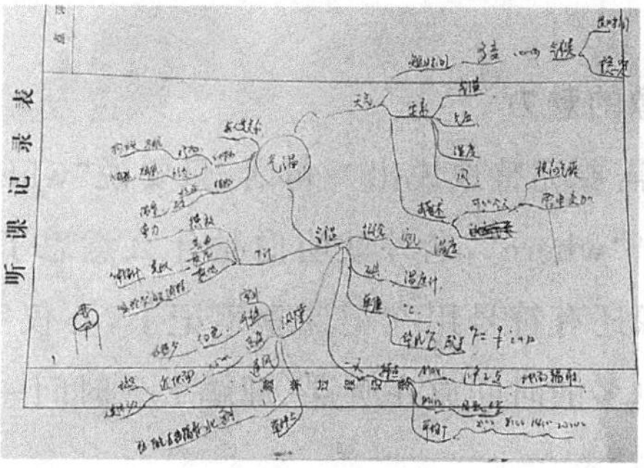

图 2　笔者的笔记

(1) 复述。因为思路清晰，重点突出，字少，笔者用两三分钟就把整堂课复述了一遍。如此快速地复习一遍是不是很诱人？

(2) 比内容量。尽管她的文字比笔者多，篇幅比笔者大，但是经过比较发现：她有的内容，笔者都有；她没有的内容，笔者也有。

(3) 比逻辑。笔者将关键词经过整理，放在不同的位置上，一下子突显了知识点间的联系。笔者还和她对比了“天气”这一概念的记录方式，告诉她用关键词不仅省力，还锻炼脑力。

(4) 比速度。一整堂课，她奋笔疾书，笔者却轻松自在，这样的上课强度，只有她这种学霸才能坚持下来，但是明明可以更轻松有效，为什么不要呢？

在如此鲜明的对比下，她果断地抛弃了之前的记笔记方式。从第二天起，她的笔记就如图 3 所示。

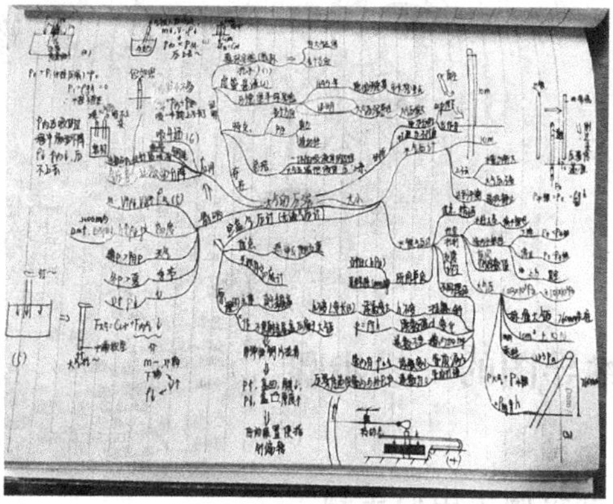

图 3　一个学霸的课堂笔记的迅速改变

优秀有时表现在善于吸收,善于改变,能吸取别人的经验,加快成长速度。

2. 关键词与图像的魅力

在国外问路,不需要完整地说出一句话,只要说"where+地名",或者指着地点的图的同时说出"where",老外就明白是什么意思了。言简意赅,轻松自在。把关键词和图像还有符号用在记课堂笔记上,不仅字少,记录快,还轻松有趣。学生可以把更多的时间放在听课、理解上。时间一长,概括、提炼、联想等能力还能大大提高。

3. 体验思维导图的乐趣

教师上课时让学生按自己的方式记笔记,课后给学生展示了这堂课的思维导图(如图 4 所示)。讲解思维导图,回顾知识的过程,就是教学生怎么看、怎么画的过程。一对比,就有效果。字少,可以画画,可以这么漂亮,学生是很有兴趣的。很多学生跃跃欲试,因为现在有很多学生擅长画画,他们深信可以画得比老师更漂亮。

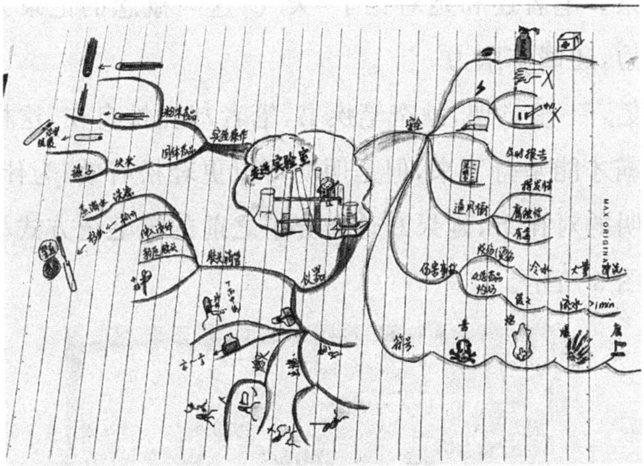

图 4　示范一

二、绘制思维导图的一般步骤

1. 在纸张中心部位画上中心主题

A4 空白纸横放,在中心位置画主题,自己上与主题相关的彩色图案。中心主题部分的边长一般为3～5cm,主题要醒目。

为什么纸要横放?若要你坐在椅子上挺直后背,听到“请保持身体不动,观察你所处的环境”,几乎100%的人会左右转动脖子,等左右看完后,才开始上下看。比起上下伸展的细长景象,我们更容易认知左右展开的景象。横放有利于我们一览全局。

中心图像是一种“心中影像”,无须纠结绘画水平,只要积累经验,就会有进步,所以不用担心。相比之下,计较中心图像的美丑而放弃思维导图才是更大的损失。如果不会画画,也可以用文字代替。可以试着给文字配上颜色和花纹。可以用条纹、圆点、格子、花边,或者加个阴影等。这些只有一个目的,让主题在一张思维导图中最醒目。

2. 由中心主题画出分支与线条

分支包括方向、形状、粗细和长度四个要点。

(1) 方向:从中心主题发出的一级分支,条数不宜过多,一般不要超过6条,从时钟1点的位置开始顺时针画。

(2) 形状:流畅的曲线,线与线相连。每一条流畅的曲线都代表一个流畅的思维的跳跃。线线相连这种结构反映了大脑中的联想本性。如果连线断裂,思维、记忆和创造也会产生断层。

(3) 粗细:越靠近中心主题,分支越粗,与树的分支是一样的。二级分支、三级分支越来越细。区分粗细后,一眼就能看出哪些词更重要。

(4) 长度:线条的长度与词语平衡。我们在看思维导图时,视线随分支与线条的走向而动。线条不宜过长,避免眼睛在认知过程中过多转动,更有利于集中注意力。

3. 在分支与线条上写关键词

分支与线条的长短和条数依据关键词而定,一线一词。对于课堂笔记,关键词非常重要,这对学生来说也是最难的一部分。关键词,顾名思义就是词语,在线条上不要出现句子。

4. 在需要的地方画上图像

有些人会觉得自己不擅长画图像,就拒绝使用图像。但图像在开发大脑中起到了重要作用,不用就可惜了。在科学学习中,有很多仪器、装置、原理,绘制简图也是做笔记的基本功。在笔记中画图像既要发挥图像的作用,又要快,用简笔画是非常不错的选择。简笔画能通过简单几笔就能把事物表现出来,是因为这几笔抓住了事物的主要特征。所以多画简笔画,还能提高我们的观察能力和提炼主要特征、去除次要特征的能力。绘画可以从模仿开始。现在有许多关于简笔画的书籍,都可以参考借鉴。

5. 让你的思维导图变成彩色

思维导图是彩色的。每一个分支一种颜色,不同的分支用区分度比较大的不同的颜色。但是,如果关键词也是用彩色的,整体看起来不美观,关键词也不醒目。所以一般只是把分支描成彩色的。如果课堂上用黑色水笔记录关键词,用彩色笔画分支,变化太多,要不停换笔,容易分散注意力。常用的方法是:课堂上用水笔记。课后复习笔记时,看一个关键词,就把下面的线条描上颜色。这样就可以一边复习,一边完善思维导图了。

一开始可以让学生模仿。

图 5 是学生画的科学七年级上第一章第一节、第二节的思维导图,从第一节的模仿到第二节的独立创作,学生绘制的思维导图尽管还有很多问题,但已有模有样了。

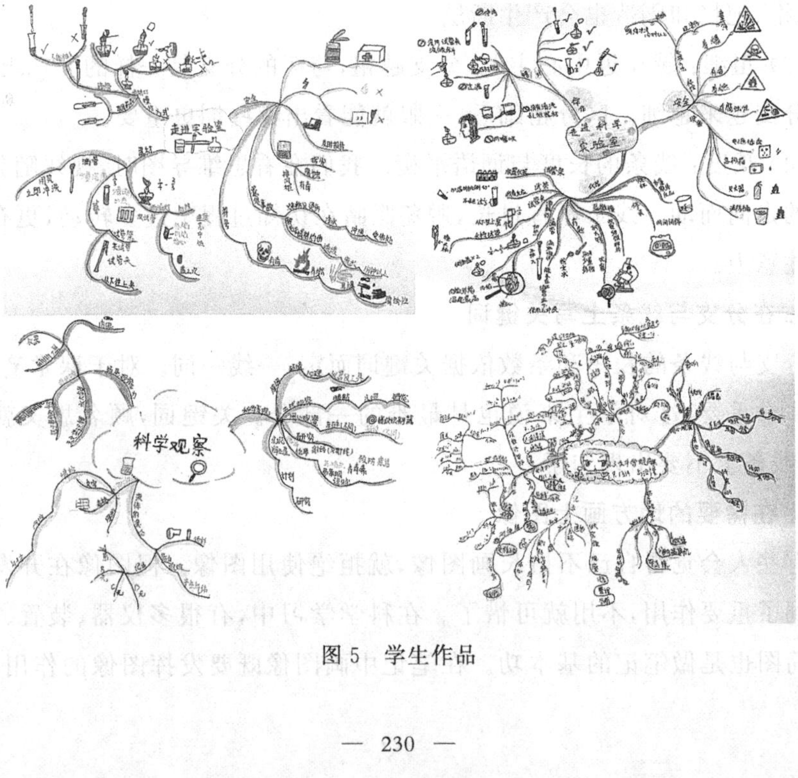

图 5 学生作品

在初期，老师的示范与指导作用非常重要。板书尽量用思维导图，或者用关键词。在课后给学生展示这堂课的彩色思维导图，也可把图发到 QQ 群、微信群，供学生参考比较。鼓励学生将画好的思维导图（如图 6 所示）发到群上，由老师一一进行细致点评。学生可从别人的作品中取长补短。学生在掌握画思维导图的基本要求，如中心主题、分支、颜色等之后，再去关注思维导图的内容。

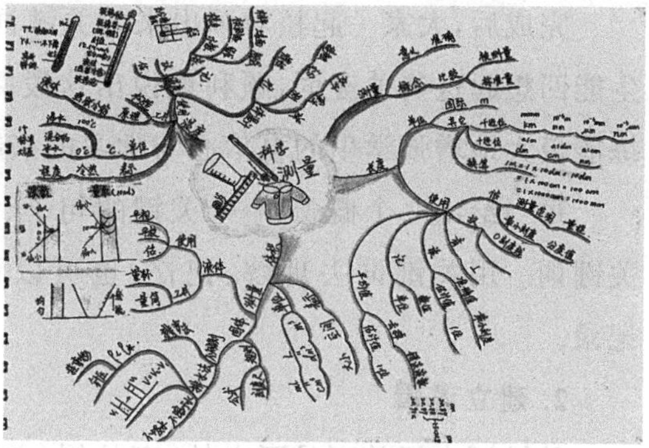

图 6　示范二

三、如何做出高质量的思维导图

思维导图做得有“形”是比较容易的，但是如果没有“神”，就不能发挥其真正的作用。对于学生来说，若绘制思维导图只是画画图，过一段时间，学生新鲜劲一过，就不会再画了。这里“神”的关键就在关键词。如何提高学生对关键词的敏感度，需要教师在课堂中循序渐进，有意识地不断渗透。

1. 找关键词

改变看书的习惯。大多数学生在阅读时，看到重点，会用笔画下来，但是一般是把整句话都画下来。而线一长，画线的动作就容易变成机械动作，关注点会在“我把这句话画下来”这个动作，而不是“这句话的重点在哪里”。所以学生常常看完书之后，把书上的重点画出来了，却想不起重点是什么了。因此，看书不是一个一个字看，也不是一句一句看，而应该是一个词一个词挑重点地跳着看。

以七年级上第二章第二节“细胞”中“细胞的发现和细胞学说”为例，这一大段文字，可以作为阅读材料。在学生阅读前，教师要强调三个要求：

(1) 拿出笔，最好是荧光笔；

(2) 把重点画出来，但是只能画词，绝对不能画句子，画的词越精简越好；

(3) 要求在 2 分钟内完成并记住。

完成后，大家一起核对画出来的关键词，然后合上书，有 70%～80%的学生能回想起这些关键词，顺利地说出这段阅读材料讲了什么内容。这样的训练能极大地增强学生的自信心与学习的兴趣。

每当给出一个概念、一个关键的句子、一段话，教师都可以引导学生归纳关键词。用关键词去理解、记忆，也可以帮助学生更好地完成思维导图的记录。

2. 建立逻辑

关键词之间并不是孤立的，有从属、并列等关系。学生整理这些关键词，可以从小概念、小片段入手。

图 7 通过关键词的归纳整理，突出了激素的含量和调节作用。

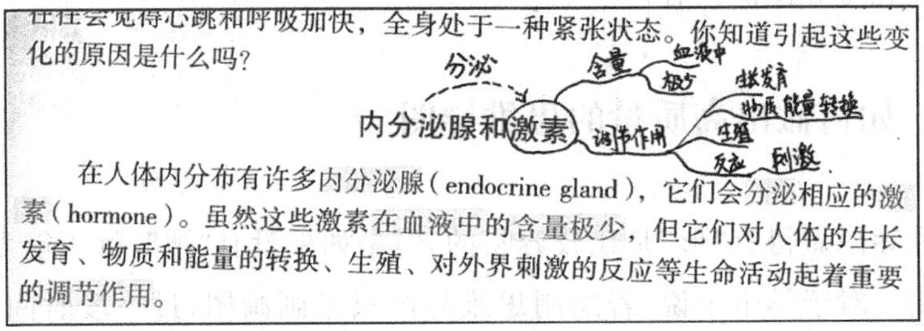
往往会觉得心跳和呼吸加快，全身处于一种紧张状态。你知道引起这些变化的原因是什么吗？

内分泌腺和激素

在人体内分布有许多内分泌腺（endocrine gland），它们会分泌相应的激素（hormone）。虽然这些激素在血液中的含量极少，但它们对人体的生长发育、物质和能量的转换、生殖、对外界刺激的反应等生命活动起着重要的调节作用。

图 7　激素

图 8 将关键词划出后，强调了“同一导体”这个重要条件，并用图进一步说明。

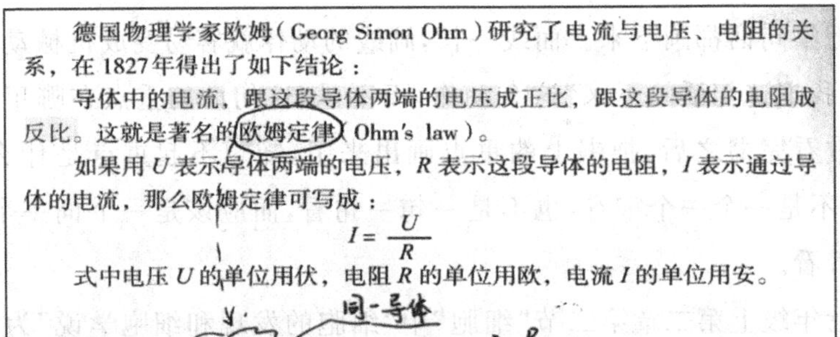
德国物理学家欧姆（Georg Simon Ohm）研究了电流与电压、电阻的关系，在 1827 年得出了如下结论：

导体中的电流，跟这段导体两端的电压成正比，跟这段导体的电阻成反比。这就是著名的欧姆定律（Ohm's law）。

如果用 U 表示导体两端的电压，R 表示这段导体的电阻，I 表示通过导体的电流，那么欧姆定律可写成：

$$I=\frac{U}{R}$$

式中电压 U 的单位用伏，电阻 R 的单位用欧，电流 I 的单位用安。

图 8　欧姆定律

图 9 的定义中几乎都是关键词，可以通过整理，理顺感应电流是如何产生的。

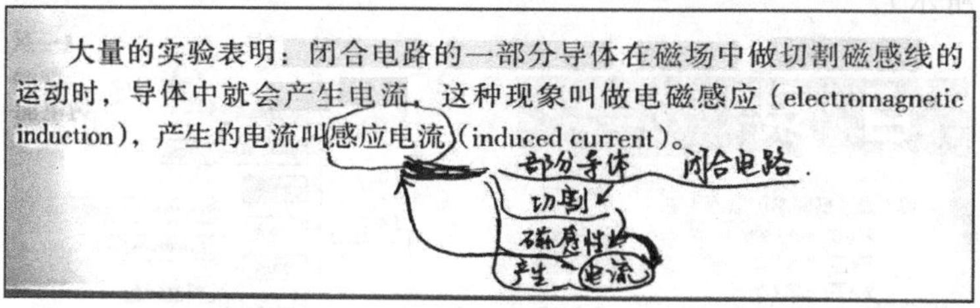

图 9　感应电流

上课时，常能碰到这样的学生，好像听懂了，但是做习题、考试或者让他复述、教别人就不行。当学生真正听懂了，就能以清晰的逻辑思路记录下来，所以思维导图可以把学生的思维过程记录下来。教师应经常查看学生的课堂笔记，有思路不清、层次不明、逻辑混乱的（见图 10），就说明学生对有些知识点还没有理解透，教师要及时给出建议。

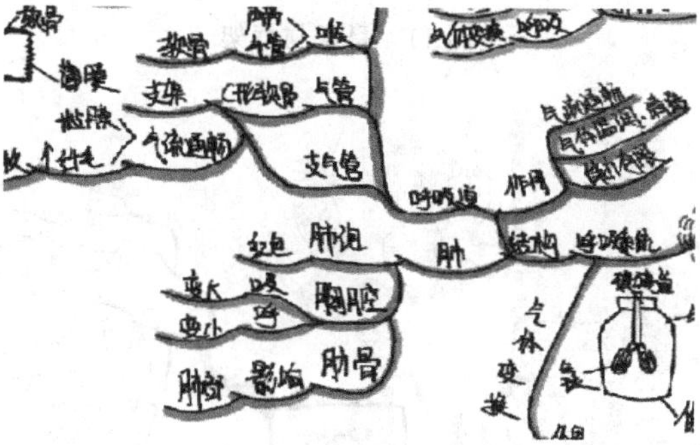

图 10　混乱的思维

3. 主干分支框架的训练

看一张思维导图，首先看一级分支，然后才是二级、三级分支。一级分支能帮助我们一览全局。培养学生的整体框架意识非常重要。在进行新的一章的授课前，教师可以先和学生一起浏览目录，知道这一章中我们会学些什么内容，这些内容之间可能会有什么关系；在学习新的一节内容的时候，教师可以让学生先看这一节中的小标题，再通读全文；在学完一章内容后，教师可以让学生研究一下这章最后的“本章知识结构图”，参考专家是如何建立这些知识体系的。当在画一节或一章思维导图时，学生可以参照这一节中小标题或这一章的知识结构图，也可以在自己理解的基础上重新构架知识。这种框架意识能让学生建立起自己的知识体系，更容易找到各知识点间的联系（如图 11 和图 12 所示）。

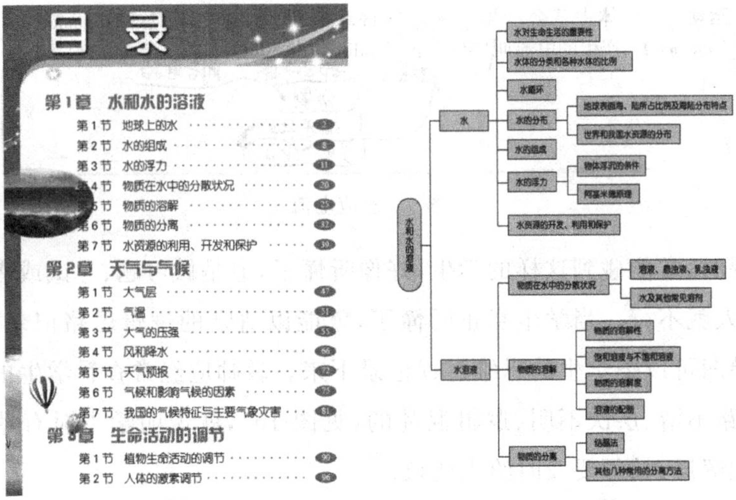

(a) (b)

图 11 目录与框架

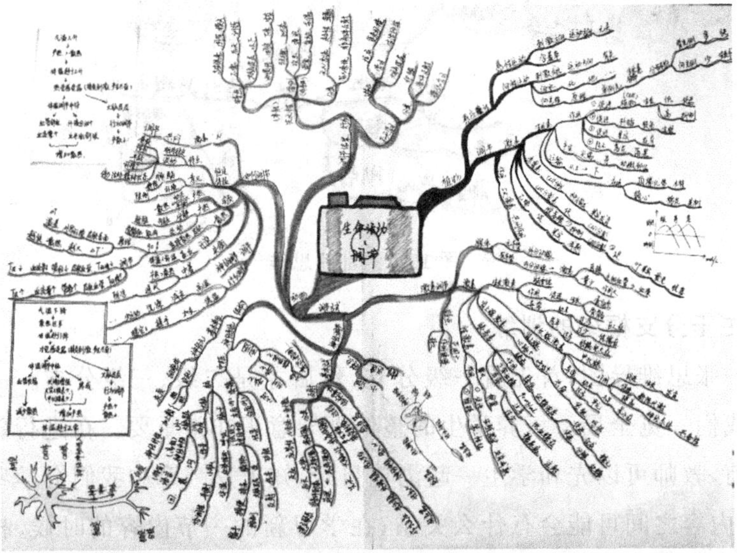

图 12 “生命活动调节”整章的思维导图

第六篇

“三名”课堂

《我的叔叔于勒》教学设计

俞华芳

【教学设想】

小说是讲故事的，优秀的小说家不仅懂得讲什么，更懂得怎么讲。莫泊桑无疑是一个讲故事的好手。只是生活中的平凡小事，他却能够以精练的笔墨，以有悬念的曲折有致的方式，以独特的叙述视角体现了批判现实主义的风格和一个人道主义作家的情怀。本课教学就试图让学生从一般的解读小说的方法入手，在把握情节、分析人物、深层解读主题的过程中去感受一个短篇小说巨匠独特的艺术，尤其是第一人称叙述视角的独特性和深刻意蕴。而让学生体会小说独特意蕴的最好途径就是教给学生阅读小说的方法，给予学生从容而充分的阅读时间，在导学案的引领下对小说进行充分批注，充分质疑，同时组内进行充分的合作探讨。只有学生自主地、充分地与文本对话，才能在课堂上产生更深层的思维和对话，从而读出小说中的人物，读出作者，读出生活，读出自己。

【教学目标】

1. 把握小说的人物形象，通过人物的言行神态等去分析人物的心理，并体会莫泊桑语言的精练。

2. 通过分析"我"的情感态度和叙述方式来理解小说主题，体会莫泊桑批判现实主义作家的风格和人道主义精神。

3. 通过分析小说情节中的悬念、叙述的方法和第一人称的叙述视角来体会莫泊桑短篇小说的构思精巧。

【教学重点】

教学目标第1、2点。

【教学难点】

分析此文中第一人称叙述视角的独特性和深刻意蕴。

【教学过程】

1. 引入新课

由别人对莫泊桑的评价引入。

2. 梳理情节

(1) 请一位同学为我们介绍一下于勒的人生轨迹。

早年(　　　　) 中期(　　　　) 后期(　　　　)

(2) 按照"开端——发展——高潮——结局(情节发展)"汇报导学案上补写的情节内容。

3. 人物形象分析

(1) 出示学生提问,走进人物分析。

(2) 分析菲利普夫妇的人物形象。

小组展示:精读聚焦24～38节,分析菲利普夫妇的人物形象。

分析要求:

①用几个词概括人物个性;

②结合演读;

③紧扣人物的语言、神态、动作来分析人物心理和个性;

④分析时角度不重复。

中间适时引导品味语言,分析人物个性。

重点品味:菲利普夫妇的"两看""一问"。

(3) 分析文中的"我"——"我"的两看。

4. 主题探究和写法探究

(1)"我"看菲利普夫妇,引发对人物命运的深层思考。

(2) 再挖掘主题,从叙述视角探究小说构思之精妙。

小组深入探讨:

①题目;

②原文的开头和结尾。

小组交流汇报。

5. 教师收结

教师根据此文的主旨进行小结。

【教学反思】

《我的叔叔于勒》是小说，属于文学作品的阅读教学。李海林教授在《文学作品阅读教学思路》中谈到小说教学，认为小说教学不仅要教“故事”，更要教“叙述”。故事，即“小说写了什么”；叙述，即“小说是怎么写的”。

教“故事”，就是传统小说的教学方法，即情节教学、人物教学、环境教学。

教学中我们需要抓住小说的三要素来进行教学，通过三要素来理解把握小说的主题。同时，我们还必须要教这篇文章的“叙述”。莫泊桑是“世界短篇小说之王”，此文是作者用自己独特的叙述方式来加以表现的名篇，体现的是作者的叙述风格，“小说是怎么来写的”成为教学中的核心内容。

《我的叔叔于勒》的叙述者是一个孩子，儿童视角的叙述撕破了蒙在读者心灵上的世俗之网，从而让读者进入深深的反思状态，同时，这样的视角更具真实感，符合现实主义不动声色的叙述方式。

再看叙述方式。莫泊桑的小说是批判现实主义小说，他刻意追求叙事的逼真和自然，常常以第一人称或讽刺，或亲切，或冷静客观地叙述一个简单平凡的故事。本课教学就是在明确了小说教学的目标和作者的叙述方式和风格后，才有了教学实践的方向。

在本课教学中，笔者设计了引领学生自主学习的导学案，设计从小说阅读的一般方法着手，引导学生梳理情节、品读人物、欣赏环境。在品读人物中着力引导学生用不同符号勾画出菲利普夫妇和“我”的言语行动等外在表现，分析其心理活动和性格特征，在课本上进行批注。

在教学设计中，笔者引导学生简要地梳理情节后，从读者的视角切入，直接聚焦小说的高潮，以点带面，从高潮看小说的人物塑造。

在教学组织中，笔者引导学生在自主学习的基础上，自主选择学习任务进行充分自由的组内的探讨与合作，每个小组都有角色分工，主讲、副主讲、朗读、质疑、板书设计，分工明确，研讨充分。每一个小组上台展示完毕后，都有组与组间的质疑和补充，学生处于一个学习共同体中，互通有无，联手合作，共享成果，实现了真正意义上的自主与合作。学生和文本之间、师生之间、生生之间都进行了充分的对话，课堂里闪耀着智慧的火花，激荡着深沉的情感，学生收获着思想的启迪，享受着审美的乐趣。对于听课的老师来说，他们惊喜于学生的智慧，惊喜于课堂带来的奇趣，惊喜于思想的强大冲击。

【专家点评】(西湖区教师进修学校副校长、浙江省特级教师　王曜君)

《我的叔叔于勒》是俞华芳老师在第二轮新课程改革的背景下，在“浙派名师进名校”的活动中对于小说教学的实践和探索，体现了她对于语文课程改革的一些认识和对于小说教学的思考。在本课学习中，俞老师以生为本，设计了引领学生自主学习的导学案，导学案的设计从小说阅读的一般方法着手，引导学生梳理情节、品读人物、欣赏环境、在课本上进行批注、与文本作者进行心与心的交流和融通。

在教学中，俞老师抓住小说教学的核心和莫泊桑小说的艺术特点，在准确地理解和把握文本的基础上，精于预设，巧于生成，及时捕捉，巧妙引导，把“启发”“点拨”“引导”“激励”留给自己，把“阅读”“理解”“领会”“体味”“品味”“感悟”还给学生，切实地让学生展开阅读实践活动。从读者的视角切入，直接聚焦小说的高潮，以点带面，从高潮看小说的人物塑造。从学生的兴趣点出发，分析菲利普夫妇形象，分析读者眼中“我”的形象，形成父母与若瑟夫的形象对比，完成教学过程中的第一重对话，深入语言，触摸莫泊桑的语言艺术，理解莫泊桑的批判现实主义；带领学生进行视角转换，激发学生思辨，引导学生的第二重对话，深层思考小人物命运，初步体会莫泊桑的人道主义情怀；然后引导学生聚焦题目，引发学生与文本、作者的第三重对话，对主题再次进行深入探究，从孩子的叙述视角深入体会莫泊桑的人道主义情怀，从孩子的叙述视角来探究小说构思之精妙和作者的叙述风格；最后引导学生看我们的生活，看我们的人生，看孩子的世界和成人世界，看理想的世界和现实的世界，看旁观者和当局者，看生活中的无奈和我们的坚持、追寻，以开放式的结尾给学生一个思考的空间和选择的留白。每一重对话都让孩子的思维得到了锤炼，让孩子的精神世界变得更为丰富。

高效阅读训练课教学设计

沈　炜

【教学设想】

高效阅读是指从以文字符号为信息载体的读物中迅速提取有价值信息的阅读方法，是一种纯粹运用视觉的阅读，是一种讲求效率的阅读，是一种更符合人的思维特征的阅读，是一种更有利于记忆的阅读。它最大的价值就在于在同等时间里最大限度地获取知识。

在平时的阅读训练中，我们将记叙文分为理想、爱国、亲情、幸福、惜时等主题，将说明文分为历史、地理、物理、化学、动物、植物、卫生、语言、文艺等主题。无论哪一主题的文章，都可以从课内扩展到课外。本节课就由七年级下册第 27 篇课文《斑羚飞渡》引发学生对沈石溪的动物小说的阅读及思考。高效阅读需要快速，但并不是只追求速度。在训练中，我们发现有的学生盲目追求速度，忽视了理解，有的学生一味追求理解而放慢了阅读速度，这些都是不可取的。阅读完文章后，笔者尝试用复述感悟的方法检验学生的阅读效率。通过复述，可以加深学生对所读材料的理解和感受，为其演讲、思维、写作和研究等积累材料，锻炼人的记忆力和口头表达能力。复述的重点既可以与材料所写的重点相一致，也可以让学生根据情境发挥想象变换角度进行复述，因此在本节课中，笔者将着重训练梗概复述、详细复述和创新复述。

对《斑羚飞渡》这篇文章的真实性，网上历来争议颇多，但沈石溪说："动物小说折射的是人类社会。动物所拥有的独特的生存方式和生存哲学，应该引起具有同样生物属性的人类的思考和借鉴。"如何把这篇文章作为突破口，去理解沈石溪的这段话，是本节课的另一个重点。

总之，在本节课中主要体现高效阅读的“五性”，即限时性、专题性、主体性、主导性、激励性。

【教学目标】

1. 提高学生的记忆能力及复述能力。

2. 让学生感知斑羚飞渡的过程，体悟沈石溪小说的悲壮美。

3. 引导学生学会通过关注动物世界反观人类社会。

【教学重难点】

培养学生高效阅读的能力，了解沈石溪的作品风格。

【教学准备】

多媒体课件。

【教学过程】

1. 课前眼脑机能训练(幻灯显示训练图)

2. 呼号引入课堂

3. 科学坐姿要求

头正、肩平、腰直、足安、目视前方。

4. 复习记叙文固定程序阅读法

(1) 七要素

(2) 复述方法

5. 高效阅读训练

(1) 快速阅读《斑羚飞渡》

(2) 梗概复述故事情节

(3) 详细复述、创新复述最打动人的情节

(4) 出示网友对这篇文章的质疑

(5) 闪电式阅读《再被狐狸骗一次》

(6) 复述故事情节

(7) 探讨沈石溪小说的特点

(8) 回味作者的话，引发我们思考

6. 总结

教师总结本节课的主要内容。

【专家点评】(西湖区教师进修学校副校长、浙江省特级教师 王曜君)

语文课程的基本理念包含四个方面的内容:一是全面提高学生的语文素养;二是正确把握语文教育的特点;三是积极倡导自主、合作、探究式的学习方式;四是努力建设开放而具有活力的语文课程。这四点无一不侧重于语文学科的开放性。这里面蕴含了对学生学习方式、教师教学方向的最基本要求。要把这些基本要求落实在课堂教学之中,我们就要逐步培养学生的参与性、表现性和创造性。而高效阅读中的“复述感悟课文”则是提升学生这几项综合能力的最佳媒介。复述是把文章的内容用自己的语言说出来,它不同于背诵原文,也不是介绍课文大意。它要求学生在理解、熟悉课文的基础上,既要把自己理解的内部思想转变为外部语言,又要对外部语言进行一系列的加工、整理。通俗一点来说,就是要记忆文章内容、抓住关键词句、把握层次结构,把课文的内容、语言、情感进行内化、重组和表达。

在这节课上,沈老师很好地诠释了这点。她先介绍复述的主要方式有梗概复述、详细复述、创新复述,接下来她层层推进,由易到难,请学生用梗概复述介绍故事内容,在了解课文内容的基础上,再请学生进行详细复述或创新复述。创新复述是指改变文章的叙述人称或叙述顺序,发挥学生的合理想象和联想对课文进行的复述。这种复述要求较高,它不是对课文内容进行简单的重复,而是要在充分理解课文的基础上,通过联想和想象,进一步充实内容,发展情节,更具体生动地刻画人物的形象。学生经常练习创新复述,有利于发展创新能力和提高读写水平。

通过这节高效复述感悟训练课,我们可以看到沈老师采取有效策略,训练学生逐步做到自信地说(从容镇定)、有序地说(线索清楚)、有重点地说(细节精彩)、有智慧地说(创造发挥)。如果学生能熟练复述课文,至少说明他对课文内容理解了,自己的思维在发散中整合了,也敢于站在同学面前表达了!

慧眼寻美景，妙笔绘秋色

——景物描写语言探秘

苏　毅

【教学目标】

1. 了解景物描写语言的特点，探究景物描写语言的规律。

2. 抓住景物特点，生动形象地描写景物。

【学情分析】

1. 七年级学生刚从小学升入初中，由于各种原因，作文水平参差不齐。部分学生语言运用能力较强，描写比较细致生动，但大部分学生语言比较匮乏，描写不够形象生动，甚至有部分学生缺乏描写的基本技巧，对描写感到无从下手。

2. 学生通过对七年级第三单元名家写景散文的学习，初步掌握了写景的方法。以景物描写为切入点，学生可以掌握描写语言的特点，并学会运用。

【教学设想】

1. 通过图文转换的方式，引导学生发现身边的美，用相机捕捉美的瞬间，用生动的文字描述美的画面，激发学生的写作兴趣。

2. 利用小组合作探究的形式，剖析学生的优秀习作，发现景物描写语言的内在写作规律，并加以借鉴应用。

【教学过程】

1. 导入

秋天，植物开始收敛起绿色，用各种绚烂的色彩装饰着大地，用最热烈的方式讴歌生命。秋天的杭州，有北山路飘飞的梧桐叶，有云栖竹径灿烂的红枫，还有植物园里金黄的银杏。周末，老师让同学们拿起相机，去拍摄眼中最美的秋景，并用生动的语言描绘秋色。现在让我们一起来看看同学们的作品。

（投影展示照片和文字）

2. 比较语言，探究景物描写语言的基本规律

（1）欣赏学生作品，比较语言特点。

（展示学生描写生动的作品和描写不够生动的作品）

要求学生探究景物描写语言的基本规律。

学生回答后明确如下内容：

描写三句法：第一句话是叙述，第二句话是形容，第三句话是比喻。三个句子合起来，完成对一件物体的完整描写。

（2）运用语言描写规律，快速修改描写不够生动的作品。

3. 小组合作，进一步探究如何让景物描写语言生动的方法

（1）出示学生的作品，小组采用跟帖式评价法，探讨在基本描写的基础上，还有哪些方法可以使描写更加生动。启发学生从描写句式的变化、形容准确细致、比喻贴切形象、描写的角度方面探讨。学生先独立思考和探讨，再进行小组合作，形成小组意见后展示。

（2）小组展示，其他小组点评。

（3）完善后，总结使景物描写语言更加生动的方法。

4. 学生运用总结出的景物描写方法，修改作品

（1）学生根据自己的实际能力，选择基本式或加强式，根据照片描写景物。

（2）学生展示，交流，点评。

5. 谈收获

学生谈谈这节课自己的收获。

【教学反思】

颜莉莉老师和苏毅老师对本课教学进行了“先学后教，以学定教”的作文导学课模式对话。

颜：在新一轮课改中，“先学后教，以学定教”的导学课形式备受青睐，但是平时接触到的导学阅读课型比较多，而导学的作文课型比较少。杭州市西

湖区在王曜君特级教师的引领下，推出了各种“高效导学”课型，而苏毅老师上的这节课正是作文导学课型的范例。我觉得这节课首先体现了“先学后教，以学定教”的新一轮课改的原则。

苏：是的，这节课其实分为课前自学导写和课堂研讨提升两个部分。课前自学导写包括这么几个步骤：课文示范、方法指导、设置情境、学生练笔。

颜：那你能否具体谈谈这节课是如何进行课前自学导写的？

苏：这节课前，在第三单元学生学习了一系列写景的散文，朱自清的《春》和老舍的《济南的冬天》中许多优美的写景语段给学生留下了深刻的印象。在分析语句时，学生可以发现在写景中，作者多次运用了这样的一些句式。（投影显示）

（1）野花遍地是：杂样儿，有名字的，没名字的，散在草丛里，像眼睛，像星星，还眨呀眨的。

（2）山上的矮松越发的青黑，树尖上顶着一髻儿白花，好像日本看护妇。

（3）看吧，由澄清的河水慢慢往上看吧，空中，半空中，天上，自上而下全是那么清亮，那么蓝汪汪的，整个的是块空灵的蓝水晶。

从这些句子中，我们发现景物描写的一种基本句式——描写三句法。在进一步的探究中，又发现了三句法的变式运用。（投影显示）

（1）桃树、杏树、梨树，你不让我，我不让你，都开满了花赶趟儿。红的像火，粉的像霞，白的像雪。

（2）雨是最寻常的，一下就是三两天。可别恼。看，像牛毛，像花针，像细丝，密密地斜织着，人家屋顶上全笼着一层薄烟。

（3）山坡上，有的地方雪厚点儿，有的地方草色还露着；这样，一道儿白，一道儿暗黄，给山们穿上一件带水纹的花衣；看着看着，这件花衣好像被风儿吹动，叫你希望看见一点更美的山的肌肤。

三句可以“合”为两句，位置也可以“换”，每一个单句，也可以分别“增”加修饰成分，变为一组复杂的描写。

这样就可以让学生学会描写的基本句式，让学生的景物描写有了抓手，再让学生运用这样的句式去描绘自己拍摄的照片，并在小组中交流探讨。这是先学的内容。

颜：从苏老师的叙述中，可以看到，这节课以描写三句法作为教学的切入点，让学生通过自主研讨学习掌握基本的描写方法，设置了拍摄秋景的情境，通过练笔，让学生初步掌握写景的方法。先学是这节作文课的起点。

但是先学及其展示不是课堂的终点，而是让学生在展示中发现问题所在：描写时大部分学生角度比较单一、缺乏画面感。通过对学生作品的比较分析、自主探究发现改进和提升的方法：描写时还要多角度地运用三句法。再让学生进行练笔修改，得到提升。

苏：是的，这节课在先学的过程中，大部分学生都能灵活运用描写三句法描绘景色，但是只有少部分学生在运用时，注意到了从多角度描绘画面。这就找到了后教的内容。后教的部分具体程序包括：学生展示、点评分析、总结规律、修改提升。

颜：课堂后教的内容也是来自学生，后教不是老师直接传授，而是让学生自主进行比较探究，再练习。在苏老师的这节课上，我们可以看到导学课的规律：先学是起点，而后教是提升，两者相辅相成、缺一不可。在这节课上，苏老师在课前要求学生拍摄照片，给照片添加描写性文字，这样有什么用意呢？

苏：我的用意是想通过情境的设置，引导学生去观察大自然。杭州的秋天是很美的，而现在学生在周末的时候，不是奔波于各个补习班，就是玩电脑，很少走进大自然，观察身边的美景。给画面配上文字，有点像发微信朋友圈，用意是激发学生的写作兴趣。

颜：导学课是基于学生自主学习的，而自主学习的前提是学生要对学习的内容感兴趣。阅读课如此，作文课也是如此。

苏：是的，我曾经上过的一节作文课——家乡的小吃。班级中很多学生的老家并不在杭州，而是遍布全国各地。他们过年时回老家，一定会吃到故乡的食物。所以过年后开学第一节课，就是每个人带一样家乡特有的食物，在班级里开一个小吃品尝会，每个同学给自己家乡的小吃写一份介绍的文字。小组中品尝交流后，进行展示。在展示中，你会发现每一样小吃的背后，是一份乡情，也是一种文化。这样的课，学生喜欢，同时在交流中，也挖掘到了小吃背后的东西。

颜：是的，导学型作文课要注重形式的丰富多彩，教师要运用各种方法激发学生的写作热情。教师更像一个导演，学生才是主角，教师给学生提供一个展示自己风采的平台，让学生自由发挥。在课堂中，当学生遇到问题时，教师不是直接告知学生答案，而是为学生铺设一个台阶，让他们自主发现答案，从而得到提升。

苏：千方百计让学生乐于表达、乐于探究，这才是老师需要动脑筋的地方。

颜：不过在课堂上仅仅让学生乐于表达还是不够的，还要让学生会表达。所以在作文教学中，一定要有写作方法和过程的指导。苏老师的这节课特别注意对学生写作方法的指导，如在先学部分，以描写三句法的指导，有效解决一些学生不太会描写的问题，也让其他学生从中有所收获。在后教部分，苏老师针对学生作文中出现的问题，通过学生对作文的对比分析，让学生找到了多角度描绘画面的方法，而且注意角度的分解。如：

(1) 从部位角度看，可分为花、叶、干、枝等；

(2) 从距离角度看，可分为远景、中景、近景等；

(3) 从动静角度看，可分为动景与静景；

(4) 从虚实角度看，可分为实写与虚写(比喻、夸张、比拟等)；

(5) 从感觉角度看，可分为视觉、听觉、嗅觉、味觉、触觉等。

这样，学生就可以掌握如何让自己的描写更有画面感的方法了。这种方法的指导是基于学生作文现状的指导，指导是有效的。

苏：在作文的教学中，教师不仅要让学生有表达的冲动，更要掌握表达的技巧。所以在作文课上，两者要并重。教师要有简捷易行的方法指导，并且要形成一个逐级提升的写作序列。所以在此基础上，我建立了一种支点式作文教学小序列。

颜：写作序列一直都是作文教学在强调的，写作的序列一般有两种：一种是基于写作手法的训练，另一种是基于写作内容的训练。但是两者在平时的教学中，效果都不是很好。写作方法讲主题要集中明确，那必须要与选材描写连起来，也需要语言生动的表现；主题式的作文训练也是千头万绪，学生的问题也是各有侧重，不知从何谈起。结果从初一到初三，讲的内容都差不多，缺少循序渐进的序列。

苏：是的，这两种序列在作文教学上都用过，但是总觉得顾此失彼，所以我在探索支点式作文导学序列。这次选择景物描写的句式入手，以生动的描写构成一个支点，然后让学生从多角度描绘景物，由景感悟或借景抒情，再由景写人，叙事中插入景物描写。这样，就构成了一个学期的作文循序渐进训练序列。

颜：这样，学生可以就写景形成螺旋形提升，不断强化，可以使学生更好地掌握一种比较有效的表达方法。不过后续的训练你有没有一些设想？

苏：有的，初一下学期可以把“场景描写”作为作文教学的支点，现在学生基本上可以进行简单的人物描写，但是把人物放在场景中描写，还有很多不足。初一下学期我设想以“街头”为主题拍一幅场景照片，让学生先写一个片段，比较修改；掌握描写的方法后，第二步是就这个场景写几句议论或抒情的话；第三步是为这个场景加上起因、结果，就可以构成一篇完整的记叙文。也可以写两三个这样的场景，构成片断式描写的记叙文。至于如何加，可能有几个方向，这样，文章的构思和结构的安排都可穿插在其中。初一下学期如果上这样一节作文课，会让学生更过瘾。

颜：这种方法确实比较独特，那你对初二和初三的作文教学有什么设想？

苏：对初二和初三现在还没有具体的计划，只是大致做了规划。如初二会集中在作文整体的写作指导上，如曾经上过的“千头万绪一脉牵”（给作文设一条线索）、“淡妆浓抹总相宜”（详写和略写）、“借得花草好行文”（借物写人）、“对照映衬有奇效”（对比式结构）、“旧酒新瓶引关注”（作文形式的创新）。每个内容不是通过上一节课，而是通过上几节课反复训练、探讨、修改，使学生有效地掌握。

初三重在主题的训练，按照中考的作文内容，确定几个常见的主题。针对一个主题有几种写法，学生可以进行学习和训练，如亲情、自我成长等主题训练。

颜：总结“先学后教，以学定教”的作文导学课型，我认为今天有这么几个方面值得深思：①作文教学要根据学生实际，先学后教，以学定教；②作文教学要设置情境，激发学生自主学习的热情；③作文教学要有方法的指导，要让学生掌握几种基本的表达方法；④作文教学要有循序渐进的序列，有效帮助学生提升写作水平。

苏：是的，颜老师总结得很好，这是一次愉快的作文教学对话。谢谢大家在这里听我们唠叨，希望我们抛出的砖石，可以引出在座老师的宝玉。

【专家点评】（浙江外国语学院教授　张孔义）

1. 以生为本，先学后教

(1) 注重激发学生的表达需求。

这节课课前，苏老师让学生拍摄秋天的景色，配上文字发微信朋友圈，激发了学生表达的需要和写作的热情。

(2) 以学生的实际需求为教学出发点，先学后教。

在学生以三句法写作及展示的过程中，苏老师和同学们发现了问题所在：大部分学生描写角度比较单一，缺乏画面感。于是苏老师根据这一情况，把课堂的重点放在“多角度运用三句法描写景物”。这样的教学就是从学生的实际出发，教学生不会的，这样的课堂教学才是高效的。

2. 自主学习，自我提升

(1) 课堂以学生的自我发现、自主探究为主。

课堂上，教师不是直接指出同学们作文的优缺点，而是让学生在展示中发现问题所在，通过对学生作品的比较分析，让学生自主探究改进和提升的方法：描写时还要多角度地运用三句法，再进行练笔修改，得到提升。

(2) 教师定位准确。

在这节课上，教师更像一个导演，学生才是主角，教师给学生提供一个展示自己风采的平台，让学生自由发挥。

在课堂中，当学生遇到问题时，教师不是直接告知学生答案，而是为学生铺设一个台阶，让他们自主发现答案，从而得到提升。教师是学生学习的引导者。

3. 方法为本，循序渐进

(1) 方法指导简捷有效。

作文课堂上学生不仅想表达，还要会表达，所以在作文教学中，一定要有写作方法和过程的指导。苏老师的这节课特别注意对学生写作方法的指导，如在先学部分，以描写三句法的指导，有效解决一些学生不太会描写的问题，也让其他学生从中有所收获。在后教部分，苏老师针对学生作文中出现的问题，通过学生对作文的对比分析，让学生找到多角度描绘画面的方法，而且注意角度的分解。有了有效的作文过程和方法的指导，学生的作文水平才可以有效地提高。

(2) 形成序列,循序渐进。

苏老师在作文序列化教学中,独创了“支点式作文小序列训练”,由浅入深,既有写作兴趣的激发,又有写作方法的指导,从片段训练到篇章训练,有序提升学生的写作水平和能力。这些做法都是极具研究价值的。

角平分线与圆的美丽邂逅

——圆中一个图形的变式探究

丁新宇

【问题回顾】

如图 1 所示，$\angle BAC$ 的角平分线经过圆心 O，求证：$BE=CF$。

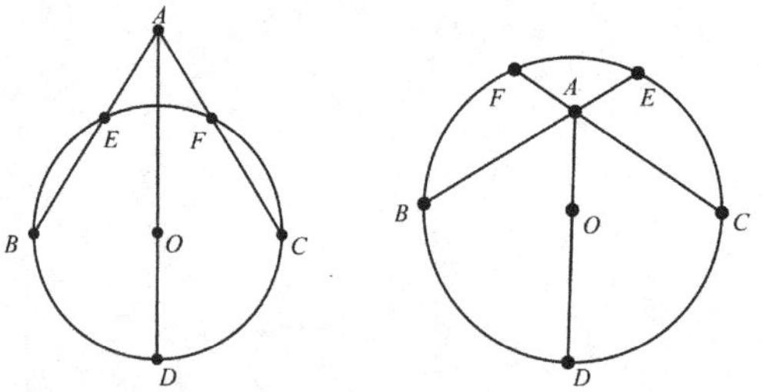

图 1

说明：从一个学生熟悉的问题入手，通过几何画板变化图形，从三种情况共同回顾。三种情况的共同点是角平分线都经过圆心，不同点是角的顶点与圆的三种位置关系的变化。

【深入探究】

1. 问题一般化

如图 2 所示，$\odot O$ 中，弦 AD 平分圆周角 $\angle BAC$，你能得到什么结论？（允许连线）

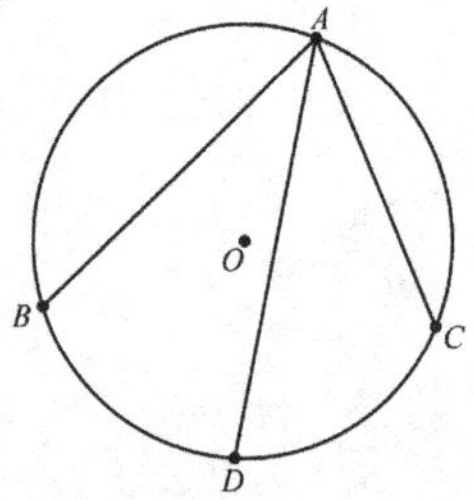

图 2

2. 问题特殊化(位置特殊)

如图 3 所示,如果角的一条边 AB 经过圆心,又能得到什么新的性质?

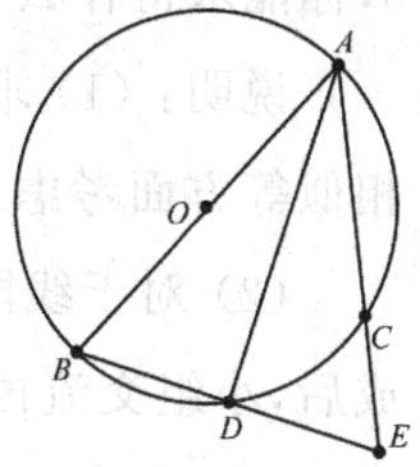

图 3

3. 问题深入和具体化

如图 4 所示,如果联结 BD、CD、AD,又能得到什么新的性质? 若 $AE=5$, $DE=4$,求 DC。

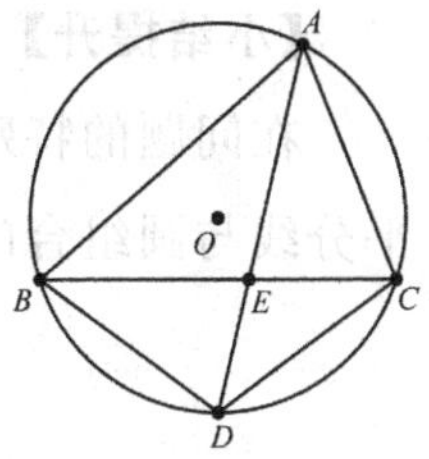

图 4

4. 问题再度特殊化(形状特殊)

如图 5 所示,若 $\angle BAC=90°$,你能得到什么结论?(允许连线)如果 $\angle BAC=120°$呢?

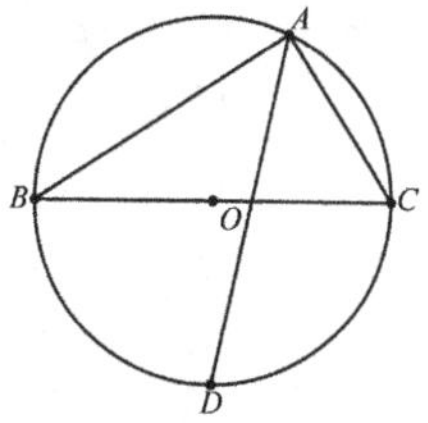

图 5

5. 问题再度具体化

如图 6 所示，圆周角$\angle BAC=90°$，弦 AD 平分$\angle BAC$，若 $AB=8$，$AC=6$，你能求得什么？

说明：(1) 求的量可以从线段与弧的等量关系、面积、线的特殊位置关系、相似等方面考虑。

(2) 对于线段 AD 的长，你有哪些方法求解？独立完成后，小组交流再汇报。

(3) 本小题完成后归纳方法：

①角平分线与圆的优化组合；

②四边形向特殊三角形四边形的转化；

③作垂线构造直角三角形计算。

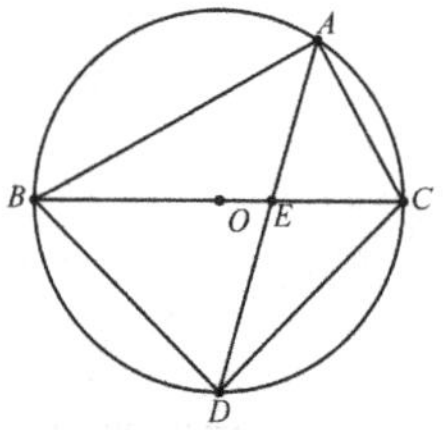

图 6

【小结提升】

在问题的特殊与一般、定性与定量、简单与复杂等的不断转化中，探究角平分线与圆组合的特殊性质，研究常用的方法。

【拓展与练习】

如图 7 所示，⊙O 中，弦 AD 平分圆周角$\angle BAC$。

问题 1，若$\angle BAC=2\alpha$，探究 AB、AC、AD 之间的等量关系。

问题 2，若$\angle BAC=60°$，$AB=8$，$AC=6$，求 AD。

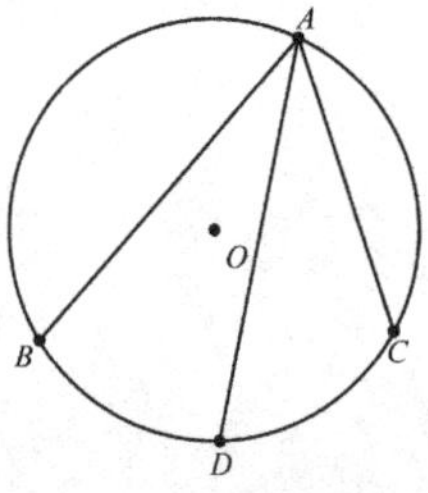

图 7

问题 3，如图 8 所示，若 AB 经过圆心 O，弦 AD 平分 $\angle BAC$，$AB=10$，$AC=6$，求 AD。

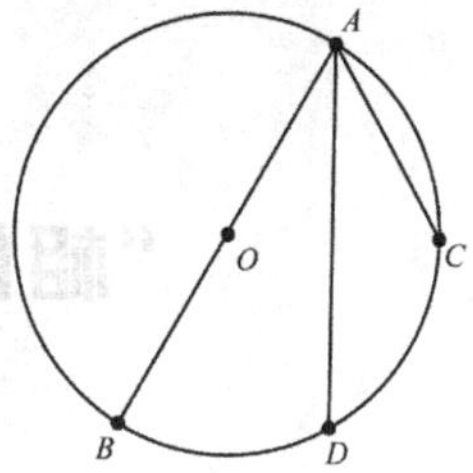

图 8

【教学反思】

本课缘起于类似“拓展与练习”中的问题，绝大部分学生对此无从下手，本课的设计就是为了突破这个难点。问题思考的着眼点是图中透露出来的角平分线与圆的性质转化的方法。课堂从学生更熟悉的一个问题入手，层层变式深入，从一般到特殊，又从特殊到一般，从定性到定量，从简单到复杂，学生逐步发掘图形隐含的性质，发现本质特征。在研究过程中，充分运用小组合作，交流探讨，各种方法不断呈现，学生的思维互相激发，达到很好的学习效果，最终实现“双剑合璧，天下无敌”，使“角平分线与圆的美丽邂逅”成为学生的解题利器，并通过这样一个样本的学习，渗透研究问题的方法。

【专家点评】(浙江省名师、西湖区数学教研员　傅兰英)

1. 本课亮点之一：发掘了非常好的素材，素材来源于课本又高于课本，问题能引发学生积极思考。

2. 本课亮点之二：问题非常开放，问题设计简约而不简单。问题的文字量很少，但是有思维含金量，每位学生都可以从自己的学习程度出发去解决问题，得出丰富多彩的结论，不同学生有不同的收获，并且注重方法的多样。

3. 本课亮点之三：课堂中所有的结果都由学生来呈现，小组合作非常精彩，共同探讨的成果一起分享。教师课堂放手，将主动权交给学生。

4. 本课亮点之四：注重思想方法，在问题的提出、解决、拓展过程中，从特殊问题出发，解决后再到一般问题，再到变式问题，再到一般规律，体现特殊与一般的互相转换。同时，在特殊问题与一般问题的解决过程中，注重方法的类比，问题不同，方法可以类似或相同。

“相似三角形的再认识”教学设计

洪来道

【教学过程】

第一步：自主学习相似三角形的知识。

第二步：探究展示问题。问题1，请构造一个三角形，使它与$\triangle ABC$（见图1）相似并且面积等于$\triangle ABC$面积的1/4。

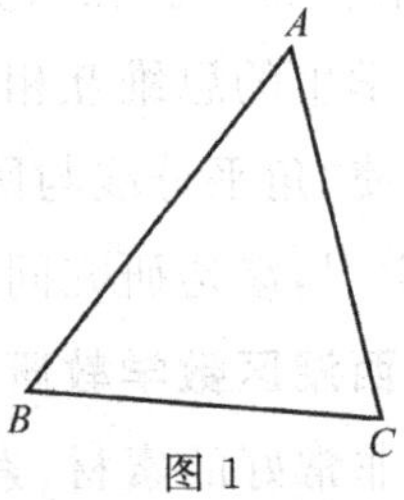

图1

用多种方法解决问题1，体现数学的方法多样性。

第三步：问题2（见图2和图3），若G为BC中点，EG交AB于点F，且$EF:EG=1:2$，求$AF:FB$的值。通过解决问题2，让学生学会找节点，找证相似的常用辅助线。

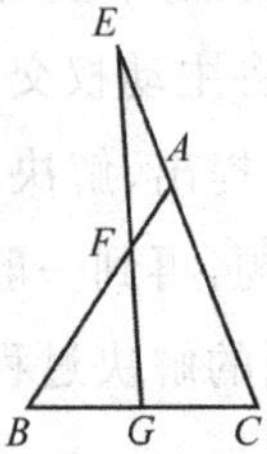

图2

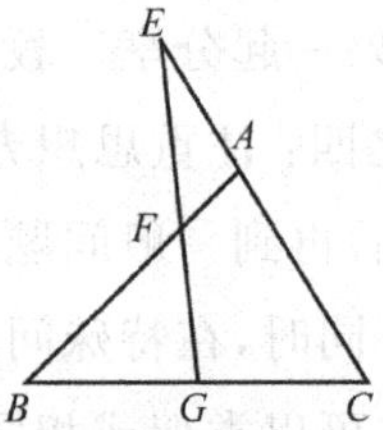

图3

第四步：学会归纳小结。

【教学反思】

新课标指出：学生动手实践、自主探索与合作交流是学生学习数学的主要方式。

从经验中学习是每一个人天天都在做而且应当做的事情，然而经验本身的局限性也是很明显的。就数学教学活动而言，单纯依赖经验教学实际上只是将教学实际当作一个操作性活动，即依赖已有经验或套用学习理论而缺乏教学分析的简单重复活动，将教学作为一种技术，按照既定的程序和一定的练习使之自动化。它使教师的教学决策是反应的而非反思的，直觉的而非理性的，例行的而非自觉的。这样的教学活动，我们可称之为“经验型”的，认为自己的教学行为传递的信息与学生领会的含义相同，而事实上这样的理解往往是不准确的，师生之间在数学知识、数学活动经验、社会阅历等方面的差异，使得这样的感觉通常是不可靠的，甚至是错误的。

像构造思维导图，就是要发挥学生的主动性和创造性。很多学生根据以前的做题经验，忽视了书本概念和证明过程。

请构造一个三角形，在射线 BA 上取一点 E，在射线 CA 上取一点 D，使 $\triangle ADE$ 相似于 $\triangle ABC$，并且使它的面积等于 $\triangle ABC$ 面积的 1/4，如图 4～7 所示。

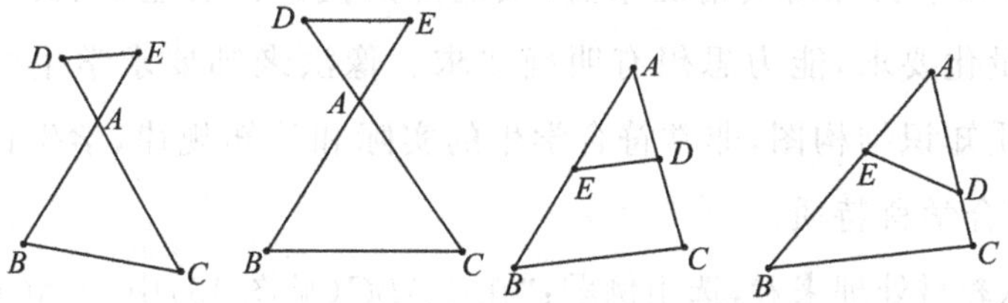

图 4　　图 5　　图 6　　图 7

这个例题就是让学生根据已学知识和概念发挥创造性，突显了课本中基本图形的重要性。

如图 8～14 所示，在 $\triangle ABC$ 中，AD 为 BC 边上的中线，线段 BE 交中线 AD 于点 F，交线段 AC 于点 E。

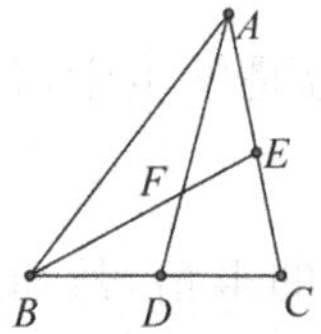

图 8

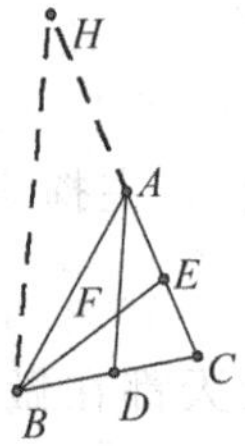

图 9

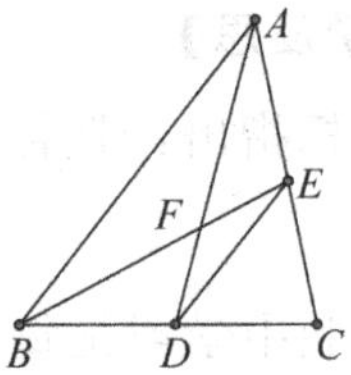

图 10

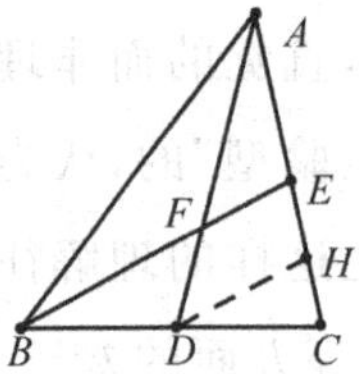

图 11

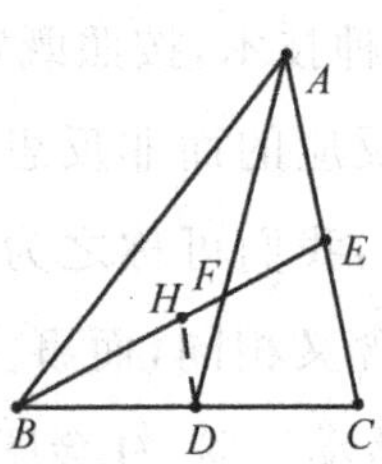

图 12

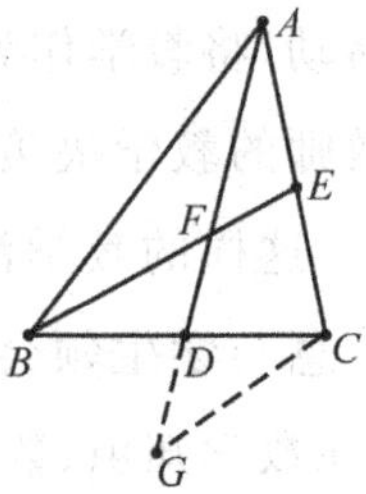

图 13

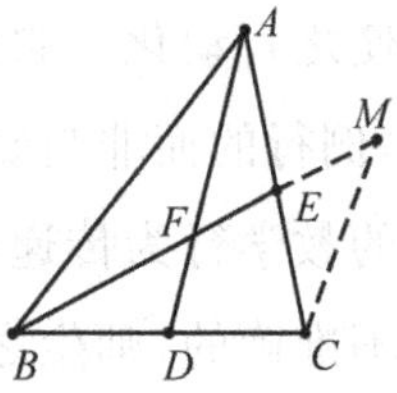

图 14

这道题能够转化为基本图形，但是时间比较匆忙，学生讨论分析得还不够透彻。

【专家点评】(浙江省名师、西湖区数学教研员　傅兰英)

洪老师的“相似三角形的再认识”这节课，我从以下方面点评：

(1) 从教学目标落实情况来看，洪老师的授课内容全面、具体、适宜，知识目标有量化要求，能力思想有明确要求。像洪老师要求学生画出相似的判定和性质知识结构图，非常符合学生的实际和认知规律，学生讨论也特别热烈，很符合学科特质。

(2) 从教材处理来看，选用例题：“在$\triangle ABC$(见图 15)中，$\angle ACB=90°$，CD是斜边AB上的高，则下列结论等于$S_{\triangle ADC}:S_{\triangle CDB}$的是：①$AD:BD$；②$AC^2:BC^2$；③$(CD\times AC):(CD\times BD)$；④$(AD\times AC):(CD\times BC)$。”把“相似三角形面积比等于相似比的平方”，“三角形高相等，面积之比等于底边之比”这些概念充分加以落实。学生从这一个常见图形中体会到数学的千变万化，但又不离其宗——概念和定义。

(3) 从教学程序上分析，很明显洪老师根据教学内容和学生实际进行设计，结构严谨，环环相扣，过渡自然，时间分配合理，知识密度适中，效率高。

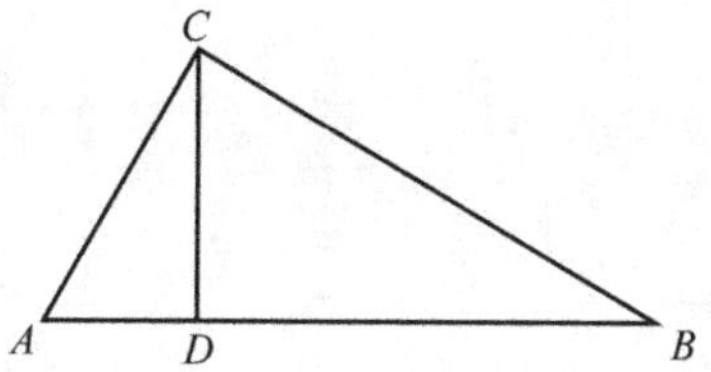

图15

(4) 从教学方法和教学手段来评价，这堂课既关注预设目标，又关注生成目标。像洪老师在讲解“在$\triangle ABC$中，AD为BC边上的中线，线段BE交中线AD于点F，交线段AC于点E。当$AE:AC=1:2$时，求$AF:FD$的值”这道题时，先让学生独立思考，再让学生组内讨论，最后班内大讨论。学生的方法丰富多彩，很多方法已超出老师的预设，但洪老师在总结时用概念和基本图像把各种不同的方法又归结到一点上——平行即相似。

(5) 从教学效果分析，课堂教学效率高，学生思维活跃，参与热烈。学生受益面广，不同程度的学生在原有基础上都有进步。程度好的学生可以掌握四五种方法，程度差的学生可以掌握一两种方法。学生积极愉快，当堂问题当堂解决。

Teaching Plan of "Do you like bananas? Writing"

徐　梁

【Teaching aims】

After the lesson, Ss will be able to:

1. Understand and use the sentence pattern: *For fruit/vegetables…, I like/don't like…*

2. Express their likes and dislikes about food.

3. Learn to share their opinions about food with classmates.

4. Form healthy eating habits.

【Teaching procedures】

Step 1 Warm-up and lead-in

T: Hello, everybody. Nice to meet you. Do you know my name? Can you find it?（指向屏幕）

Ss: Xu Liang.

T: Yes.This is my Chinese name, so you can call me Mr Xu, Right?

T: Hello, everybody.

Ss: Hello, Mr Xu.

T: My English name is George. But my friends don't call me George. Because they know I am a big eater—I like eating very much, they call me TOM, my nickname. T is for tomatoes, because I like tomatoes. So what about O? You can ask like this: Do you like…? Have a try.

S1: Do you like oranges?

T：Yes，I do.They are good for me. Do you like oranges?

S2：Yes，I do.

T：Great，they are good for you. What about M?

S3：Do you like milk?

T：Yes，I do. I like milk very much. It is healthy. It is good for me. Do you like milk?

> 板书：
> ...is/are good for ...
> healthy

S4：Yes，I do.

T：Why?

S4：It is good for me.

T：Great.

T：Oh，what's wrong?（微信消息声音）

T：Er，my friend is calling me. She is a big eater too. Listen and tell me what she likes and guess her nickname.

（播放录音）

T：What does she like?

S2：She likes hamburgers，eggs，lemon and noodles.

（呈现图片）

T：Smart ears. So now do you know her nickname? The first letter?

S：H

T：Yes，H is for hamburgers. What about eggs?

S：E.

T：Yeah，we have two Es here. How about lemon?

S：L.

Ss：Helen!

T：Maybe. Let's ask her.

T：Wow，you are great.

Step 2 Classification and presentation

T：You are so clever. Let's play another game about food. Do you know these words? Let's read them together.

T：In this line，which one is different?

Ss：Potatoes.

T：Great. And this line?

Ss：French fries.

T：Cool. What about this line?

Ss：Strawberries.

T：Wonderful. This line?

Ss：Chicken.

T：The last line?

Ss：Milk.

T：Can you help them find their families?

T：For fruit，what do we have?

S1：For fruit，we have apples，oranges and strawberries.

T：For vegetables，we have?

S2：For vegetables，we have cabbages，potatoes and tomatoes.

T：For drinks，we have?

S3：For drinks，we have cola，milk and juice.

T：For snacks，we have?

S4：For snacks，we have cakes，French fries and ice-cream.

T：For meat，we have?

S5：For meat，we have fish，beef and chicken.

Train drill

T：Now，we get fruit，vegetables，drinks，snacks and meat here.

T：For fruit，I like apples. They're healthy. What do you like for fruit?

S1：...

T：Can you ask your partner?

S1：What do you like for fruit?

S2：...

T：(手势)

S2：What do you like for fruit?

S3：...

T：(手势)

S3：What do you like for fruit?

S4：...

T：For vegetables，I like cabbages. They're good for me. What do you like for vegetables?

S1：...

T：Can you ask your partner?

S2：...

T：(手势)

S2：What do you like for vegetables?

S3：...

T：(手势)

S3：What do you like for vegetables?

S4：...

T：For drinks，I don't like cola. It is not healthy. What don't you like for drinks?

S1：...

T：Can you ask your partner?

S2：...

T：(手势)

S2：What don't you like for drinks?

S3：...

T：(手势)

S3：What don't you like for drinks?

S4：...

T：For snacks，I like bread，but I don't like ice-cream. It's too sweet. It is bad for my teeth. What do you like for snacks?

S1：...

T：Can you ask your partner?

S2：...

T：(手势)

S2：What do you like for snacks?

S3：...

T：(手势)

S3：What do you like for snacks?

S4：...

T：For meat，I don't like beef，but I like fish. It is delicious. What do you like for meat?

板书：

What do/ don't you like for...?

...is/are good for ...
healthy
delicious

...is/are bad for ...
not healthy=unhealthy
too sweet

S1：...

T：Can you ask your partner?

S2：...

T：(手势)

S2：What do you like for meat?

S3：...

T：(手势)

S3：What do you like for meat?

S4：...

Step 3 Writing for the first time (Draft)

A. Survey

T：We have different things for three meals. We can also have some other food，like rice，bread and so on. So what does this boy like for dinner? You can say like this：For dinner，he likes...

S1：...

S2：...

S3：...

（叫三个学生）

T：Let's see. Oh，in fact，he has nothing for dinner. He is fat，so he wants to lose weight. But is this a good way to lose weight?

T：Of course not. What can we do?

S：Eat healthy food.

T：Right.（呈现表格）

T：So for me，for dinner，I like rice and chicken，but I don't like cakes.

T：And I have these things for breakfast and lunch.

T：What about you? Please write down your answers on Page 36，3a.

B. Pair work

T：OK? Now let's talk in pairs and know more about your partner's eating habits. You can do like this.

（和一个学生对话，作为示范）

T：I'm A，you are B.

A：Hello，what do you like for breakfast?

B：I like...，but I don't like...(Why?) What about you?

A：Oh，I don't like...，but I like...（Why?）Do you like...for lunch?

B：Well，for lunch，I like...，but I don't like... And for dinner，I like...，but I don't like... And you?

A：For lunch，I like...，but I don't like... And for dinner，I like...，but I don't like...

B：OK，let's have ... together.

A：Great.

T：OK? While talking，you need to write down your partner's likes and dislikes about food. Ready? Go.

C. Oral check

T：Let me know more about you and your partner's eating habits. What do you and your partner like for breakfast?

(Ask 2 Ss)

T：What dose his/her partner like for breakfast?（追问一个学生）

T：What do you and your partner like for lunch?

(Ask 2 Ss)

T：What dose his/her partner like for lunch?（追问一个学生）

T：What do you and your partner like for dinner?

(Ask 2 Ss)

T：What dose his/her partner like for dinner?（追问一个学生）

D. Written report

T：Cool. Now we know what you and your partner like and dislike about food，let's write a report on page 36.

T：Have you finished?

（实物投影一位学生的小作文）

T：Let's look at the screen.

（读一遍学生的小作文）

T：Any mistakes?

T：Look at this sentence. Sometimes，we want to tell others what you like best. You can write like this"I don't like...，but I like..."

T：One minute for you to check with your partner.

Step 4 Writing for the second time (Improvement)

Read and analysis

T：I am your new teacher，so I want to know something about you and your eating habits.What other things can I write?

T：First，you can write who you are.

T：Then，what do you like for three meals?

T：Also，why do you like it or them?

What sentences can you use?

They are/It is good for me. They are/It is healthy.

They are/It is bad for me. They are/It is not healthy.

T：At last，don't forget a title. My eating habits.

板书：

My eating habits

Who are you?

Why do you like it/them?

Step 5 Homework

T：You really did a good job today. Go back home and write your eating habits. Then post your writing in our "Big Eaters"，and see who eats most healthily.

T：Goodbye everyone.

最后成型板书

Unit 6 Do you like bananas?

My eating habits

Who are you?

What do you like for...?

For breakfast, I like ..., but I don't like ...

Why do you like it/them?

☺

...is/are good for...

healthy

yummy

delicious

tasty

☹

...is/are bad for...

unhealthy

yuck

too sweet

【教学反思】

本节课的内容是七年级上第六单元的写作部分。七年级的写作课更像是一节单元综合复习课，在复习了本单元的字词和句型后，要求学生根据自身特点进行写作并对写作水平加以提升。笔者这两年都在教九年级，发现学生面对写作总是会有畏难情绪，句型单一是一个较为突出的问题，尽管和学生反复强调要灵活使用各种句型，如各种从句、it 做形式主语的句子，但还是很难改变学生只会使用简单句的事实，笔者想问题肯定还是出在了教学上。所以在准备这节课的过程中，笔者就有意识地要求学生根据所强调内容的不同来选择不同的表达形式。虽然在课堂活动中学生还是比较中规中矩地按课本的要求来进行简单的仿写，但笔者在课后作业中还是给他们以适度的放开，鼓励学生多使用不同的句型来表达。如果在平时的写作课上能经常进行这样的句式转换训练，到了九年级何愁看不到好的文章呢？就此可见，七年级的英语教学也是可以拓展的，只要做深做透，学生的写作能力自然会提高。

新课程下的写作，如果还沿用以往传统的教学模式，势必会限制学生的思维，无法达到理想的教学效果。因此在上课过程中教师成了课堂的促进者和引导者，而学生则是课堂的主体。小组合作的优势也得到了比较好的体现，学生在小组合作中不断加强交流，集思广益，在正式写作前学生的潜能已被充分调动，不同层次的学生都能顺利地完成之后的写作任务，同时发挥自身优势，又相互取长补短。

这次活动让笔者深深地感受到自己还有很多需要努力的地方。教学展示就像一面镜子，能折射出自己的很多问题，如课堂教学设计、重难点的把握等。记得某位专家曾说过："教学就像一盘菜，呈现方式、教学的仪表、举止的完美就如一道菜是否具备色香味，而知识点的落实及对学生今后的发展是否有利就如这道菜是否有营养，只有有营养的才是最具价值的，也是最有生命力的。教师在教学中就要像厨师一样，不仅能做出一道色香味俱全的菜，更重要的是能做一道对学生来说能营养终身的菜。"

【专家点评】(浙江省英语教研员、特级教师　李冬梅)

徐老师在课堂教学中注重师生"真交流"。英语课确实不该"只教"，应该有"真交流"，这样的交流应该有语言和老师的态度。同时，徐老师重基础，这正是语言学习中所需要的：一步步领着学生操练，并给予学生适时的学法指导。

Teaching Plan of “Will people have robots?”

卢华英

【课例背景】

本节课为八年级第七单元的第一课时。本课时为听说课,其理论依据为“输入输出”理论和“先学后教”理论。“输入输出”理论的核心是基于单元核心词汇和句型的听说教学,通过输入性的听的任务和输出性的说的任务,提升学生听和说的水平。听力文本为输出提供口语范本。“先学后教”理论在听说课中的运用旨在通过学生知识性的预学任务,让教师对学生的学情进行提前了解,为课中词汇及句型的分层处理做了前期准备,同时借助导学案这一载体对学生的学习方法进行指导。

【教学分析】

1. 教学内容分析

本单元的重点是让学生学会使用 There will be...及 There will be less/more/fewer...句型预测未来世界。本节课还可以使学生对保护环境留下更深的印象,并且给出他们对未来环境保护的自我规划。

2. 学生分析

八年级的学生已经具备一定的英语语言运用能力。学生在第六单元已经学习了运用 be going to 来描述未来的自己。课前学生借助导学案已经对本课时的重点词汇和目标语言进行了一定的知识性预学。

3. 教学目标

(1) 知识目标

①词汇:paper, pollution, prediction, future, environment, planet, earth，plant

②句型：There will be.../ People will...

③语法：Future with will. Quantities with more，less，fewer.

(1) 能力目标

①帮助学生运用听力策略完成听力任务，并能熟练运用所学单词、句型对未来生活进行预测。

②训练学生能和合作伙伴互相交流，充分交换信息，并在交流过程中进行适当评价。

(3) 情感目标

①让学生学会保护环境并对未来进行合理规划。

②开发学生想象力，使学生发散思维，预测未来。

【教学设计思路】

1. 学习活动设计

(1) 课前预学活动

①你能根据已学单词的发音推断生词画线部分的读音，并正确大声朗读出整个单词吗？

take—paper/____/	thank—planet /____/
action—pollution /____/	education—prediction/____/
temperature—future /____/	moment—environment/ ____/
three—earth /____/	art—part/____/

设计说明：让学生拼读本课时生词，通过“以旧带新”让学生掌握音标拼读方法，本环节很好地体现了学法指导。

②Try to use the simple future tense to describe your future school life from the four aspects above. The following pictures can help you.（请你借助图片发挥想象，运用一般将来时分别从学习、饮食、环境、活动四个方面来描述未来学校生活，如图 1 所示。）

Future school study
Black
e.g. We will study on computers.
1.
2.
3.
4.
(a)
Future school diet
e.g. We will have more yummy food.
1.
2.
3.
4.
(b)
Future school activities
Ok..
How about going to the school cinema?
e.g. There will be more clubs.
1.
2.
3.
4.
(c)
Future school
e.g. There will be more trees.
1.
2.
3.
4.
(d)

图 1　未来学校生活

(2) 课中学习活动

①课中学习探究(自主学习)

Listen again and write down the teacher's opinions.(听录音,记录老师的

观点，如表1所示。）

表1 学生的预测与老师的观点

Students' predictions	Teachers' opinions
Girl1：I think there will be more people.	
Boy1：I think there will be less free time.	
Girl2：People will use the subways more.	
Boy2：There will be less pollution.	

设计说明：根据教材第50页听力任务2b改编，这个环节让学生通过听录音记录老师的观点，为接下来学生的口头输出做好铺垫。

②课中学习探究（合作学习）

Group-work："One finger can't lift a small stone!"

Let's have a discussion in group of six about future world on different topics.

图2 讨论话题

Tips：合理的小组分工能让小组活动更有效哦！

S1—a host and questioner：organize the discussion and ask questions.（主持人和提问人）

S2、S4、S6—predictors：each predictor gives at least one prediction.（预言家）

S3、S5—view maker：give your own view on the predictors.（评论员）

Model

S1：What's your prediction about the future ________?

S2：I think there will be ________. / People will ________.

S3：Well，I agree/disagree. That's a ________ idea.

S4：I think there will be________. / People will________.

S5：I hope so. / I hope not. That will be________for________.

S6：I think there will be________. / People will________.

Question：What' s ×××'s prediction/opinion?

设计说明：本环节中，不同小组之间都有不同话题，这为小组讨论创造了"信息沟"，同时一个小组汇报之后，不同小组之间都有跨组交流，组与组之间都有点评和补充，学生在这个过程中有思维的碰撞。

(3) 运用拓展活动

Share the predictions in our Time Capsule with your classmates. Make proper comments on them.

设计说明：引导学生对未来做出预测并对别人的预测发表自己的看法。

2. 课堂教学流程

课堂教学流程如表2所示。

表2 课堂教学流程

学教活动记录	教师活动	学生活动	设计目的
第一部分：话题导入，引入目标语言	1. 课前批改导学案，了解学情 2. 播放视频，引出未来学校生活这一话题。并引导学生从学习、饮食、活动、环境四个方面进行课堂交流和汇报 3. 教师对学生的预测发表个人看法并及时评价	1. 学生于课前完成根据音标拼读词汇的"以旧带新"的拼读 2. 学生于课前完成 My future school life 这一思维导图，课前对本课时的重点词组和目标语言进行预学 3. 课上先小组内讨论，再整组班上汇报	通过视频引出话题，有效地创设情境。导学案的预学任务主要是知识性的、和本课时重点词汇和目标语言相关的预学任务，为课中词汇的分层处理做了前期准备，也为教师对学生的学情了解提供了条件，同时对学生的学习方法进行指导
第二部分：运用策略，指导听力	1. 引导学生听录音1a，增强学生的感知。并引导学生发表个人看法 2. 指导学生正确使用听力策略，引导学生听前预测，通过听力任务的改编和增加进行不同程度的听力输入 3. 听后鼓励孩子模仿重音、语音、语调，充分的听为充分的说做好铺垫	1. 在教师指导下完成听力任务 2. 模仿重音、语音、语调 3. 分角色朗读课文	教师指导学生进行听力训练，培养学生运用听力策略形成良好的听读习惯和在听的过程中记笔记的习惯，为接下来的说做好铺垫。这个环节充分地体现了输入输出理论。有效的听输入是有效的说输出的必备条件

续 表

学教活动记录	教师活动	学生活动	设计目的
第三部分：小组讨论，展示交流	1. 教师巡走在小组间，必要时给予帮助和指导 2. 在小组汇报的时候给予及时评价，并引导学生养成良好的倾听习惯	学生在第一部分和第二部分大量输入的基础上，在小组内讨论，发表自己的看法并及时对他人的看法进行评价	该部分给予学生充足的发挥空间，小组内交流、协调与合作，有助于学生培养团体合作和相互学习的能力

3. 板书设计

板书设计如图 3 所示。

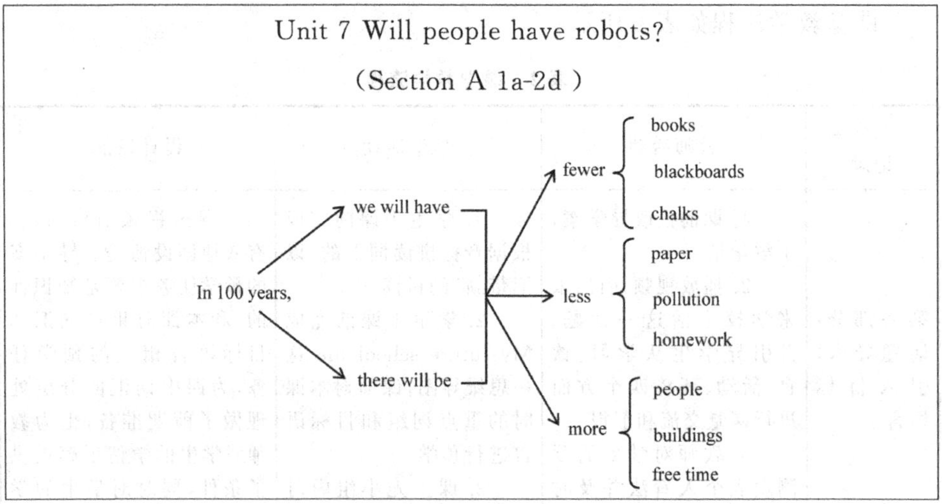

图 3　板书设计

【教学反思】

本节课学生参与面非常广，每个小组都进行了展示，组与组之间交流了点评和质疑。学生与老师的交流、学生与学生之间的交流都非常真实。学生小组合作活动的任务很有深度。

部分学生在小组讨论这个环节用中文分工。教师在培养学生展示规范的同时，对学生小组讨论的要求也要进行规范训练。

本节课的导学案设计很有特色，教学活动贴近学生实际，课堂效果非常出色。整节课充分发挥了导学案在课堂上的引导作用。教师首先以一个 A day of glass 的视频导入新课——future school life 这一话题，然后引导学生从未来学习、饮食、环境以及活动四个方面大胆表达对未来的预测，从而引出本节课的目标语言 People will...和 There will be more/fewer/less...。

【专家点评】(西湖区英语教研员　胡美如)

本节课的一个很大的亮点是卢老师对听力文本的挖掘非常深入细致。例如在处理听力文本 2a 时，卢老师引导学生进行听前预测，这很好地体现了听力课的学法指导。在处理听力文本 2b 时，卢老师对教材任务进行了补充，让学生听完 2b 之后，听录音并记录老师的观点。这个环节受到了听课老师的一致好评：此环节不仅让学生感知到了本节课的目标语言，同时也为最后的口头输出进行了充分铺垫。为了让学生对目标语法从感知上升到理解，除了 PPT 上横向的呈现，卢老师还在黑板上和学生共同对目标语法进行了纵向的总结。为了进一步强化新授知识，卢老师最后通过幸运大转盘抽话题进行了小组采访和小组汇报。

学生通过幸运大转盘进行分组讨论这个活动很好地利用了“信息沟”，让不同小组的学生有倾听的意愿。且整节课卢老师的三个小组活动的设计层层递进，小组合作的任务都是有深度的。课堂上学生以不同形式广泛地参与课堂，充分体现了“自主、合作、探究”的有效价值，充分展现了“以生为本、以学定教、共同发展”的课改理念。卢老师也非常注重课堂评价，小组汇报结束后及时对各组进行评价，激发了组际竞争意识，体现了生本理念下的评价导向作用。整堂课在轻松、热烈、紧凑中结束，让人回味无穷。不管是学生还是听课教师都深受启发、获益匪浅。

“湿度和降水”教学设计

陈苍鹏

【教学目标】

1. 知识与技能

(1) 知道湿度、相对湿度的概念，知道常用相对湿度来表示湿度。

(2) 知道观测湿度的常用仪器，学会测量空气湿度。

(3) 了解空气湿度与天气的关系，理解空气中水汽凝结的原因。

(4) 了解降水的形成条件。

(5) 学会测量降水量。

2. 过程与方法

(1) 制作湿度计，测量教室里的相对湿度。

(2) 制作雨量杯，了解雨量杯测量降水的方法。

(3) 根据相对湿度，判断水汽凝结的原因。

3. 情感态度价值观

(1) 通过湿度计的制作，培养学生的合作精神。

(2) 通过雨量杯的制作，使学生了解科学测量的规范性及科学测量的严谨性。

【教学过程】

1. 引入：创设情境，激发兴趣

师：今天我们来学习“湿度和降水”，实际上，湿度和我们的生活息息相关，请看报道——《湿度和身体健康》。

视频：黑龙江电视台《湿度和身体健康》。

2. 实验探究，多法并用

师：湿度不仅是影响人类的身体健康的一个因素，而且也是影响天气的一个重要因素。那么什么是湿度呢？

［学生小组活动：观察和思考］

(1) 一杯冷水和一杯热水(见图 1)，其上方空气中水汽哪一杯多？为什么？

(2) 表面皿底部发现什么现象？为什么会这样？

(3) 水汽不断增多，将会出现什么现象？

图 1　观察两个烧杯中的水汽

［学生汇报］

(1) 热水烧杯上方的水汽比冷水烧杯上方的水汽多。因为热水蒸发快，蒸发得多。

(2) 热水杯的表面皿底部发现很多的水珠，而冷水杯上没有发现水珠。因为热水杯上方水汽多、温度高，遇冷凝结，而冷水杯上方水汽少、温度低，不会凝结。

(3) 冷水杯水汽不断增多的话也会出现水珠，热水杯水汽增多，水汽凝结更加厉害。

师：还有谁要补充吗？

生：本实验也说明了温度越高，空气中水汽越多。

……

师：我们来感谢一下刚才同学们的精彩发言。同时我们来小结提升一下本实验的内涵。

师：从问题一可知，不同空气中水汽多少是不一样的，我们把空气中水汽的多少称为湿度。我们同样可以推测出，温度越高，湿度越大。

从热水杯出现水珠的现象，我们可以认为这个杯子里面还能容纳水汽吗？

生：不能。

师：那我们就把这个现象称为水汽的饱和现象，这个湿度可称之为“饱和湿度”；另外一个称为不饱和现象。空气中水汽实际的含量，科学家称之为“绝对湿度”。那么，绝对湿度可不可以是饱和的？

生：可以的。

师：热水杯空气中水汽已经达到饱和状态，会出现凝结现象。而冷水杯空气中水汽没有达到饱和状态，水汽不会凝结。那么，它离饱和湿度还有多大的程度呢？我们来看一个模型（见图 2）。

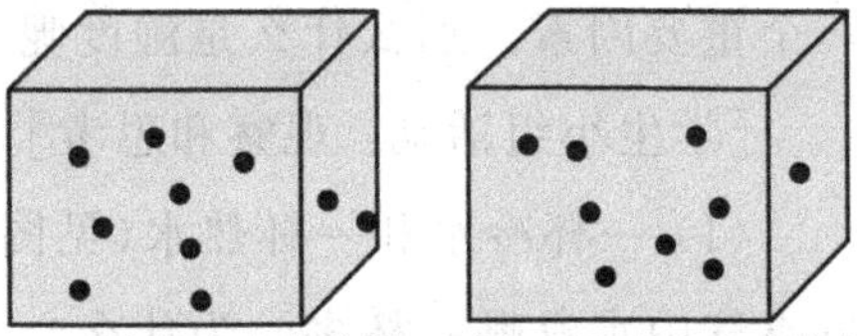

(a) $1m^3$实际含水汽的量 (b) $1m^3$最多容纳水汽量

图 2 绝对湿度(a)与饱和湿度(b)模型

师：10℃时，某草坪上空 $1m^3$ 的空气中实际含水汽的量为 5g，而 $1m^3$ 空气中最多能容纳水汽量为 10g。如此，这 $1m^3$ 空气距离饱和状态还有多大量？

生 1：5g。

生 2：50%。

师：很好。但是由于空气很多，去称量水汽质量会很困难，用百分比会比较方便。这个 50%是怎么算出来的？

生：是绝对湿度与饱和湿度的比值。

师：我们就把这个值叫作相对湿度。它是由两个物理量共同组成，能反映绝对湿度和饱和湿度的关系，有利于判断水汽凝结的情况。

例如，10℃时，某草坪上空 $1m^3$ 的空气中实际含水汽的量为 5g，水汽能凝结吗？不能。还需要知道 10℃时的饱和湿度。所以，知道绝对湿度还不能预测水汽是否凝结，而饱和湿度只能说明该温度下水汽能凝结成云，因此难以看出天气的变化。相对湿度就能把这两个数据合为一体，能较好地预测水汽是否凝结，预测天气怎么变化。

师：该草坪上水汽如果再增加 2g，那又是多少？

生：70%。

师：再增加到 10g 呢？

生：那就达到 100%了，水汽要达到饱和了。

师：若不断增加水汽呢？

生：那就会凝结出现水珠。

师：这样我们就可以把相对湿度作为水汽是否凝结的一个条件。

[小组合作]在一定温度下，相对湿度越大，空气中水汽和干湿程度有什么关系？

[汇报]在一定温度下，相对湿度越大，空气中水汽越接近饱和，就越容易发生凝结。相对湿度越小，空气越干燥，空气中的水汽越不易凝结。

[思考]生活中，哪些现象能说明相对湿度达到 100%？

生：出现云雾降水等现象。

[议一议]湿度与天气有关系吗？请根据相对湿度来预报天气。

生：今天天气阴，有时有雨。

师：太好了！

[设计思考]学生最熟悉的事实容易激发学生的“最近发展区”，引发学生思考并了解湿度的概念。

[过渡]那么，我们能否测出相对湿度的大小呢？

相对湿度：空气中水汽的丰富程度，常用百分比来表示。

[观察与思考]湿度测量工具——干湿球湿度计（见图3）。

(1) 干湿球湿度计的结构。

(2) 干湿球湿度计的工作原理。

(3) 怎么读数？怎么查表？

[汇报]

生：(1) 干湿球湿度计由一支干球温度计和一支湿球温度计组成。

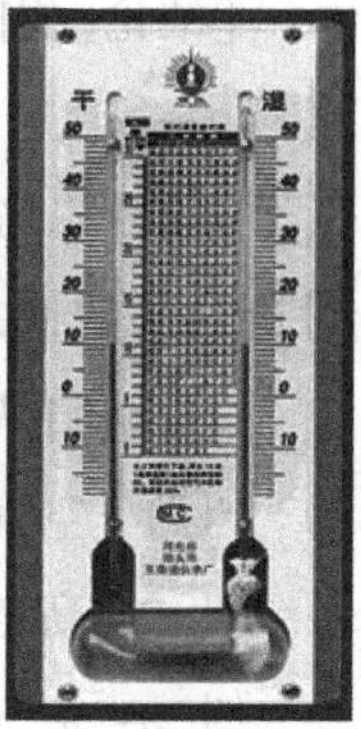

图3 干湿球湿度计

(2) 空气中的相对湿度越大，湿棉纱布中的水蒸发得越慢，带走的热量就越少，干湿球湿度计上的读数差值越小，就能反映出空气中水汽的丰富程度。

(3) 使用时只要读出干球湿度计读数并计算出两支温度计的湿度差再查相对湿度表，即可得出相对湿度。

[拓展视野]其他常见的湿度计。

[做一做]制作干湿球湿度计。

要求：(1) 六人一组合作。请组内一人汇报。

(2) 测一测：现在教室内的相对湿度大约为多少？

[实验反思]实验中难免出现误差，请看看同学们的数据。

师：为什么干球湿度计的读数也会出现这么大的差异？

生1：因为温度计本身的原因。

生2：因为不同的小组所处的位置不同。

生3：因为读数中出现错误。

……

师：我们以两组干球温度计相同读数的，比较湿球温度计及相对湿度值。为什么也有差异呢？

生 1：可能碰到水。

生 2：可能是读法有错。

生 3：位置不同所成。

师：

[分析]请分析一下课本表 2-5 的相对湿度表。

[结论]相同气温下，干湿差越大，湿度越小。相同干湿差下，气温越高，湿度越大。

[设计思考]通过学生动手制作干湿球湿度计，测量教室里的相对湿度，并讨论测量的误差，分析误差的原因。这有利于提高学生的思维能力。

[总结归纳]云、雾形成的条件是什么？

生 1：空气的相对湿度达到 100％。

生 2：高空中气温降低，水汽凝结。

生 3：空气中有较多的凝结核(可以让小水滴附着微小颗粒)。

[演示实验]降水模拟。

[观察]降水的形成过程：空气上升→冷却降温→水汽凝结→云滴增大→降水形成。

降水：包括雨、雪、冰雹等液态或固态的水。最常见的降水是降雨。

想一想：为什么降水有时是雨，有时会是雪或冰雹？

降水是怎么形成的？我们先看看降水类型图片：对流雨、地形雨、锋面雨、台风雨的图片。

降水小知识：降水一般用来计量，它表示一定时间内地面积水的深度。

[做一做]你能用矿泉水瓶制作出一个直接读数的雨量筒、雨量杯的组合体吗？

教师出示气象站里的雨量筒图片。

[思考]人工降雨方法有哪些？

[启发]能否利用降水形成的过程来思考降水的办法？

(1) 利用飞机把冷却剂(干冰、液氮等化学药剂)播撒到云中，使云层温度下降，同时细小水滴、冰晶迅速增多、加大，最后形成降雨。

(2) 在云中播撒吸湿性强的凝结核(如食盐、氯化钙、碘化银、硫酸铜等无机盐),使云滴增大为雨滴降落下来。

(3) 利用高射炮等向云层轰击产生强大的冲击波,使水滴与水滴发生碰撞,合并增大成雨滴降落下来。

3. 课堂小结

(1) 给学生2分钟整理思维导图。

(2) 小组交流学习成果,并展示。

(3) 提出新问题。

4. 课堂作业

(1) 作业本。

(2) 制作家庭湿度计,测量一天的相对湿度,并分析天气变化情况。

【教学反思】

这是一节“三名”展示课,观众是来自全省各地乃至全国各地的老师,可谓是高朋满座、精英荟萃。这一节课的教学,有得有失,笔者感触颇多,至今仍不断地在反思,以促使自己能取得更大的进步。以下是笔者对于这节课的教学反思。

1. 立足生活,突出生活科学

本节课是湿度和降水,与生活息息相关。在课一开始笔者引入黑龙江电视台《湿度和身体健康》,立即激发学生的兴趣——原来湿度还真与人类健康关系紧密。

在此基础上,笔者设计实验,让学生观察矿泉水瓶内水液化的现象:一杯冷水和一杯热水,其上方空气中水汽哪一杯多?为什么?表面皿底部发现什么现象?为什么会这样?水汽不断增多,将会出现什么现象?

问题一个紧扣一个,学生在紧张观察的同时,还积极地思考科学问题。教师根据学生已有的经验基础、知识背景来创设情境、设计案例,有效地推进课堂教学,引领学生走进生活中的科学。

这样的实例在整节课中比比皆是,如学好本课后,利用本课的知识进行人工降水等,都是极好的案例。

2. 立足模型,突出质性研究

在模拟自然的情境下,采用师生交谈、观察、实物分析等方法,对湿度和降水进行深入的整体性探究，从原始资料中形成知识，通过对模型、视频、实验等的观察及师生的交流，建构对湿度降水的理解。

教师赋予学生更多自主活动、实践活动、亲身体验的机会，建构湿度的概念。课堂的学生活动是为了更有效地完成教学目标而采取的教学方式，能使全员参与课堂活动并提高其有效性，因此教师应努力提高活动的“质”的水平。

3. 立足实验，凸显思维方法

在课堂的探究活动过程中，让学生充当探讨问题的主人。从思维的角度讲，学生不断地开展发散性和创造性思维的过程。在教学中，教师需针对不同情况做出适时反馈，引导其朝有利于知识建构的方向发展。

【专家点评】(西湖区进修学校校长　周华松　西湖区三墩中学校长　沙立国)

在教学设计上，陈老师突出科学教学的一般特征：以学生观察与实验为基本方法，结合归纳、推理、模型等方法，提升学生的思维能力和探究能力。“降水和湿度”的教学设计，充分考虑现实问题和情境，逐步探究湿度和降水的科学本质，每一个点的探究都渗透了科学方法的教育。陈老师大胆地让学生进行设计、进行实验，在实践中让学生感觉到科学方法的重要性，使其学会积极考虑科学方法，以提高学生的科学素养。

电梯中的科学

任　睿

【教学目标】

1. 让学生学会从真实的生活背景中提取有效信息，培养学生的读题能力。

2. 让学生通过自己开放式的设计题目体验中考题的问题来源和拼盘式中考综合题型的编制套路，培养学生的编题能力。

3. 让学生利用所学电路、电磁继电器、滑轮、机械效率知识解决中考题，感悟中考题与所考知识点之间的联系，从而培养学生的解题能力。

4. 渗透“STS”思想，培养学生关注社会、关注生活的热情，排除对电梯危险性的误解，形成科学认识，提高生活质量，使学生体会科学知识对生活的重要性。通过设计电梯电路给学生实际运用自己的知识和能力的机会，让学生能够学以致用。

【教学准备】

学生前一天晚上用微信扫一扫导学案中的二维码，观看四段关于自动扶梯和轿厢式电梯的视频。

【教学过程】

导入：询问学生看过视频后有何感受，以后是否还敢乘坐电梯。

小组讨论汇总课前预学1：“扶梯在工业设计中考虑了安全防护问题，你能说出几点？”请总结条目最多的小组代表发言，其他组点评和补充。

小组讨论完成课内研究1：“超市里的自动扶梯，有人乘时运行较快，无人乘时为了节能运行较慢，设计出符合要求的电路。你能设计出几种？请画出设计图纸。”每组在组内选出最佳或者最有特色的电路画到黑板上，其他同学观察所有小组的电路图，针对每幅图的优缺点进行点评。

反思与小结：设计电路要考虑哪些因素？如何评价设计电路的优劣？

小组讨论汇总课前预学 2：“轿厢式电梯在工业设计中考虑了安全防护问题，你能说出几点？”请总结条目最多的小组代表发言，其他组点评和补充。

小组讨论完成课内研究 2：每组派代表演板可能计算得出的物理量。

反思与小结：如果中考出计算题，一般有哪些量的计算可考？轿厢式电梯为何要配重？此题数据中配重质量是否合理？

补充练习：轿厢式电梯超重自动报警电路如何设计？请画图纸。

出示完整的拼盘式中考题，印证之前研究的几点是以电梯为知识背景的中考题一般设计的常考点。

课后作业：学生回家后自行研究液压式轿厢电梯并完成作业题。

附：导学案

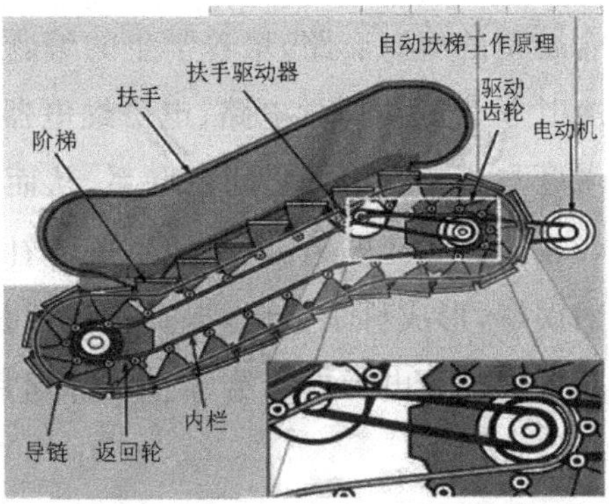

自学视频信息后回答：扶梯在工业设计中考虑了安全防护问题，你能说出几点？

1. ____________________

2. ____________________

3. ____________________

课内研究 1：

(2013 年咸宁中考)超市里的自动扶梯，有人乘时运行较快，无人乘时为了节能运行较慢，我选择再添加……我就可以设计出符合要求的电路。你能设计出几种？请画出电路图。

1. 我还需要添加________________

2. 我还需要添加________________

小结与反思：________________

课前预学 2：牵引式轿厢电梯

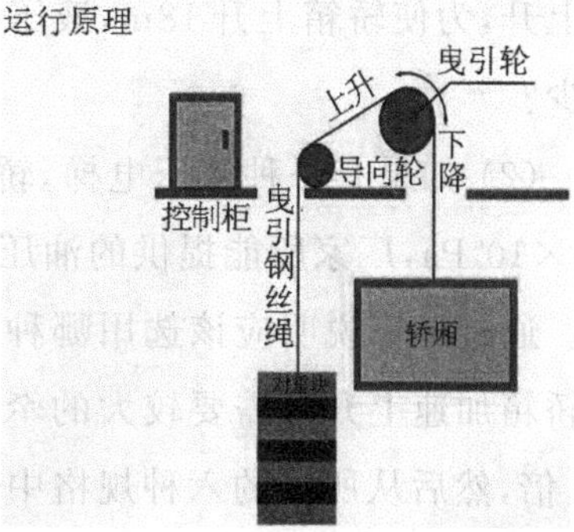

自学视频信息后请简述：

1. 轿厢式电梯在工业设计中考虑了安全防护问题，你能说出几点？

1. ________________

2. ________________

3. ________________

课内研究 2：

(2014 年广东中考)题 19 图是某种升降电梯工作原理图，它由轿箱、配重、缆绳、滑轮和电动机等部件组成，连接轿箱的两根缆绳非常靠近，轿箱空载时的重量是 3100N，配重的重量为 1000N。某次电梯载货物的重量是 1000N，当电梯匀速上升 15m，所用的时间为 10s，不计缆绳重力和一切摩擦阻力，在此运动过程中，求：

(1) 轿厢的速度大小；

(2) 配重重力对配重做的功；

(3) 电动机的功率至少是多大。

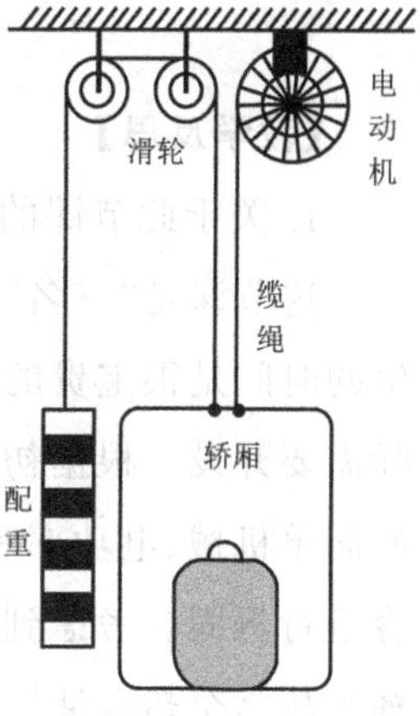

题19图

小结与反思：________________

课后作业：研究液压式轿厢电梯

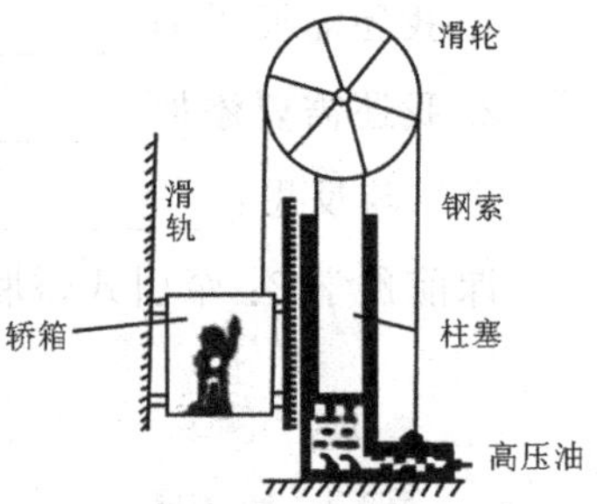

液压电梯是一项新技术，它可以为十层以下的旧楼加设电梯而无须在楼顶增建悬挂轿箱用的机房。

(1) 液压机的柱塞通过滑轮和钢索带动轿箱上升，为使轿箱上升 18m，液压机柱塞要上升多少？

(2) 如果有一种液压电梯，轿箱本身的质量是 1300kg，油泵的最大油压是 2.3×10^{6} Pa，厂家所能提供的油压机柱直径为 60、85、105、140、184、238mm 六种。通过计算说明应该选用哪种直径的柱塞。(由于柱塞本身受到重力作用及轿箱加速上升时需要较大的牵引力，厂家要求将柱塞直径扩大到计算值的 1.4 倍，然后从所给的六种规格中选取。)

【教学反思】

1. 关于此节课的学习内容和目标设置

这节课是“三名”活动的一节公开课，上课时间安排在 11 月中旬。初三学生的时间是很宝贵的，笔者希望这节公开课的教学内容能按照初三学生的实际需要开设。根据初三学生的实际进度，8 月大约是刚讲完九年级上第三章的简单机械、电功率和电动机的知识，在这个阶段教师常安排习题课对前面内容进行巩固。考虑到学生学习科学最好是在一个情境中进行，刚好 2015 年电梯事故是个热点话题，年初有扶梯事故，年中又出现了轿厢式电梯的严重安全事故，笔者想到以对电梯的研究作为载体，刚好可以将滑轮、电路设计、电动机、功率、机械效率等中考常考的知识点进行复习和巩固。

基于以上思考，笔者确立了“电梯中的科学”这一课题，具体内容为三块：扶梯、轿厢式电梯、液压式电梯。

2. 关于此节课的学习流程建构

教学手段应该是基于教学内容和教学目标的，所以在确立了教学内容和教学目标之后，教师需要建构相对应的适合本节课内容的学习流程。

通常情况下，学生的学习过程由两个阶段组成：第一阶段是“信息传递”，是通过教师和学生、学生和学生之间的互动来实现的；第二个阶段是“吸收内化”，是在课后由学生自己来完成的。

由于这节课学习的情境“电梯”并非是学生都熟悉的知识，课本上也未详细讲述，所以如果按照传统的学习过程，仅在课内观看视频就需要近20分钟，最终大部分习题只能由学生在课后来完成，由于缺少教师的支持和同伴的帮助，学生将感到困难重重。

通过“翻转课堂”模式，笔者对学生的学习过程进行了重构。“信息传递”是学生在课前进行的，老师通过微信“扫一扫”的方式提供了视频供学生学习，学生在课前可以看完视频，并尝试回答相应问题，如果作答有困难，该生还可以反复回看视频；“吸收内化”是在第二天课堂上通过互动来完成的，教师能够通过查看导学案的作答情况提前了解学生的学习困难，在课堂上给予有效的辅导。在课堂上再通过小组合作学习，让学生在课堂上进行小组讨论和全班展示，相互交流，互相点评，更有助于促进学生知识的吸收内化过程。

通过实际授课情况反馈，“翻转课堂模式”和“小组合作学习”非常适合这类科学拓展性课程的学习。教无定法，不能为了“翻转”而翻转，为了“合作”而合作，正确的态度是根据教学内容和教学目标来选择合适的教学模式。

3. 关于在新的教学模式中如何实现“深度广度”和“学生应试”的实际需要

在具体问题的设计上，笔者深深体会到要上好一节初三复习课是很不容易的，直白地说，“先学后教”这种教学模式要想得到广大师生的认同，最终不能逃避的问题就是要提高学生的应试做题能力。教师方面的顾虑主要来自这种模式中教师讲得少了，教学的深度、广度怕不易达到。

虑及此，笔者翻看了近年来以电梯作为考察背景的中考题，尽可能将其中学生易错的知识点和经典的、常考的设问点提出来分解到导学案之中。我们不排斥题目，但是不一定要依靠大量练题才能提高学生的做题水平。这就要求教师大量看题，对各种题目烂熟于心，千变万化的题目最终要落实的得分点和失分点是有限的，只要我们能在复习课的导学案中体现这几个要点，引导学生掌握要点，就能提高学生分析问题和解决问题的能力。

【专家点评】(浙江省教育厅教研室副主任　张丰)

如果教师能适时适当引导，学生表现出来的自身的思维深度和广度也会超出教师原本的想象，在设计调速扶梯的电路时，学生的精彩展示和点评让在场的教师纷纷感叹"点评精彩到位"，"没想到学生能设计出这么多种电路"。可见原来学生各种精彩的想法也许被教师精彩讲解的光芒所掩盖了，也在一定程度上让大家意识到"先学后教"也能使课堂达到足够的深度、广度和难度。

“植物的一生”第1课时教学设计

胡晴霞

【教学目标】

基于教学内容、学生特点的分析,以及课程标准的要求,笔者就本节课制定了如下教学目标:

1. 让学生能说出种子的结构,学会区分有胚乳种子和无胚乳种子,单子叶植物的种子和双子叶植物的种子。

2. 让学生了解种子萌发时各种结构的发育情况。

3. 通过观察种子结构,培养学生观察的方法和顺序。

4. 通过教学内容的探究、挖掘,培养学生科学探究的意识和实验设计的能力。

【教学重难点】

1. 教学重点

掌握种子胚的结构,让学生学会区分有胚乳种子和无胚乳种子,单子叶植物的种子和双子叶植物的种子;了解种子萌发时胚的各种结构的发育情况。

2. 教学难点

辨认胚的各种结构,特别是胚芽和胚根;胚轴发育成连接茎和叶的部分。

【教学准备】

1. 微课

观察菜豆种子和玉米种子

2. 课前实验

(1) 准备好实验包:每人一袋种子,有菜豆种子、玉米种子和其他种子;放大镜；碘酒。让学生带回家进行观察、拍照，观察结果记录在导学案上。

(2) 提前一周布置种子萌发实验。

(3) 小组交流观察结果，汇总问题，最后以课件形式展示。

【教学过程】

1. 新课导入

(1) 投影图片：发芽的豆芽。“观察这幅宣传画有什么科学性的错误吗，你有什么证据？”

(2) 出示一株玉米，让学生认识植物的各器官，特别是玉米种子与果实的辨认。

(3) 思考：植物体的根、茎、叶是由种子的哪些结构发育而来的？我们先来观察一下种子的结构。

2. 学习新课

(1) 小组展示：菜豆种子的结构，针对各组在观察过程中提出的问题有选择地进行答疑。

导学案上收集的问题如下：

问题 1：菜豆种子的种皮滴加碘液后，没有变蓝色，为什么呢？(可让学生说说种皮的作用，可能是由什么组织构成的，引导学生得出结构与功能相适应。)

问题 2：为什么菜豆种子滴加碘液后没有马上变蓝？为什么划几下就变色比较快了？

问题 3：为什么菜豆种子的种皮会变皱？(引导学生探究种子的吸水快慢与什么因素有关。)

(2) 小组展示：玉米种子的结构，针对各组在观察过程中提出的问题有选择地进行答疑。

导学案上收集的问题如下：

问题 1：玉米胚的结构很难辨认，特别是胚芽、胚根，你有什么好办法？(先让学生点评，然后在黑板上排序，再让学生连一连，根、茎、叶分别是由种子的哪部分发育而来的，得出胚是新一代植物体的幼体。)

问题 2：菜豆种子有 2 片子叶，为什么玉米只有 1 片子叶？(先让学生点评，引导学生理解生物的多样性，再比较菜豆种子与玉米种子结构上的相同和不同之处，可补充不同种子的营养成分的含量，最后让其他小组来展示不同的种子，并进行分类。）

问题3：玉米的胚乳有什么用处？（学生分组讨论，设计实验验证胚乳为种子的萌发提供营养。）

收集的方案如下：

方案1：设置对照实验，对于完整的玉米种子和切除胚乳的玉米种子，观察种子萌发现象。其他组点评方案的不足之处。

方案2：取不同萌发阶段的玉米种子，剖开，在剖面上滴加碘液，根据变色后颜色的深浅判断淀粉含量的多少，说明萌发时淀粉含量在逐渐减少。（其他组一起做一做，再评价方案。）

问题4：玉米的子叶有什么作用？（先猜想，再引导学生从结构与功能相适应去分析理解，不需要解答。）

问题5：玉米种子的外皮为什么较难剥落？

问题6：为什么种子先长根？

问题7：为什么我们很难将玉米的种皮和果皮分开？

问题8：将胚根去掉一部分后，种子还会继续发芽吗？

问题9：去除子叶的种子还能继续发芽吗？

问题10：胚轴长大后会变成什么？

3. 小结

(1) 对照板书小结，种子萌发长出幼苗，生长，开花，结果，又产生种子，这就是植物的一生。在这个过程中，有很多值得我们去探究的问题。板书“植物的一生”，并打问号。

(2) 视频：毒豆芽的新闻报道。到了我们解密的时候了。刚才图片中的种子和幼苗真的存在吗？请看答案。

(3) 投影课前图片：万物生长皆有法，这个法就是自然规律。若人为地破坏，最终将由我们自己来承担恶果。所以，我们共同呼吁——要尊重自然规律。

【教学反思】

1. 教学理念的翻转

笔者借助微课，拍摄了视频，对种子结构如何进行观察有具体的指导和要求，先学后教，以期能真正达到两个目的：一是学生在课外真正进行了深入学习；二是课堂上真正能够相互碰撞引向更深层次的思维。学生的反馈学习情况超乎我的想象，学生根据实验提出的问题很多，且具有探究价值，如菜豆种子的种皮滴加碘液后，没有变蓝色，为什么呢？，充分地说明学生在边观察边思考，并进行有效的科学探究。更精彩的是，在课堂上，学生们在展示、点评的过程中进行着思维的碰撞，积极地调动思考，整个过程充满了思辨的色彩。

2. 学习方式的翻转

课外学习，课内解决。学生通过课堂外自主学习，替代了课堂教学中教师讲授而学生被动学习的过程。而原来学生课堂外内化知识的学习过程转变为课堂内的以学习讨论或课上探究的形式等学习活动，生生及师生间的合作探究及深度交流共同完成知识的内化过程，翻转了传统教学模式。比如学生提出的问题，是在观察种子的过程中产生的，通过小组的交流，能解答的解答，不能解答的提交到全班解答。同时在解答问题的过程中又产生新的问题，为学生的后续学习提供了思路。

3. 教师角色和学生角色的翻转

翻转课堂上着上着，老师不见了。不见的是她的身，但魂始终在。比如，学生提出，为什么菜豆种子的种皮会变皱？教师的引导：种皮和胚吸水有快慢，是两者什么不同造成的？成分不同。有兴趣的同学不妨去探究一下种皮吸水快慢与什么因素有关等。教师引导学生在解决问题的过程中提出有价值的问题，促进学生形成良好的科学本质观。

【专家点评】(杭州市西湖区教师进修学校校长　周华松)

在翻转课堂中，学生成为学习过程的中心，他们需要在实际的参与活动中通过完成学习的任务来建构知识，这一过程中胡老师是“促进学生的学习，但不干预学生的选择”，当学生需要指导时，胡老师会向他们提供必要的支持，学生可以从教师那里方便地获取、利用学习资源，从被动地接受知识转变为有针对性地主动获取知识。这是一次很好的尝试，对大家启发很大。

“生物的进化”教学设计

杨鑫栋

【教学目标】

1. 知识与技能

(1) 举例说出达尔文之前，人们是怎样看待生物进化的；

(2) 概述达尔文的自然选择学说的主要内容；

(3) 用自己的话评述达尔文自然选择学说的贡献和局限性。

2. 情感、态度与价值观

(1) 阐述生物进化观点对人们思想观念的影响；

(2) 体验进化论的发展，从而感受科学是一个开放的动态过程，树立生物进化的观点；

(3) 养成敢于质疑、勇于创新的科学精神和实事求是的科学态度。

3. 过程与方法

(1) 自主学习并参与讨论有关进化理论发展的资料；

(2) 积极参与模拟自然选择的活动，形成对自然选择过程的感性认识；

(3) 学会与人交流和合作，提高创造性思维能力和表达能力。

【教学重难点】

1. 教学重点

(1) 达尔文自然选择学说的主要内容；

(2) 分析达尔文自然选择学说的贡献和局限性。

2. 教学难点

分析达尔文自然选择学说的局限性。

【教学过程】

1. 导入(3 min)

师：同学们好，今天我们一起来学习“生物的进化”。首先请同学们看一张图“沙漠中的仙人掌”。请问，类似仙人掌之类的沙漠植物，具有怎样的形态结构特点？

生1：通常根系比较发达，叶片较小甚至像仙人掌一样退化为针状。

师：这样的结构决定了它们具有怎样的功能？为什么它们会有这样特殊的结构？

生2：根系发达，吸水能力强；叶片退化，蒸腾失水能力弱。因为缺水、干旱，植物需要尽可能多地获得水、保存水，所以长出这样的结构来适应干旱环境。

师：很好！也就是说首先是特殊的环境——干旱缺水，然后植物为适应这个环境，需要这样的功能，于是就长出类似特殊的结构。对吧？

生共：对。

师：很好！那这样特殊的结构和吸水、储水功能，在地球形成之初直接就有吗？

生共：没有，生物是慢慢进化而来的。

师：不错，前面已经学习，生物不是神创的。很多证据(如化石)告诉我们生物是进化而来的，那么生物到底是怎么进化的？在漫漫历史长河中，人们又是怎样看待生物进化的？今天我们就来共同探讨现代生物进化理论的由来。

2. 布丰的直线进化理论(3 min)

师：首先，请拿出学案，大家已经进行自主预习。请问，生物进化观点是谁首先提出来的？

生共：法国博物学家布丰。

师：请概述它的内容、形式以及进化的原因。

生3：布丰认为物种是可变的，现代的物种是由古代的物种演变过来的，如远古鳄鱼—古代鳄鱼—现代鳄鱼。而引起物种变化的原因是环境的变化，主要是气候和食物。

师：非常好。我们把布丰的这种进化理论称之为直线式的进化理论，即现代的物种由远古—古代—现代这样直线转化过来的。(板书)

尽管这个观点存在一些问题，但回想当时所处的神创论横行的年代，这是非常具有突破性和代表意义的。

除了布丰以外，还有谁提出的进化理论在历史进程中比较有代表性？

生共：法国博物学家拉马克和英国博物学家达尔文。

师：很好。看这两幅图，看学案第二题，根据预习，请用课本中拉马克和达尔文的观点，来阐述，长颈鹿的脖子为什么会这么长？我们先来看拉马克的观点。

生 4：……

3. 拉马克的“用进废退”进化理论(12 min)

师：你们觉得刚才那段话，最核心的是哪几句？

生 5：“把脖子伸长去吃树叶，久而久之，经常使用的腿和脖子就长长了。”“这种特征，会遗传给后代。”

师：第一个核心句是“把脖子伸长去吃树叶，久而久之，经常使用的腿和脖子就长长了。”

拉马克认为：生物体器官经常使用会变得发达，而不经常使用则会逐渐退化。这个观点概括为“用进废退”。我们来看看一个例子(鼹鼠)，也试着分析一下。

生 6：鼹鼠经常在挖土，所以爪子很发达，而因为长期在黑暗的地底工作，所以眼睛就萎缩、退化了，体现了“用进废退”。

师：讲得具体而全面，很好。那如果按“用进废退”的法则推理，未来人会怎么样？请同学们想一想。

生 7：头大脚小，手指灵活。

师：大概就是这样。我们再来看第二个核心句：“这种特征，会遗传给后代。”请问：按他的观点，长颈鹿的脖子为什么会长？

生共：“用进废退”。

师：这种脖子长的特点长颈鹿一开始就有吗？

生共：不是。

师：拉马克认为因为“用进废退”或环境引起的变化，是可以遗传的。我们把这个观点称之为“获得性遗传”。来看这张图片(展示图片“铁匠爸爸和铁匠儿子”)。谁来解释一下？

生 8：铁匠因为不停打铁，肌肉结实，属于“用进”观点，于是他的孩子就会遗传他肌肉结实的特点。

师：非常好。你们同意这个观点吗？请举例说明。

生9：老鼠尾巴实验、古代女人缠足、母亲皮肤不好孩子皮肤也不好等。

师：很形象。当然除了这两个观点，拉马克还认为，生物内部总是存在一种由低级向高级发展的力量，也就是总会朝着好的方向发生变化，产生跟亲代不一样的地方，就是变异。我们把这种观点称之为“定向变异”。你们同意他的这个观点吗？结合自身，请举例说明。

生10：……

师：很好。概括一下，拉马克的进化论主要有这么几个观点：用进废退、获得性遗传和定向变异。（板书）尽管他的观点非常具有代表意义，但是主观性臆测较多，证据的支持也不充分。而且他过于强调环境的变化直接导致物种的改变，实际上环境的变化如果未引起遗传物质的变化，就不会使生物发生可遗传的变异。那么达尔文又是怎么来阐述的呢？我们来看看刚才的第二个有关长颈鹿脖子长的阐述，请划出主要论据。

生11：①长颈鹿的个体数量很多；②种内之间斗争频繁；③鹿有脖子长的和脖子短的；④脖子短的鹿因为够不着树叶而被饿死，脖子长的可以生下后代。

4. 达尔文的自然选择学说

(1)自然选择学说的解释模型(10 min)

①过度繁殖

师：自然界的生物能产生很多后代，你们知道吗？

生共：……

师：其实任何个体都有过度繁殖的现象，这是个事实。翻车鱼一次产卵3亿多粒，鳕鱼的年产卵量是500万粒。即便是长颈鹿这类产仔量较低的生物，假设每头雌鹿产仔6头，几百年后，一对长颈鹿的后代可达到1000多万头。我们把这种现象叫过度繁殖（生物的繁殖能力都很强，在不长的时间内能产生大量的后代）。但是，生物总量有没有这么夸张？

生共：没有。

师：生物个体总数能保持在稳定数量，这也是个事实。同时，自然界的资源是有限的，这更是个事实。为什么会这样？

生共：部分生物因为斗争死掉了。

②生存斗争

师：生物之间存在斗争，它们都为生存而进行着斗争。你们觉得会有哪些斗争？

生共：食物、空间、配偶等。

师：非常好（展示种内、种间斗争的图片、视频）。达尔文把这概括为生存斗争。那为什么有些能活，有些却斗争不过呢？

生共：个体有差异，有强有弱。

师：这也是个事实，那这些差异哪里来的呢？完全是后天环境形成的吗？

生共：不是，生下来就不一样，变异！

③遗传变异

师：对！我们把子代跟亲代之间、子代跟子代之间不一样的地方叫变异。他们在生下来的时候可能就存在差异了，如同学划出的长颈鹿的祖先中有的颈和前肢长些，有的短些，也就是变异，而且这些变异不是后天获得的，可以遗传。那么什么样变异的个体可以存活？

生共：适于生存的，有利的变异！

④适者生存

师：太棒了，这就是达尔文所讲的适者生存，如脖子短的因为够不着树叶而被饿死，脖子长的可以生下后代。同时，有利的变异会一代一代积累，最后逐渐进化出一个个新的类型。这就是达尔文自然选择学说的主要内容，如图 1所示。

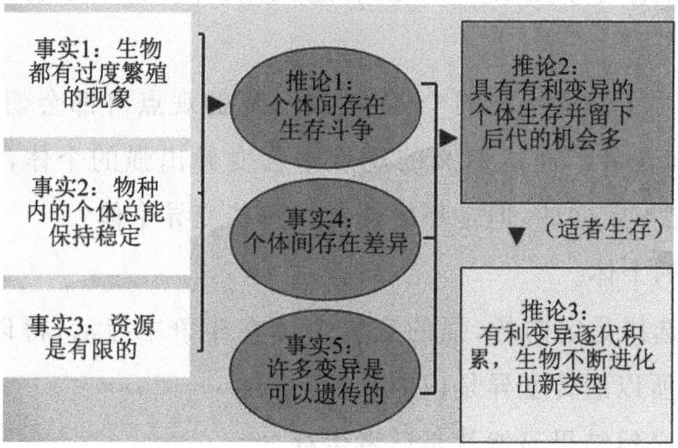

图 1　自然选择学说的主要内容

生12：因为过度繁殖，长颈鹿能产生很多后代；由于遗传变异，这些后代中有的颈和前肢长些，有的短些；因为环境恶化，食物匮乏，于是在生存斗争中，颈和前肢长的个体，有更多的生存机会，也就是适者生存。长颈鹿繁殖后代，逐代积累，演变成了现在这样。

师：太棒了。四个要点间的关系如图2所示。

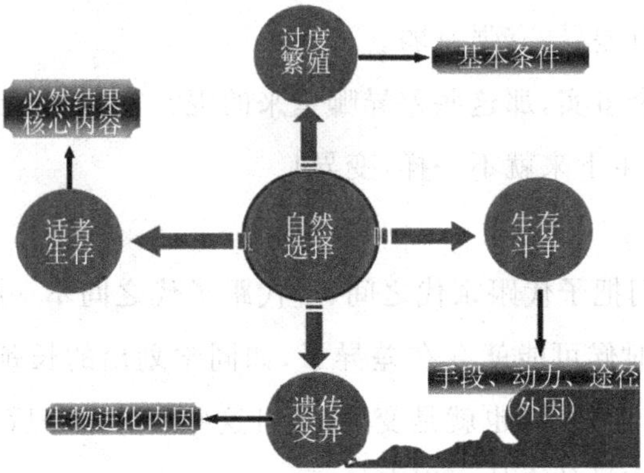

图2　四个要点间的关系

在这四点中，很显然过度繁殖是基本条件。那又是什么推动着整体往前进化呢？

生共：生存斗争。

师：不错，你们觉得生存斗争好不好？

生共：对个体不好，对物种好。

师：所以生存斗争是动力、手段和途径，从外部推动了物种向前进化，是外因。

而变异产生了强弱不同的个体，按拉马克的观点讲都会朝着好的方向变异，也就是定向变异。而达尔文的观点中会变异出强的个体，也会变异出弱的，说明变异是不定向的，但是环境选择了哪些变异个体？

生共：强的个体。

师：说明选择是定向的，强的变异个体在斗争中存活，得以遗传，推动物种向前进化。所以遗传变异是内因。

而最终的必然结果显然就是适者生存。

接下来我们根据达尔文的理论完成一个进化论的模型探究活动，亲自感受强化一下。

(2)自然选择进化模型探究(13 min)

①实验步骤

a. 把彩色花布作为"栖息地",准备6种彩色纸片各6片,共计36片,做好记录。

b. 一名成员为看管员,其余充当"食肉动物",捕食纸片。看管员及时记录。

c. "食肉动物"应闭眼,看管员把纸片单张摊铺在布块上,没有粘连。

d. "食肉动物"睁眼,只凭眼力、不凭手感选取3片纸片,放到对应杯子里,然后转过身。全组成员继续依次进行,直到布块上只剩下9片纸片时,看管员提醒停止。

e. 依据颜色对存活者进行分组,把同种颜色的纸片放到一起,摆成一排。在"第一轮次存活者"一栏中记下各种颜色存活者的数量。

f. 设每个存活者分别生了3个"孩子",用备用纸片,依次在每个存活者边上放置3张。在标有"第二轮开始"的一栏中记下新的数目。

g. 看管员将存活者和他们的"孩子"完全混合,然后把纸片单张铺开。不重复使用已被"吃掉"的纸片。

h. 整个过程重复两遍。

②记录数据

③柱状图分析

a. 第一代存活者中,哪几种数量多一些?为什么?

b. 为什么会出现花色飞蛾?请预测它的数量变化。

c. 若因为工厂污染,整体环境变黑,请预测不同体色飞蛾的数量变化。

d. 适者生存,不适者被淘汰,为什么还有黑色飞蛾存在?

师:非常好。同学们已经能够清晰而又准确地表达出拉马克、达尔文的进化论观点。现在我们回头再看开始的那个例子:沙漠植物是因为干旱环境,所以长出这样的特殊结构来适应吗?

生13:原来的观点是拉马克的定向变异。应该说沙漠植物在不定向的变异中有多种可能,在干旱的自然环境选择下,根长叶细的植物得以生存,并逐代遗传积累,所以变成了现在的样子。

师：很好。那现在回头看，是不是觉得布丰和拉马克特别傻呢？

生共：不是。

生14：科学发展不能简单地归结为正确与错误的斗争，新旧理论的替代并不绝对代表正确的取代错误的。正确的理论中有错误的东西，错误的理论中有正确的东西。连牛顿也是站在巨人的肩膀上。

师：那么达尔文的自然选择学说中，吸取了布丰和拉马克理论的哪些观点？他的观点又有什么局限性？

生15：吸取了进化的观点、变异的观点、环境变化引起的作用等。可能在工具上有局限性吧。

师：的确，达尔文的进化论合理地解释了生物进化的原因，也科学地解释了生物的多样性和适应性。但是因为科学技术的阻碍，他对于遗传和变异的本质，未做出科学的解释，同时对生物进化的解释也局限于个体水平。所以现代生物学在他的基础上更加微观化和宏观化，遗传变异研究从性状水平深入到基因水平，研究对象也从生物个体发展到以种群为基本单位。

好，今天我们主要从现代生物进化理论的发展史着手，了解并探究了布丰、拉马克和达尔文的进化理论。正是因为先辈们不断开拓创新，才会让科学不断地焕发永恒的活力。

【教学反思】

本课作为理论教学，相对来说比较枯燥，所以笔者尝试用一些生活中较为实际的事例，创设模型并结合达尔文的主要思想进行讲述，尽可能引起学生的兴趣，吸引学生的注意力，取得了较好的教学效果。

构建模型是科学研究经常用到的一种手段，模型能帮助人们理解他们无法直接观察到的事物，将抽象的事物变得直观、形象。运用巧妙的构思和简单易得的素材构建模型是科学课教学常用的教学设计方法，常常会收到出乎意料的教学效果。

达尔文的自然选择学说在小学、初中都有涉及，故本课把重点放在达尔文对自然选择学说的解释模型上。主要是要求学生能够通过操作、观察、发现的一些资料，进行分析、总结，找到资料之间的逻辑关系，通过一系列的推理得到相关结论。对培养学生通过资料获取有用信息的能力、逻辑推理能力等均有一定的促进作用。

同时通过对达尔文进化论的局限性分析，让学生理解生物进化理论也是在不断发展和完善的，有利于学生树立正确的人生观和世界观。

【专家点评】(西湖区教师进修学校校长 周华松)

本课为突破重难点，在教学方法上采取学生探究、讨论、活动与教师讲授相结合的形式，通过问题的层层设置，让学生积极主动地获取知识，培养分析、判断、归纳的能力，同时培养学生崇尚科学的良好品质，激发学生对知识的渴望和探索合作的精神。

首先，通过设置问题给学生表达原有观点的机会；

然后，通过讨论及具体事例挑战这些观点，使学生感到原有观点的不正确性，继而给出正确的理论，合理地解释生物的进化；

最后，用新的理论解决生活中的实际问题，培养学生解决问题和运用知识的能力，并使学生体验到成就感，提升学生的科学素养。

时政专题复习课教学设计

陈　娴

【教学目标】

1. 知识与能力：能够围绕大事件整理相关知识；能够根据所给材料明确观点、阐述理由；学会辩证、发展地分析问题。

2. 过程与方法：通过自主学习，罗列相关史实；通过合作探究，综合小组观点。

3. 情感态度价值观：培养捕捉社会热点的敏锐性；培养危机意识；提升国家认同感、民族自尊心及使命感。

【教学过程】

1. 导入

请学生评选 2015 年年度新闻。

2. 回望(自主学习)

(1) 复习所学。

(2) 观看微课。

3. 现状

结合个人体验与材料，总结概括海峡两岸关系的现状。

4. 展望(合作探究)

(1) 以小组为单位，运用所学知识与所得材料，展望海峡两岸的未来，并阐述理由。

(2) 派代表为各种观点总结陈词。

5. 团圆：内心的美好愿望

6. 课堂小结

(1) 总结专题复习的方法。

(2) 推选最具专家风范小组与个人。

【教学反思】

1. 基于教学目标的反思

三个维度的教学目标始终有一条思维活动的线索串联着，即“知道—综合—分析—交流—感悟”。为了使学生更好地达成教学目标，笔者在材料补充、探究指导、生成点拨方面做了较多工作。

2. 基于教学过程的反思

这堂课的教学设计力求与教学目标的设定保持一致，主要分为四个部分：一是自主学习环节——“回望”，学生通过阅读教材和观看微课整理国共两党、海峡两岸关系相关知识点，建立本堂课所需的知识框架，并提取对应时段国共两党及海峡两岸关系的关键词，这一环节学生完成得十分顺利，也为第三个环节的教学活动开展做了铺垫；二是师生互动环节——“握手”，学生结合生活经验和笔者提供的实例总结当前海峡两岸关系的特点，这一环节的学习看似为课堂转承，实则服务于第三环节，确保学生的预测基于现实、有理有据；三是合作探究环节——“展望”，学生结合所学知识和所得材料，以小组为单位预测两岸关系未来的发展趋势并阐述理由，本环节看似开放无边，但因为前两个环节的铺垫，学生在预测未来的过程中会自然地考量历史与现实因素，从而确保是合理预测而非胡乱猜测；四是拓展提升环节，本环节旨在引导学生总结出一个时政专题复习的方法及规律，服务于后续的学习及复习应考。

3. 基于教学效果的反思

这堂课无论从导学案的编制、讨论材料的选取，还是课堂教学的介入引导，笔者都力求与教学内容、教学目标自然衔接，从学习效果来看，有成有败，简单分析如下：

自然是笔者认为本节课最大的成功。从一则热门新闻导课、从回望到现状到展望的过渡、从所掌握的信息中得出结论、从同学的口中接过话题……学生的学习过程始终比较自然顺畅，笔者认为这与关注知识架构、淡化预设、注重生成的理念密不可分。

紧张是笔者认为本节课面临的最大困惑，也是许多专题复习课共同面临的问题。此处“紧张”是指由于课堂容量较大引起的学习时间的紧张，由于初三学生本身知识储备较为丰富，加上教师所给的补充材料、学生在学习活动中信息的增长量是很大的，学生在与同伴合作交流的过程中成倍增长，涉及的知识点、引发的观点都将大大超出教师预设的学习主题，45 分钟的学习时间对教师个人是个巨大的考验，如何收放、如何引导、如何调控，都需要智慧。

【专家点评】(西湖区教师进修学校教研员　王艺)

苏霍姆林斯基说：“促进自我教育的教育，才是真正的教育。”陈老师很注重培养学生自主学习、自行获取知识的能力，这样的课堂正是我们所追求的理想课堂。陈老师还不断鼓励合作学习，促进学生之间的相互交流、共同发展，促进师生教学相长。这节课注重的是个人的可持续发展，培养的是一种终身学习的能力，主要表现在学生与学生合作、教师与学生合作。建立在完全平等、民主教学关系基础上的课堂，将极大地激发师生教学相长、和谐奋进，引导学生之间相互提问、指导、检查、启发、鼓励、监督。教师在合作学习中，既是导演，又是演员，还可能是编剧或评论员。

“IT 新城：班加罗尔”教学设计

胡　挺

【教学目标】

1. 知识与能力

(1) 利用各种地图和图表，分析班加罗尔的自然环境特征。

(2) 结合图文资料，归纳班加罗尔信息技术产业的发展特色。

(3) 结合图文资料，分析班加罗尔成为“亚洲硅谷”的原因。

(4) 通过对班加罗尔的学习，分析杭州建设“天堂硅谷”的条件与不足。

2. 过程与方法

(1) 通过分析图文资料，了解班加罗尔的自然条件。

(2) 利用微课，发散思维，总结概括城市聚落的分布规律。

(3) 通过小组合作的方式，探究班加罗尔 IT 产业发达的原因。

(4) 通过联系生活、分析具体的案例来分析杭州建设“天堂硅谷”的优势与不足。

3. 情感态度与价值观

(1) 通过对班加罗尔的学习，加深理解“因地制宜”。

(2) 进一步落实“科技是第一生产力”的意识。

(3) 通过对“天堂硅谷”的分析，充分调动学生参与社会活动的积极性。

【教学重难点】

1. 教学重点

掌握班加罗尔 IT 产业发达的原因。

2. 教学难点

通过分析班加罗尔 IT 产业发达与自然环境、国家政策、文化教育、历史背景之间的关系，思考“天堂硅谷”的现在和将来。

【教学过程】

1. 创设情境，形成冲击：印象印度

(1) 提问学生：“你们印象中的印度是怎样的？”

(2) 展示印度为人熟知的文化和社会现象，播放背景音乐（印度歌曲）。

(3) 展示全球高科技公司高管图，并指出哪些是印度裔。

2. 自主学习，夯实基础：自然印度

完成导学案的自主学习部分，了解班加罗尔的自然环境。

(1) 印度位于______洲南部，东临______湾，西濒______海。

(2) 班加罗尔地处印度________部，属于________气候，但因位于德干高原，气温相对较低，气候适宜，被誉为印度的“春城”和“花园城市”。

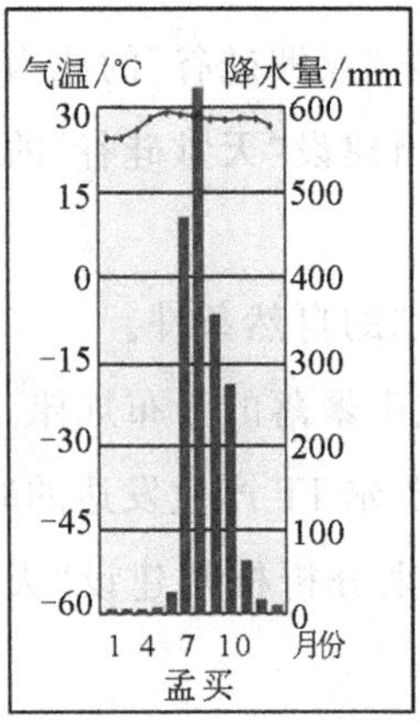

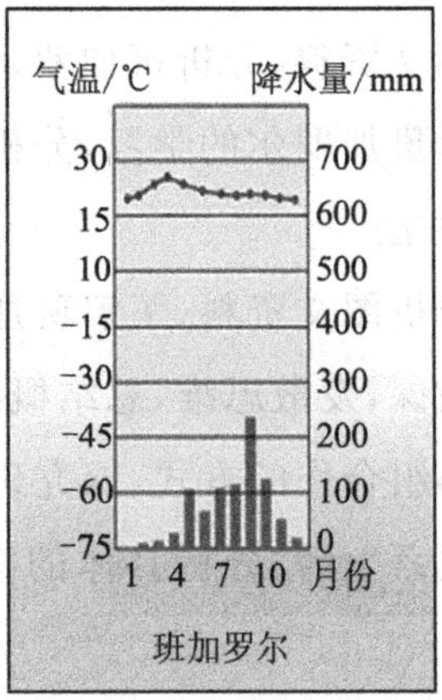

3. 合作探究，掌握重点：人文印度

(1) 地位、特色：班加罗尔是印度有名的 IT 新城，被誉为“亚洲硅谷”，全球著名的信息技术中心。

(2) 发展现状：工业园区办公设施现代化，IT 企业众多，信息产业人员众多，IT 产业产值高，信息技术走在全球前列，信息技术融入生活。

(3) 探究活动：除了优异的自然条件外，班加罗尔还具备哪些有利的人文环境要素来发展自身的 IT 行业呢？小组成员合作回答。

4. 拓展提升,发散运用:“天堂硅谷”

作为“亚洲硅谷”的班加罗尔,给中国许多城市的IT发展提供了借鉴。

结合所学知识,谈一谈杭州建立“天堂硅谷”有哪些有利条件,又有哪些方面可以改进或者借鉴。

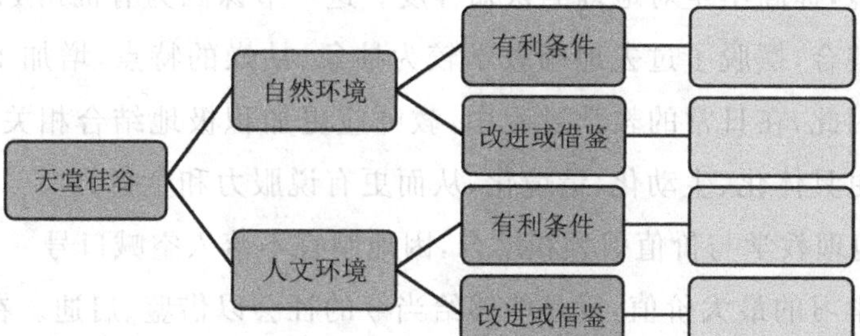

【教学反思】

1. 成功之处

(1) 教学逻辑清晰,依标定教显著

这节课一开始,教师通过世界著名IT企业高管图片的展示和解说,打破了大家对印度这个国家的固有印象,吸引学生注意力的同时,很好地引出了教学内容,突出了以班加罗尔为代表的印度IT产业的发达。

接着,教师在这节课中充分落实了重点,即通过对各类图表、文字的分析总结出班加罗尔发展IT产业优越的区位条件。这一环节中,班加罗尔的气候与地形之间的关系是本节课中的一个次难点。在这节课中,高度凝练的专题式微课教学起到了很好的效果。

最后的拓展提升环节,则较好地达成了一堂课的情感态度、价值观教育和思维迁移。课程并没有以直白总结的形式结束,而是通过知识点转移,让学生联系班加罗尔,以小组讨论的形式探究杭州发展“天堂硅谷”的条件和不足,这在无形中帮助学生巩固了一遍区域地理的学习方法,并实现了提升。整堂课思路清晰,符合逻辑,且执教内容不超纲,不脱离课程标准。

(2) 教学理念先进,落实学生主体

此次的课堂是在“先学后教,以学定教”的理念下进行的,要求充分发挥“学生主体”和“教师主导”双主体的主观能动性。而不管是导学案的使用、微课的应用、大小讨论环节的展示和点评环节,还是就杭州建设“天堂硅谷”方面的交流，都充分展示了学生在自主课堂上的魅力和精彩。学生勇于呈现自己的观点，展现了教师的组织指导理念和水平。

(3) 地理教学与社会发展相结合，创设与现实连接的情境

人文地理的教学要注重将地理知识和现实社会相连接，给学生创设真实、具体的情境，提高学生对地理的认知程度。这一节课因为有杭州 IT 产业发展的切入和整合，摆脱了过去地理教学较为抽象、枯燥的特点，增加了学生学习的兴趣。因此，在日常的教学过程中，教师应更加积极地结合相关新闻，使得地理课堂更具体化、生动化、情境化，从而更有说服力和生命力。

(4) 地理教学与价值引领相结合，因地制宜不落入空喊口号

地理学习的最大价值，就是能够给当今的社会以借鉴、启迪。在这一节课中，学生们获得了两方面的成长：第一，就是因地制宜的意识，学生明白了每个地区都有自己独特而又具体的自然环境和人文环境，地区的发展应当充分取长补短；第二，就是学会利用所学知识投身社会现实，做到学以致用。

(5) 有效整合相关教学技术手段，积极开发运用教学资源

课程资源的概念有广义和狭义之分，广义的课程资源是指有利于实现课程目标的各种因素，狭义的课程资源仅仅指形成课程的直接来源。根据历史与社会课程标准，我们要大力开发、善于利用各种教学资源。这堂课使用相关微课，改变了教学形式较为单调的现状。微课的出现，可以有效弥补时间不足和内容完整性的矛盾。这节课通过对“城市聚落分布规律：气候与地形”微课的播放，让学生对于城市聚落的分布和气候、地形之间的关系有了更深的认识。

另外，教师在备课过程中，充分发掘了课本以外的教学资源，采访了在杭州的印度 IT 人士。教师通过英语的交流和翻译，呈现了教材中没有的细节。在这样教学资源的帮助下，学生们对于这些抽象、遥远的知识点有了更加细致和真实的认知。

2. 不足之处

(1) 教学载体

载体式教学是初中阶段历史与社会最有效的教学形式之一。在这节课中，载体式教学形式较为模糊，若能配以更加清晰、明了的教学载体，就能够起到更好的效果。

(2) 操作环节

在实际的教学展示中,笔者由于自身的经验不足,在以下方面存在较大的提升空间。

①对学生特殊情绪的处理能力:部分初一学生在这样大规模的公开课场合,表现出紧张畏缩的情绪。在这样的授课过程中,笔者缺乏必要的安抚和心理情绪的指导介入。

②对学生筛选处理材料的引导:在拓展提升环节,笔者提供给学生小组不同的资料。在实际教学中,学生们对于这些资料的利用表现出较大的水平差异,在对于材料的引用和理解方面略有不足。并且,在陈述环节,一些小组的陈述脱离了材料原有的轨迹,部分小组照本宣科。所以,笔者可以在参考资料的编制方面进行提升,特别是资料的设问和知识点可以更加紧密,以有效避免学生答非所问的情况。

【专家点评】(西湖区教师进修学校教研员 王艺)

胡老师渗透学法指导,引导学生发展。在这一节课中,胡老师着重落实读图、析图学法的指导,具体来说,通过分层设色地形图和降水量柱状图得出班加罗尔的气候类型。通过微课的观看,胡老师引导学生在地理学习中学会发散迁移和总结概括,对某一类地理事物和地理现象进行整合。胡老师对小组合作开展的有效引导:在具体的教学活动开展过程中,学生的小组合作真正开展起来,特别是合作探究环节,虽然此处内容教材相对简洁明了,便于总结概括,但由于学生参与积极性较高,合作也可以比较深入。

“防范侵害，保护自我”教学设计

郑惠方

【教学目标】

1. 情感、态度、价值观

体验自我保护的重要性和必要性，增强自我保护的信心；树立防范意识、生命意识、法律意识，依法维权，增强学法、用法的主动性。

2. 知识与技能

了解青少年受侵害的现象，认识社会生活的复杂性，并学会做出正确选择；知道我国为保护青少年健康成长制定了相关法规，初步形成用法律武器保护自身合法权益的意识。

3. 过程与方法

通过同伴交流、角色扮演，运用所学知识分析案例，体验自我保护的重要性和必要性；通过小组合作探究、思维拓展，知道用法律维权的方法，增长生活智慧。

【教学重难点】

1. 重点

认识到提高警惕是避免侵害的前提，学会用智慧和法律保护自己的合法权益。

2. 难点

用智慧保护自己的方法。

【教学过程】

导入：“我们如今的生活中离不开一样东西——手机！现在，一起来看一段和手机有关的视频。手机是一种工具媒介，可以给我们提供方便，但是，随之而来的欺诈等各种侵害现象也在不断发生。”

“书本上给了我们哪些保护自己的启发呢?”我们来看看同学们的自学成果。

1. 自主预习,善归纳

高效阅读课本第95～98页,写出本课的思维导图。

从这些思维导图中,我们会发现:本课重点讲了什么。

板书:防范—智慧—法律武器。

教师:可是,“纸上得来终觉浅”,生活中碰到真实的案例时,那些方法、智慧我们能否运用起来呢?

2. 合作探究,会运用

各小组抽签领取任务卡,在5分钟内讨论并提出解决办法,并选择合适的方式向全班同学展示,展示时间为3分钟。

[案例1]玲玲经常在手机QQ空间里晒出自己的财物,动态分享自己的家庭、学校等信息,好友不经验证就自动添加。玲玲这种习惯会招致什么隐患?应该怎么办?

[案例2]小王一边玩手机,一边等公交车的时候,一个男子突然出现在她面前,神情焦急地说:“同学,我手机没电了,可我女儿等我去接,能不能借我打个电话?”小王毫不犹豫地把手机递给了他。男子拨通电话后突然窜上了后面开来的一辆车。小王惊呆了……小王可以怎样来试图寻回自己的手机?

[案例3]“是陈爸吗?你在杭州上大学的儿子小陈在我们手里,准备好30万元,不准报警,不准挂电话,否则我们就撕票……”40多岁的陈先生还听到电话里隐约传来“爸爸救我,爸爸救我”的声音……他应该如何应对如此紧张的局面?

教师在小组合作及展示的过程中适当关注,在生生互动、师生互动中有效生成,并及时打分。

教师:同学们的表演展示了三类不同的场景,在侵害发生前,我们得有防范意识;在侵害发生时,我们以生命为重,智慧应对;当侵害发生后,权益受到侵害了,我们应该要用法律维权。(所有黑板板书内容最后构图形成“110”的模样,起强调作用。)

教师：手机只是日常工具之一，却带来了许多侵害。可以想象，我们平时生活中其他林林总总的侵害就更多了，爷爷、奶奶、爸爸、妈妈、朋友甚至是自己都会遇到、听到、看到各种各样的侵害。那些侵害是怎样发生的？结果怎样？给我们带来了哪些成功的经验或失败的教训呢？

3. 深思拓展，提倡分享

同学们在生活中还曾听到、看到甚至遇到过哪些人为的侵害事件？结果又是怎样的？小组内讨论交流并分享。

【教学反思】

本课努力实现的是从“教教材”到“用教材”、从“课堂中学”到“生活中学”的转变。教材只是课程目标得以实现的文本载体，不是唯一载体。源于教材更高于教材的教学设计，既符合学生的生活逻辑和思维习惯，又符合学科逻辑。本课调整了部分知识在教材中的顺序，不再以知识教学为主线，而是以实践活动为主线，较好地体现了从“教教材”到“用教材”理念的转变。同时注重设置情境，突出学习过程的体验性和生活性，体现从“课堂中学”到“生活中学”的转变。本课根据学生的心理特点、认知习惯设置了真实的或模拟现实的情境，目的在于使学生置身社会化环境中，以其亲身的感性认识产生丰富真切的体验，深化和升华理性知识。通过观察、反思、抽象、概括，最后把体验和获得的经验运用到新的情境中直面“侵害”，并能解决问题。

本课还力图实现“在探究中生成”。教师为学生营造了民主、平等、合作、和谐的课堂气氛，学生大胆质疑，敢于讨论、创新，为知识生成奠定了主体基础；在小组合作和探究中，教师从创新的思维角度，引导学生通过自己的经验重构新的知识和思维体系，使知识、能力的生成具备了主观前提；在整个课堂过程中，教师始终以学生发现和解决问题为中心，在问题的驱动下，促使学生思考形成新的知识观点；有效的互动在师生、生生之间的冲突与合作中得以实现，也使得课堂不断在思考中延伸，并通过与同伴的交流、与家人的分享，推动课堂不断在实际生活中拓展。

本课也留有缺憾，整节课的时间安排较紧张，最后的小组分享与总结有点仓促，主要原因在于“合作探究，会运用”案例展示及小组表演的时间过长。因此，在小组合作学习的高效组织、探究效果的最优化方面，教师仍需要钻研，让思想品德课堂更灵动，学生交流更有效，内容更富价值。

【专家点评】(西湖区教师进修学校教研员 王艺)

该课以“手机”这一物体为线,以时下常见的“电信诈骗”巧妙导入新课,激发了学生参与的热情。通过小组合作的方式,学生的思维深度得到了拓展,同时充分利用和挖掘身边资源,仿真模拟,在实践中提升自我保护的能力。

走近学生,贴近学生的生活,从学生的生活中捕捉教育教学的素材,引导学生行为,激励学生情感,是这堂课教学的一个核心。让学生到现实世界的真实情景中去感受、去体验,这大概是让学生完成对所学知识的意义建构的最好办法之一,这也是思想品德课堂的魅力!

“综合探究三　探寻丝绸之路”教学设计

周慧帼

【教学目标】

1. 知识与技能

了解丝绸之路概况，知道汉朝推进和保障丝绸之路畅通的各方面措施。

2. 过程与方法

通过收集、阅读、分析历史图片与史料，学生树立科学的历史学习方法和态度；通过合作探究、自主提问，学生提升“能问、善问、乐问”的学习精神与能力，学会用发展、变化的观念看待历史现象。

3. 情感、态度与价值观目标

感受丝绸之路是古代中外文明交融之路，是共同促进世界文明进程之路，从而增强民族自豪感和历史使命感。

【教学重难点】

再现有关丝绸之路的史实，理解丝绸之路在中外文化和人类文明发展中的作用。探究丝绸之路是古代中外文明交融之路，是共同促进世界文明进程之路。

【教学过程】

1. 创设情境，导入新课：走近丝绸之路。利用多媒体播放一段丝绸之路的视频。

设计说明：通过视频激发情感，让学生在视听情境中感受古代丝绸之路的魅力，并在情感体验上与本课内容相连，顺势导入新课。

2. 教师引导，自主学习：了解丝绸之路。

(1) 教师带领学生阅读史料，引入本节课的载体：粟特人。

设计说明：引入载体教学便于设计情境，便于串联教学内容，使教学内容过渡更加自然，以教学内容的内在逻辑关系为一条暗线贯穿其中，激发学生学习的兴趣，提高学生的积极性和主动性。

（2）阅读丝绸之路的地图，了解丝绸之路的概况，填写导学案上的表格。

设计说明：通过这一个环节落实本节课知识目标中的“了解丝绸之路”。同时，培养学生阅读地图、分析地图及从读图中提取历史信息的能力。

（3）教师引导小组成员之间核对表格内容。

设计说明：将学生的学习成果在组内进行展示、核对。将简单的学习内容放手交给学生自己核对、消化。一些简单的问题由学生自己在组内解决，从而学生提升的自主学习能力和合作学习能力。

3. 教师引导，小组合作：经营丝绸之路。

（1）教师引导学生阅读书本，并且结合自主学习板块中的重要城镇，任选一地址，经营丝绸之路。学生通过解释选址的原因，探究、归纳出丝绸之路得以畅通的原因。

设计说明：通过这一板块，落实本节课的重点、难点知识。这块知识需要学生合作探究，共同完成。通过这一环节的学习，提升学生的合作学习能力。

（2）学生展示小组合作学习的成果，其他同学评价。

设计说明：通过这一环节，提升学生的口头表达能力、倾听能力、评价能力，体现生生互动。

4. 教师引导，拓展提升：追问丝绸之路。

（1）教师引导学生针对本节课的内容，提出还存在的疑问或者新的想法。

设计说明：这一板块的内容是对整节课知识的再一次梳理和总结，体现“以学定教”的教学理念。通过这一板块的学习，学生可以提升“能问、善问、乐问”的学习精神与能力，学会用发展变化的观点看待历史现象。学生在提问和回答中，感受丝绸之路是古代中外文明交融之路，是共同促进世界文明进程之路，从而增强民族自豪感和历史使命感。

（2）学生展现小组提出的疑问，全班回答。

设计说明：这一板块体现这节课综合探究的目标，充分发挥学生的主体地位，让学生的智慧集体碰撞，从而升华这节课的情感、态度价值观，在更深层次上落实“以生为本”的教学理念。

5. 课后作业，夯实课堂：落实丝绸之路

《工人日报》报道：由交通部、国际道路联盟和陕西省人民政府联合主办的“第三届国际丝绸之路大会”，于10月26日在我国西安举行。这次大会的主题是“复兴‘丝绸之路’与交通基础设施建设。”

请回答：

(1) 历史上著名的丝绸之路的出发点是________，两关分别是________、________。

(2) 安息是指现在的哪里？在这条路上运载的主要物品是什么？

(3) 最早出使西域并为开辟“丝绸之路”做出贡献的是谁？

(4) 如何评价丝绸之路？

(5) 丝绸之路的开辟对汉代社会有何影响？这种中西通道在今天有什么价值和作用？

(6) 请你为复兴“丝绸之路”出谋划策，提出自己的建议。

(7) 请你为材料中的会议设计一条宣传广告语。

【教学反思】

1. 笔者对学生的引导

对学生学习思路和学习方法的引导。通过搭建知识框架，笔者的目的是引导学生掌握归纳、联系、缩记的学习方法，也就是“不仅授之以鱼，更要授之以渔”。

在小组合作完成知识框架这一环节时，笔者发现有的组内学生没有明确有效的分工，一个学生在写，其他学生和他保持高度“同步”，这样一是浪费时间，二是极容易遗漏知识点。所以笔者引导组内的学生认领学习任务，写的同学负责总协调，“包干到户”的学生负责提供知识点。这样一来，大大提高了学习效率和学习的成果。笔者关注了“点”，还要关注“面”，放眼全班，协调好各个小组学习的进程：看到哪个小组有闪光点马上表扬；看到哪个小组暂时落后了，及时提醒鼓劲；看到哪个小组活动中有知识点的错误，及时纠正。这种引导的目的就是要让学生保持旺盛的求知欲和持之以恒的积极性。

对学生的学习效果及时进行总结。

2. 对于课堂提问环节的几点反思

前期铺垫：完成课堂新知识的学习任务。

教师指导：联系之前学习的历史内容，结合课题，选择与教学重难点相关的问题，全班共同探讨解决。

及时了解：在学生提问的过程中，及时了解学生所提出的问题有哪些。

总结反馈：从引导学生落实课堂重难点出发，选择有代表性的提问，全班反馈。

3. 教学遗憾

整节课的“美观度”不足，前两个环节的节奏感不错，学生的提问环节，笔者调控得不好。尤其是现场对学生所提问题的整理、掌控，对课堂时间的掌控，是对老师课堂掌控能力的巨大挑战。

对学生的各项课堂评价没有及时跟上，希望笔者以后能及时改进。

【专家点评】(浙江省教研室社会教研员　牛学文)

老师是学生学习的组织者和促进者。新课程提倡学生自主、合作、探究性学习，把学生的学习潜力充分发挥出来，但学习活动都是分散的。为了保证活动质量，周老师设计了“导学案”，这既是学生学习活动的载体，也是学生所有活动成果的展示单。同时，周老师积极引导学生去完成一项学习任务，学生开始自主探究时，老师并不是无事可做，恰恰相反，周老师的引导比任何时候都重要，而且需要时时刻刻“引导”。

后记

2015年11月，浙派名师教学艺术研究中心、浙江电子音像出版社有限公司、浙派名师名校名课教学改革成果展组委会联合主办了“浙派名师”第三届“名校·名师·名课”初中教学改革成果展，成果展由杭州市十三中教育集团承办。广大老师认为展示内容丰富、课堂理念新颖、研究成果丰硕，建议我们成文出版，因此我们集团又组织教师对本次活动的成果重新进行整理，并由浙江大学出版社出版发行。

现把各篇章参与人员记录如下：

“孩子的学校”由汪建红、陈苍鹏、屈强、徐社东、陈超、沈鹿韵、马锦绣、蓝庆青等老师撰写。

“小组合作学习”由曹敏仙、种宁、陈文俊、丁盈、阮俊南、沈炜等老师撰写。

“多元创新”由马锦绣、李岩、郑赞红、郑建新、徐燕、许岚等老师撰写。

“多元学习”由甘恢玲、陈晓旭、徐艳、史尚海、李浩、赵琼、吴芳、丁新宇、胡鹏翔等老师撰写。

“孩子的课堂”由林久杏、戴建华、张力奎、毛妍、李姝、卢华英、周伟珍、施烨等老师撰写。

“‘三名’课堂”是来自各组优秀教师的课堂教学成果展示。这些优秀教师包括语文组的俞华芳、沈炜、苏毅；数学组的丁新宇、洪来道；英语组的徐梁、卢华英；科学组的陈苍鹏、任睿、胡晴霞、杨鑫栋；社会组的陈娴、胡挺、郑惠方、周慧帼。

参加课堂展示点评的专家包括西湖区教师进修学校副校长、浙江省特级教师王曜君，浙江外国语学院教授张孔义，浙江省名师、西湖区数学教研员傅兰英，浙江省英语教研员、特级教师李冬梅，西湖区英语教研员胡美如，西湖区进修学校校长周华松，西湖区三墩中学校长沙立国，浙江省教育厅教研室副主任张丰，西湖区教师进修学校教研员王艺，浙江省教研室社会教研员牛学文。

在此，感谢浙派名师教学艺术研究中心、浙江电子音像出版社有限公司、浙派名师名校名课教学改革成果展组委会，感谢各位老师的辛苦付出和各位专家的精彩点评指导，感谢各班同学的积极参与，使本书得以顺利出版。

编 者

2017 年 1 月